U0139882

统一的诗人

从杜甫到博尔赫斯

郭绍敏◎著

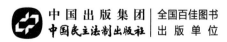

中国出版集团 | 全国百佳图书
中国民主法制出版社 | 出版单位

图书在版编目（CIP）数据

统一的诗人：从杜甫到博尔赫斯 / 郭绍敏著 . 一北京：
中国民主法制出版社，2023.9
ISBN 978-7-5162-3396-2

Ⅰ.①统…　Ⅱ.①郭…　Ⅲ.①诗人 – 人物研究 – 世界
②诗歌研究 – 世界　Ⅳ.① K815.6 ② I106.2

中国国家版本馆 CIP 数据核字 (2023) 第 179073 号

图书出品人：刘海涛
出 版 统 筹：石　松
责 任 编 辑：张　婷

书　　名 / 统一的诗人：从杜甫到博尔赫斯
作　　者 / 郭绍敏　著

出版·发行 / 中国民主法制出版社
地址 / 北京市丰台区右安门外玉林里 7 号（100069）
电话 /（010）63055259（总编室）　63058068　63057714（营销中心）
传真 /（010）63055259
http: // www.npcpub.com
E-mail: mzfz@npcpub.com
经销 / 新华书店
开本 / 32 开　880 毫米 × 1230 毫米
印张 / 11　**字数** / 229 千字
版本 / 2023 年 10 月第 1 版　2023 年 10 月第 1 次印刷
印刷 / 三河市宏图印务有限公司

书号 / ISBN 978-7-5162-3396-2
定价 / 55.00 元

献给我的女儿

自 序

这本小书写了十四位诗人，中外各七。写谁不写谁，都是不可避免的偏见的产物。

写屈子、陶公、李杜、李贺的原因就不必解释了吧。

黄仲则这个名字对于大部分国人来说是陌生的，尽管我们对他"百无一用是书生"的说法耳熟能详。

木心逝世于2011年，距离我们太近，而缺乏时间考验的诗和艺术往往是靠不住的。但，木心之于我意义非凡——是他的文字引诱我走上诗歌之路。

鲁米是中世纪波斯诗人。我想（虚妄地想），既然娶不到波斯美女（意淫无罪），那就写一位波斯男诗人吧。伊斯兰世界由于当下的相对弱势地位，其科学、文化和艺术遗产都没有得到足够的重视、应有的审视。让我们再一次睁眼看世界吧！

威廉·布莱克是一位天真的神秘主义者，不信神的我对他有一种莫名的好感和好奇心，更何况我愈来愈发现，很多大诗人（如叶芝）都是他的忠实拥趸。

奥登是一个不愿随波逐流的"庞然怪物"，也是一个情深义重的汉子（可媲美王尔德），而这也是我对自己的定位或者说是希望留给世人的印象。

辛波斯卡、扎加耶夫斯基和米沃什是东欧小国波兰的大诗人。波兰是个十分矛盾的国家，政治家（更准确的说法是政客）一个比一个愚蠢，诗人却一个比一个耀眼。作为一个接受过学术训练的政治学博士，我对政治上"无脑"的波兰实在没什么好感。但作为一个初入诗坛的小诗人，我对波兰大诗人佩服得"六体投地"，一次次被撞晕灵魂。

至于博尔赫斯，我愿称其为诗人中的诗人、最后的诗人。当然，这不是一个客观评价（但也不能说一点客观性都没有）。他有一个非常夸张的诗学理念：所有诗人都在一遍遍地写着同一本书。依此，说博尔赫斯是最后的诗人没错，说荷马是最后的诗人同样没错。我大爱博尔赫斯，还因为他在梦中爬过中国长城，摸过我摸过的那块墙砖。奇怪的是，爱做梦的我从未梦见过他。

阅读是读者与作者的"合谋"。不管是阴谋还是阳谋，都令人兴奋。

我把这本小书献给爱诗的读者。正是你们，将鲜活的力量注入诗人的心灵，减少了世界的荒谬感。

目　录

杜甫：统一的诗人

中唐诗人元稹《唐故工部员外郎杜君墓系铭并序》曰："尽得古今之体势，而兼人人之所独专矣。"

1952 年，哈佛大学出版社出版了中国史学家洪业先生用英文写就、长达四百余页的《杜甫：中国最伟大的诗人》一书。

2020 年 4 月，BBC（英国广播公司）推出由历史学家迈克尔·伍德担任主持的单集 58 分钟的纪录片《杜甫：中国最伟大的诗人》。

2021 年再版的《盛唐诗》（作者是宇文所安）一书如此评价杜甫：

> 杜甫是中国最伟大的诗人。他的伟大基于一千多年来读者的一致公认，以及中国和西方文学标准的罕见巧合。在中国诗歌传统中，杜甫几乎超越了评判，因为正像莎士比亚在我们自己的传统中，他的文学成就本身已成为文学标准的历史构成的一个重要部分。杜甫的伟大特质在于超出了文学史的有限范围。

我列举这些评价并不是想证明杜甫的伟大（杜甫的伟大无须

证明），而是想说，在杜甫面前，任何赞誉之词都是苍白无力的。

"鼓掌吧，朋友们！"如贝多芬在自传中所言。①

然而，尽管令人绝望，我们仍然需要言说，因为对于一个诗人而言，"不言说，毋宁死"。

但我们的言说或可摆脱传统窠臼，以全新的方式展开，比如说，以诗注诗。或许，我的尝试要以失败告终，但败给杜甫不丢人。

一

一片花飞减却春，风飘万点正愁人。

且看欲尽花经眼，莫厌伤多酒入唇。

江上小堂巢翡翠，苑边高冢卧麒麟。

细推物理须行乐，何用浮荣绊此身。

（《曲江二首·其一》）

我只是默默无闻的小人物，

在一个不知名的偏远小学院任教，

尽管多年前，

我从中国科技大学本科毕业，

并在哈佛大学斩获物理学博士学位。

然而高学历并不代表什么，

能在哈哈镜中，

看到逼走春天的那片飞花；

能在佛法中发现，

---

① ［德］贝多芬：《贝多芬自述：鼓掌吧，朋友们！》，张宇译，江西教育出版社2012年版。

徘徊于查尔斯河畔①的女子的蹙眉之美；

能把多余的伤感，

挤出酒杯、床榻和量子空间，

才称得上高明！

可我目前与高士的称号无缘，

也没多少金钱，

存款仅够在远离市中心的江边，

购买一栋没有泳池和停车位的别墅，

因此还遭受心仪女子的冷眼，

她悻悻言：太小啦，

连我的鞋子都装不下。

我俩之所以无法结合，

其实是因为我买不起翡翠，

也去不起巴黎、威尼斯，

以及令民国文人着魔的翡冷翠②。

还有一层原因则是——

她喜欢戴金丝眼镜的徐志摩的轻灵文字，

而我沉迷于腹黑皮厚的马基雅维利的《君主论》。

嘻！周游世界和坠入情网有什么好呢，

还不如静静地阅读，

只要破了万卷，

下笔就会有如神助。

走别人不屑的路，

---

① 查尔斯河是美国的一条河流，流经哈佛大学。

② 翡冷翠是意大利名城佛罗伦萨在中华民国时期的译名。

让别人说去吧。

独乐乐也挺好，①

何况我又不是政治家。

选择性地忽视死神，

尽管他早晚会找上门。

像那位弑神的诗神一样，

我胸中也卧着一只麒麟，

也做着"一举成名天下知"的美梦，

尽管我明了梦醒时分的痛苦，

以及一切美梦的虚幻。

或许我另有天命，

或许我能写出，

比《七堂极简物理课》②还畅销的畅销书。

或许我与所有真实的名酒，

所有想象的红唇，

所有伟人的墓志铭，

都有扯不断、理还乱的文字上的恩恩怨怨。

二

两个黄鹂鸣翠柳，一行白鹭上青天。

窗含西岭千秋雪，门泊东吴万里船。

（《绝句》）

---

① "独乐乐不如众乐乐"典出《孟子》。此处反用之。

② 《七堂极简物理课》的作者是意大利物理学家卡洛·罗韦利，这是一本畅销的
科学著作（文铮、陶慧慧译，湖南科学技术出版社 2016 年版）。

两个黄鹂，

一个是李太白，

一个是杜少陵，

他们清脆的歌声压弯了长安的柳枝。

两个黄鹂，

一个是梁山伯，

一个是祝英台，

他们欢快的吟诵浸没了巨大的柱子。

两个黄鹂，

一个是俞伯牙，

一个是钟子期，

他们和倒流的河水有个浪漫约会。

两个黄鹂，

一个是瓦格纳，

一个是尼采，

他们的争吵声差点掀翻乔布斯剧院①的屋顶。

两个黄鹂，

一个是法拉第，

一个是麦克斯韦，

他们一起发力，让被扰乱的地球磁场重归秩序。

而所谓窗，所谓门，

皆是窄窄的虫洞，

连接了一个个不可能连接的时空，

———————

① 史蒂夫·乔布斯剧院，是美国苹果公司园区的一处制高点，可以俯瞰整个园区
（Apple Park），同时可以隐藏位于地下的四层建筑。

船长曹仲谋①驾驶着"东吴号"宇宙飞船在其中绝望地穿行。

三

　　国破山河在，城春草木深。
　　感时花溅泪，恨别鸟惊心。
　　烽火连三月，家书抵万金。
　　白头搔更短，浑欲不胜簪。

（《春望》）

花溅泪和鸟惊心的日子一去不返，
现今，人们快乐地生活在新乌托邦时代。
不再有东西方、南北朝、
语言和种族的区分，
人们不知战火的炽烈，
拿破仑和托尔斯泰，
成了不知所谓的名字。
人们不知家书为何物——
它早已成了过去时。
不再有白头翁——
万能的青春激素已发明。
不再有唳风，
不再有星际航行，
不再有比人短寿的仿生人，

---

① 曹操曰："生子当如孙仲谋。""曹仲谋"综合了曹操和孙权（字仲谋）两个人的名字。

不再有思想钤印。

人们唯一的乐趣是：

每逢春天到了，

就透过天文望远镜，

遥望地球上的都市废墟，

以及似无还有的旧山河。

四

易识浮生理，难教一物违。

水深鱼极乐，林茂鸟知归。

衰老甘贫病，荣华有是非。

秋风吹几杖，不厌北山薇。

（《秋野五首·其二》）

我的初中生物老师是一个双眼长得像波斯猫，

脾气跟山西驴一样倔，

口头禅每天都不重复的老头。

他总是不厌其烦地说，

我能召唤林间的百鸟，

比潭底的鱼自在，

比西天的佛祖快乐，

有资格在公立大学教授人生哲学。

我们只是傻笑，

笑得比他认真，

比村里的傻子纯真。

一晃三十年过去。

在读了十遍《物种起源》、

一百遍《庄子》①、

一千遍《一千零一夜》之后，

我倏地发现：他说的都是对的。

然而斯人已逝，

斯人已逝，斯人已逝。

一个秋日的午后，

在他光秃秃的墓前，

我烧了一沓纸钱，

栽下几株北山薇，

奉上一根亲吻过长城的拐杖，

然而他依旧没有出现在我那晚的梦里。

难道他另有永恒之约？

难道在这无情的世上，

还有人比我爱得诚恳？

五

功盖三分国，名成八阵图。

江流石不转，遗恨失吞吴。

（《八阵图》）

　　这里不止发生过一次战争。有战争肯定有牺牲（不流血的战

---

① 杜甫所言的"浮生理"典出《庄子》。《庄子·刻意》曰："其生若浮，其死若休。"

争谈不上是真正的战争），或以十数，或以万计，但它们对构建帝国或准帝国的意义大同小异。

之所以说"大同小异"，是因为所有的帝国最终都要崩溃。

英豪们多余的精力无处释放，只好乐此不疲地构建帝国，从刘备、赵匡胤到忽必烈，皆是如此。

2013年的一天，我很偶然地闯入河南省安阳市羑里城的八卦阵。我专心致志地摸索如何走出这个迷宫，没有想到诸葛丞相的奇谋，也没有想起杜子美的诗。几年之后，当我盘桓于夔州古城时，才意识到几年前丧失了一次顿悟的契机。

三国鼎立乃历史常态，顿悟却不常有。

夔州城不复是原来的夔州城了，八阵图却还是那个八阵图。

六

锦城丝管日纷纷，半入江风半入云。

此曲只应天上有，人间能得几回闻？

（《赠花卿》）

歌手赵雷在2014年创作和演唱的歌曲《成都》，直到2019年入选"最美城市音乐名片优秀歌曲"之后，才真正大火起来。

和我在成都的街头走一走喔……

直到所有的灯都熄灭了也不停留，

你会挽着我的衣袖，我会把手揣进裤兜，

走到玉林路的尽头，走过小酒馆的门口……

和成都一样，这首民谣极具人情味和生活气息，有一种慢悠悠的感觉。

这既是它的优点，也是它的缺点。无论如何，它不属于"只应天上有"。

我常想，杜甫当时听的曲子是哪一首呢，是否胜似天上神曲？

如果杜甫还活着，是否像我一样，对久石让的《天空之城》和但丁的《神曲》喜欢得要命？

如果谱曲不是为了"半入江风""半入云"，其意义何在？

如果恋爱不是为了写诗或发表哲学议论，①其意义何在？

如果当代诗人不去阅读但丁的《论世界帝国》之类的书，并沉思"大一统的世界政体"，怎能成就伟大？

七

黄四娘家花满蹊，千朵万朵压枝低。
留连戏蝶时时舞，自在娇莺恰恰啼。

（《江畔独步寻花·其六》）

《漫步遐思录》和《植物学通信》是我爱读的两本书，它们都是卢梭晚年的作品。

卢梭说："在漫步的每一天里，总有令人神往的神奇火花涌上心头。"只不过，涌上卢梭心头的火花是哲理和散文诗，涌上杜甫心头的是"绝句"（绝了的句子）。卢梭还说："人们自身其实就是他自己的真正的幸福之源。对于一个善于寻找幸福的人，无论谁也不能使他真正潦倒。"亦即说，杜甫晚年的潦倒并非真正的潦

---

① 但丁说："为了发表哲学议论，就得恋爱。"参见［俄］梅列日科夫斯基：《但丁传》，刁绍华译，辽宁教育出版社 2000 年版，第 47 页。

倒。杜甫也是在江畔漫步的时候意识到这一点的。

《植物学通信》是卢梭写给一个与其并无血缘关系的小表妹的。当时卢梭已六十岁，他实际上是把这位可爱的小表妹视作孙女一般疼爱。杜甫的《江畔独步寻花》不是写给黄四娘的。杜甫虽然骨子里是一个浪漫主义者（大诗人不可能不浪漫），却不至于向别的女子献诗。他只是观察到黄四娘家篱笆墙里的繁花，有感而发。

卢梭的《植物学通信》写到了百合花，那是杜甫客居的蜀地也有的。成都附近的岷江河谷有一种百合花叫"帝王百合"，花朵硕大，花色纯正，北京人和法国人都特别喜欢。

其实卢梭和杜甫也是帝王。一个是哲学王，一个是诗帝（诗中之帝）。

当年我在巴黎第四大学访学时，曾看到蝴蝶和娇莺一前一后，飞行着穿过凯旋门。我马上想到的就是杜甫的诗句——"留连戏蝶时时舞，自在娇莺恰恰啼"。那一刻，我好像也成了一只蝴蝶，一只娇莺。

八

岱宗夫如何？齐鲁青未了。

造化钟神秀，阴阳割昏晓。

荡胸生曾（层）云，决眦入归鸟。

会当凌绝顶，一览众山小。

（《望岳》）

自从这座东方的大山，
用它历经千万年风霜才锻造出的瘦削刀片，

将齐与鲁、阴与阳残忍地分割，

又温情地拼合之后，

它便被置于宇宙中心的位置，

皇帝们白天在峰顶主持祭祀，

晚上独自追逐冷月的容颜。

文不在兹乎！——

如此大胆的自问自答足够骇人，

尽管它骇不了冷月、层云、归鸟，

以及阴晴不定的造物主。

胸怀和眼界必须宽广，

否则装不下飞来的极致之美，

必须专注地仰望大山，

唯其如此，它才会放下身段并仰望你。

九

昔闻洞庭水，今上岳阳楼。

吴楚东南坼，乾坤日夜浮。

亲朋无一字，老病有孤舟。

戎马关山北，凭轩涕泗流。

（《登岳阳楼》）

抵达却未登楼不算遗憾，

毕竟我的双脚，

伸进了被时间反复蹂躏的洞庭波中。

吴楚美女的脂水和桃花扇上的血污，

污染不了这片圣洁的水域。

码头的缆绳、孤舟的面容，

以及沙砾的形状依旧神秘，

它们连同王朝的盛衰、

亲朋的消息、我的死期，

以及被证明的费马大定理，

都藏在椭圆形的天机之中，

乾坤、寰宇和参天大树，

是它另外的名字。

如果岳阳楼，

变得像湖水一样自然，

那么，眼泪也能扑灭火焰。

十

风急天高猿啸哀，渚清沙白鸟飞回。

无边落木萧萧下，不尽长江滚滚来。

万里悲秋常作客，百年多病独登台。

艰难苦恨繁霜鬓，潦倒新停浊酒杯。

（《登高》）

那些止步于悲秋，

期待你哀而不伤的人们，

留下的文字肯定不会使你得救，

你不是上蹿下跳的猿猱，

不是飞来飞去的精卫鸟，

此刻你正处在前人文字布下的迷阵中心。

屈原或贾谊的沉重死亡，

以及晨光熹微时分，

辞别彩云的友人的厚谊，

也无法庇佑你度过心灵的危机。

每一片落叶都象征一次死亡，

每一滴江水都代表一次复活，

多愁多病身或可挺得过漫无边际的暗夜。

你给高天倒了一杯酒，

给巫山女神倒了一杯酒，

给亭台倒了一杯酒，

然而，你要相信，

在这滚滚长江的下游，

将有一位痴汉，

给繁霜满鬓、留下旷代之作 ①的你倒酒，

并用显白笔法写下悼词：

你的存在就是光明，永恒的光明。

你要相信，

你的每一个孤独的瞬息，

都不可能被遮蔽。

你要相信，

你就是根，

是干，是枝，

---

① 明代胡应麟在《诗薮》中称杜甫的《登高》为"旷代之作""七律之冠"。

是矗立于风暴中的共同体。①

<h1 style="text-align:center">十一</h1>

高标跨苍天，烈风无时休。自非旷士怀，登兹翻百忧。
方知象教力，足可追冥搜。仰穿龙蛇窟，始出枝撑幽。
七星在北户，河汉声西流。羲和鞭白日，少昊行清秋。
秦山忽破碎，泾渭不可求。俯视但一气，焉能辨皇州。
回首叫虞舜，苍梧云正愁。惜哉瑶池饮，日晏昆仑丘。
黄鹄去不息，哀鸣何所投。君看随阳雁，各有稻粱谋。

（《同诸公登慈恩寺塔》）

公元 752 年秋天，杜甫和高适、岑参、薛据、储光羲同登慈恩寺大雁塔。很自然地，五个人都写了诗。众所周知，诗人在一起写诗有暗暗较劲的意味，尽管他们在表面上不承认这一点。以今日的眼光看，薛据和储光羲已经是不重要的诗人，我们这里主要比较另外三人的诗。同是形容塔之高，高适的诗句是：

宫阙皆户前，山河尽檐向。

非常有想象力（尽管不如"观古今于须臾，抚四海于一瞬"有想象力），但过于夸大，不够真实。岑参的诗句是：

塔势如涌出，孤高耸天宫。

---

① 柏拉图说："一位伟大事物都矗立于风暴之中。"

岑参的"孤高耸天宫"和杜甫的"高标跨苍天"也夸大，不真实。但"涌"字好，有动感，类似德国哲人弗里德里希·谢林所言的"建筑是凝固的音乐"。而杜甫的"烈风无时休"是触感，更真切生动，让人似感到烈风在呼呼吹。

三人之中，杜诗最佳。而杜诗之好，当然不限于这一句。

杜诗第二句"自非旷士怀，登兹翻百忧"亦佳。意为我不是胸襟开阔之士，登此高楼，却"翻百忧"（《古诗十九首》之一：生年不满百，常怀千岁忧）——诸般忧愁涌上心头。"翻"字形象。前句自谦，后句"自大"，有自我嘲讽（戏谑）的意味。杜甫精微地表达出一种矛盾、复杂、深刻的情绪。

杜诗，描写和议论交替出现（如"俯视但一气，焉能辨皇州"），或描写夹杂着议论、哲理（如"仰穿龙蛇窟，始出枝撑幽"）。

杜诗，时而是天马行空的想象（如"羲和鞭白日，少昊行清秋"），时而是具体观察和现实关切（如"秦山忽破碎，泾渭不可求"）。

杜诗基调，积极中有悲观（如"回首叫虞舜，苍梧云正愁"），悲观中有积极（如"君看随阳雁，各有稻粱谋"）——一种世俗的积极：谋事在人，随遇而安。其中又夹杂着反讽。

杜诗的特点在于文字、情绪和哲思的变化都极大。宇文所安说："杜甫的繁复变化在同时代人看来，可能太过分了，但恰恰正是这种体验的丰富多变吸引了许多后代的赞赏者。气候、情调及主题不断地变化，戏谑和敬畏和谐地并置。"我有诗赠杜甫：

那高处太过喧嚣。

本应高悬夜空的月亮，

悄悄躲到摩天大楼身后。

人们过多的关心，

使它的冰雪融化、神秘消解。

幸好，它只是你的明镜，

而非你的处境。

（《昆仑》）

十二

陶冶性灵在底物，新诗改罢自长吟。

孰知二谢将能事，颇学阴何苦用心。

（《解闷十二首·其七》）

有些闷，就算杜甫来谈诗，郭子仪来鞍前马后，杨玉环来做解语花，也解不了。

岐王宅里寻常见，崔九堂前几度闻。

正是江南好风景，落花时节又逢君。

（《江南逢李龟年》）

友人相见，分外眼红。

"噢，你也在这里吗?"（张爱玲《爱》）

王杨卢骆当时体，轻薄为文哂未休。

尔曹身与名俱灭，不废江河万古流。

（《戏为六绝句·其二》）

被伟人嘲讽是一种幸运，因为无视是最大的轻蔑。杜甫狡黠，不提被嘲讽者的名字，值得学习。

> 才力应难跨数公，凡今谁是出群雄。
> 或看翡翠兰苕上，未掣鲸鱼碧海中。
>
> （《戏为六绝句·其四》）

梅尔维尔《白鲸》之"大鲸之歌"：啊，罕见的老鲸，生活在狂风暴雨中/强权即公理的大海是它的家/它就是代表强权的巨人/无边无际的大海之王。

> 不是爱花即肯死，只恐花尽老相催。
> 繁枝容易纷纷落，嫩蕊商量细细开。
>
> （《江畔独步寻花七绝句·其七》）

纳博科夫《洛丽塔》："洛丽塔是我的生命之光，欲望之火，同时也是我的罪恶，我的灵魂。"

> 好雨知时节，当春乃发生。
> 随风潜入夜，润物细无声。
> 野径云俱黑，江船火独明。
> 晓看红湿处，花重锦官城。
>
> （《春夜喜雨》）

注意！这可是一首情诗！可与郁达夫的小说《春风沉醉的晚上》相互诠解。

挽弓当挽强，用箭当用长。

射人先射马，擒贼先擒王。

杀人亦有限，列国自有疆。

苟能制侵陵，岂在多杀伤！

（《前出塞九首·其六》）

成吉思汗和拿破仑异口同声地说：这老小子诗写得不错，就是"列国自有疆"一句在政治上太缺乏想象力。

戍鼓断人行，边秋一雁声。

露从今夜白，月是故乡明。

有弟皆分散，无家问死生。

寄书长不达，况乃未休兵。

（《月夜忆舍弟》）

其实对于诗人而言，即使在烽火连绵的岁月，月亮也比亲兄弟更亲、更近。

细草微风岸，危樯独夜舟。

星垂平野阔，月涌大江流。

名岂文章著，官应老病休。

飘飘何所似，天地一沙鸥。

（《旅夜书怀》）

星星怎么可能知我心，我可是天地一沙鸥！

战哭多新鬼，愁吟独老翁。

乱云低薄暮，急雪舞回风。

瓢弃尊无绿，炉存火似红。

数州消息断，愁坐正书空。

（《对雪》）

何必搅扰新鬼呢，何必拍打乱云呢，何必挤对急雪呢。杯中已无酒。

素练风霜起，苍鹰画作殊。

㧑身思狡兔，侧目似愁胡。

绦镟光堪摘，轩楹势可呼。

何当击凡鸟，毛血洒平芜。

（《画鹰》）

不得不进击凡鸟，是不是苍鹰的悲哀？不得不声西击东，是不是诗人的悲哀？

日临公馆静，画满地图雄。

剑阁星桥北，松州雪岭东。

华夷山不断，吴蜀水相通。

兴与烟霞会，清樽幸不空。

（《严公厅宴，同咏蜀道画图（得空字）》）

林彪、粟裕、杜甫等"地图帝"，《圣经》《坛经》《古兰经》等经书，玄奘、达摩、孙悟空等高僧，皆是虚空——"虚空的虚空，凡事都是虚空"①。

但他们画的图、写的字、走的路，却是真实存在的。

他们从不问路在何方。

当代女画家安妮·迪蒂深受这些先贤的影响，她写道："我住在日本版画中的家宅里。到处充满了阳光，因为一切都是透明的。"

我觉得她比聪明的一休还要聪明，足以充任峨眉派掌门，有资格出现在画图中的蜀道上，陪杜甫一边游览峨眉峰，一边讨论《观公孙大娘弟子舞剑器行》。

十三

昔有佳人公孙氏，一舞剑器动四方。

观者如山色沮丧，天地为之久低昂。

霍如羿射九日落，矫如群帝骖龙翔。

来如雷霆收震怒，罢如江海凝清光。

绛唇珠袖两寂寞，晚有弟子传芬芳。

临颍美人在白帝，妙舞此曲神扬扬。

与余问答既有以，感时抚事增惋伤。

先帝侍女八千人，公孙剑器初第一。

五十年间似反掌，风尘澒洞昏王室。

梨园弟子散如烟，女乐余姿映寒日。

金粟堆前木已拱，瞿唐石城草萧瑟。

玳筵急管曲复终，乐极哀来月东出。

---

① 《圣经·传道书》。

老夫不知其所往，足茧荒山转愁疾。

（《观公孙大娘弟子舞剑器行》）

开创华夏的轩辕剑，

斩杀楼兰的辘轳剑，

让西施痴醉的勾践剑，

饮过泉和血的龙泉剑，

皆比不得公孙大娘弟子舞动的无名剑。

它准确地预示了，

不可能重返的时代。

剑柄用九日环绕，

宛若宇宙的中心。

它的双刃炯炯有神，

随时准备雕刻印信。

它曾屈从上天安排，

欠下不止一条人命。

对于它而言，

不存在最后的攻击。

它不是在梦中，

而是真的劈开了山，

并刺死芬芳的梨园。

它曾逃出宫廷，

如今它渴望，

逃出拥挤的博物馆。

那里也不是归宿。

它还有更大的梦想——

脱离手的控制，

哪怕不得不直面自身之死。

死法多如牛毛，

这是一个超级凶器支配的世界。

英雄不再雄起。

宝剑啊，你无须摆出，

大义凛然的献祭姿态。

重归大唐的冶炼炉，

你就会在不可能的时代重返。

十四

> 江汉思归客，乾坤一腐儒。
>
> 片云天共远，永夜月同孤。
>
> 落日心犹壮，秋风病欲苏。
>
> 古来存老马，不必取长途。

（《江汉》）

武汉位于长江与汉江的交汇处，有人称它为"最具小市民气息（市侩气）的大城市"。

这是蔑称。

我在那里读过七年书（本科四年、研究生三年），发现的却是蓬勃的活力。

实际上，我也成了这种活力的一部分，幸运地实现了从穷酸书生到真正男人的"乾坤大挪移式"的蜕变。

在武汉大学的凌波门外仰察白云的时候，我猛地意识到：我将不可避免被别人抛弃，也将抛弃别人，任何情感都不是永恒的；永恒的唯有落日、暗夜和孤独——它们是灵魂三宝，值得像宝剑一样珍藏。

即使经过七年的逗留，我敢说对武汉有深刻的了解吗？

杜甫听过"搞么斯吵""条举""发泡"的发音吗？①

现在终于不必再骑着病马去千里之外的武汉了。尽管坐高铁不具有诗意，却舒适便捷。

十五

> 群山万壑赴荆门，生长明妃尚有村。
> 一去紫台连朔漠，独留青冢向黄昏。
> 画图省识春风面，环珮空归夜月魂。
> 千载琵琶作胡语，分明怨恨曲中论。

（《咏怀古迹·其三》）

我不比别的女子美貌，
不必向画师讨好。
草原朔漠呼唤我，
那里远比群山万壑奇崛。
琵琶听我偷欢，
夜月祝我圆满。
早已忘却故乡，
以及故乡矜持的牛郎。

---

① 武汉方言，意思分别为"你想干什么""扫帚""吹牛"。

春风把我埋葬，

撒下紫色的殇。

青青冢畔草，

偶有三两个娃来浪。

滚吧！手持《读杜心解》、

愁容满面的诗人，

若真爱我，

请踏进我的脚印。

十六

> 舍南舍北皆春水，但见群鸥日日来。
> 花径不曾缘客扫，蓬门今始为君开。
> 盘飧市远无兼味，樽酒家贫只旧醅。
> 肯与邻翁相对饮，隔篱呼取尽余杯。

（《客至》）

如果两边必须有邻居，那先定一边吧——"聒碎乡心梦不成"的纳兰性德先生。

如果纳兰性德不情愿，卡夫卡也成。

卡夫卡说："泰戈尔是个穿着伪装的德国人。"

套用卡夫卡的话，那么，屈原是个穿着楚服的佛罗伦萨人，杜甫是个穿着唐装的布拉格人。

十七

昆吾御宿自逶迤，紫阁峰阴入渼陂。

香稻啄余鹦鹉粒，碧梧栖老凤凰枝。

佳人拾翠春相问，仙侣同舟晚更移。

彩笔昔曾干气象，白头吟望苦低垂。

（《秋兴八首·其八》）

面对叶嘉莹先生近四十万字的皇皇巨著《杜甫秋兴八首集说》，我只有佩服的份儿。叶嘉莹先生对杜甫的《秋兴八首》不吝赞美之词：

"其一，句法的突破传统，其二是意象的超越现实。有了这两种运用的技巧，才真正挣脱了格律的压束，使格律完全成为被驱使的工具，而无须以破坏格律的形式，来求得变化与解脱了。因此七言律诗才得真正发展臻于极致，此种诗体才真正在诗坛上奠定了其地位与价值。"

对此评价，我也只有点头的份儿。

然而我很想问叶嘉莹先生一个问题：为何杜甫的《秋兴八首》没有进入大众甚至一般文化人的视野？

叶嘉莹先生喜欢"香稻啄余鹦鹉粒，碧梧栖老凤凰枝"一句，我却更喜欢"佳人拾翠春相问，仙侣同舟晚更移"一句，因为它让我想起让·弗朗索瓦·米勒的名画《拾穗者》、我童年时的拾穗经历以及李清照的词（"争渡，争渡"）。

我童年时，春天曾问我种种问题，我却没有搭理它。

其实是没听见——更遑论听懂——它的话。不知叶嘉莹先生是何时听懂春天的问候的？

> 巩洛中州地，诗人故里存。千年窑洞古，三架土峰尊。
> 东泗余流水，南瑶有旧村。山川一何幸，孕此少陵魂。

（《叶嘉莹《游巩县杜甫故居》》）

这首诗好，好就好在有真情，堪为吾师，"风流儒雅亦吾师"。
二人行，必有吾师焉。（改写孔子的话）
诗人应谦卑，有时甚至需要低到尘埃里。
陀思妥耶夫斯基说过，权力属于愿意低头捡它的人。
同样，诗属于愿意低头捡它的人。
无论多么糟糕的学术著作，其中都有一个诗意的句子或足以组构一个诗意句子的字词——将之捡出吧！

十八

> 剑外忽传收蓟北，初闻涕泪满衣裳。
> 却看妻子愁何在，漫卷诗书喜欲狂。
> 白日放歌须纵酒，青春作伴好还乡。
> 即从巴峡穿巫峡，便下襄阳向洛阳。

（《闻官军收河南河北》）

不必引用荷尔德林的还乡诗，
不必说乡愁是审美的病、高贵的痛苦，
不必问母语去哪儿了，
不必说诗是语言之家，
不必用四月的阳光温暖冷峻的三峡，

不必与襄阳争夺卧龙岗，

不必赴洛阳跃龙门，

无处不可以跃，

不必非得喝故乡的口子酒①，

它怎及汴京女子的舌尖和美眸，

不必去德令哈流浪，

河北有西柏坡，河南有古战场，

不必吃老牛，

不必吞嫩草，

只要心中有爱，

对牛顿和草帽歌的爱，

便能永远青春，"青春作伴好还乡"。

十九

江碧鸟逾白，山青花欲燃。

今春看又过，何日是归年。

（《绝句二首·其二》）

"飞鸟，你为何希望自己是一片彩云？"

"大山，难道你不希望像花儿一样吗？"

二十

八月秋高风怒号，卷我屋上三重茅。茅飞渡江洒江郊，

———————————

① 口子酒厂在安徽省淮北市。

高者挂胃长林梢，下者飘转沉塘坳。

南村群童欺我老无力，忍能对面为盗贼。公然抱茅入竹去，唇焦口燥呼不得，归来倚杖自叹息。

俄顷风定云墨色，秋天漠漠向昏黑。布衾多年冷似铁，娇儿恶卧踏里裂。床头屋漏无干处，雨脚如麻未断绝。自经丧乱少睡眠，长夜沾湿何由彻！

安得广厦千万间，大庇天下寒士俱欢颜！风雨不动安如山。呜呼！何时眼前突兀见此屋，吾庐独破受冻死亦足！

（《茅屋为秋风所破歌》）

若无最后一节，此诗将更好。但那样就不是杜诗了。何况"安得广厦千万间，大庇天下寒士俱欢颜"一句写得太好，好到让人读后不忘，好到让人把它与杜甫等同起来。

第二节有趣，也很有画面感，可拍成短视频。我小时候就被这样"燥呼"过。因为想在自家梨园里搭个庵子（三角形的简易棚屋，上覆塑料纸或油毛毡），就去附近河边偷芦苇，结果被看芦苇的老头狂追。他大吼：臭小子，看我不打断你的腿！

下雨时，躲进庵子里看雨、听雨，浪漫极了。现在回忆起来也很浪漫。如果追我的老头名字叫杜甫，那就更浪漫了。可我当时没想起问老头的名字，也不敢。

而今住在高楼广厦里的我实在不配读《茅屋为秋风所破歌》（尽管为了写书，不得不读）。"大哉乾坤内，吾道长悠悠。"（杜甫《发秦州》）愿忧道不忧贫的杜甫原谅忧道亦忧贫的我。

二十一

春岸桃花水，云帆枫树林。

偷生长避地，适远更沾襟。

老病南征日，君恩北望心。

百年歌自苦，未见有知音。

（《南征》）

莫扎特泰然自若，比杜甫还泰然自若。他无所谓"有没有"知音，也无所谓"见不见"。

若非要较真，那肯定是"见"了，怎么可能不见？——即使这个知音尚未出生。

贝多芬说："我总是自视为莫扎特最深切的知音，并且至死不变。"

莫扎特没有亲耳听见贝多芬这样说，但他知道一定会有人这样说，不管这个人叫贝多芬还是贝少芬。

同样，杜甫也有隔代知音。至少有二：木心和郭绍敏。

二十二

绝代有佳人，幽居在空谷。自云良家子，零落依草木。

关中昔丧乱，兄弟遭杀戮。官高何足论，不得收骨肉。

世情恶衰歇，万事随转烛。夫婿轻薄儿，新人美如玉。

合昏尚知时，鸳鸯不独宿。但见新人笑，那闻旧人哭。

在山泉水清，出山泉水浊。侍婢卖珠回，牵萝补茅屋。

摘花不插发，采柏动盈掬。天寒翠袖薄，日暮倚修竹。

（《佳人》）

天宝十年（公元751年），①

大唐皇帝从白马寺的塔尖上，

眺望来自沙漠的弯刀的侵犯，

幽居在洛阳的杜甫瞅着一根藤萝，

仿佛在偷笑，而不是沉思，

他对藤萝耳语道：

> 我随时可以把你纳入三维空间。
>
> 生命的曲线无时不在交汇，
>
> 却不知今天黄昏，
>
> 我们相遇在这败落的王城花园里。
>
> 你在空气中膨胀延伸，
>
> 一直延伸到我心里，
>
> 我意乱情迷、意乱神迷。
>
> 你是温柔的武器，
>
> 鞭打我日渐衰老的面庞，
>
> 出现在我黎明之前的梦里。
>
> 你嘲笑零落的草木，
>
> 却忘了一根火烛，
>
> 就能让整个花园整个帝国，
>
> 瞬间化为灰烬。
>
> 你必须意识到，

---

① 公元751年，大唐安西都护府的军队与阿拉伯帝国的军队爆发了一场遭遇战，史称怛罗斯之战。阿拉伯帝国因兵力优势取得胜利。有一种说法是阿拉伯方面伤亡七万人，大唐方面伤亡一万五千人。

我能给你带来山涧的泉，

滋养干涩时的你。

你必须意识到，

我是多情的修竹，

堪供倦怠的你靠倚。

你见识过太多新人笑、旧人哭，

却依旧不明所以，

你不自觉的通感，

亟须我详细的阐释……

这时，一位肌理细腻骨肉匀的佳人徐徐走来，

旁若无人地扯断藤萝，

留下不明所以的老杜。

"难道我杜甫只是一个幻影？"

他想，悻悻地想。

我很想告诉他不是，

我着急却无法出场，

我不忍打破时间旅行的法则。

二十三

花儿在逼近，瘟疫在逼近，

贸易战在逼近，"万方多难此登临"①。

---

① 杜甫《登楼》。

花儿在造次，顽童在造次，

无赖的上帝在造次，可"客愁愁不醒"①！

暗水在躁动，春星在躁动，

扁舟在躁动，是呵，"万里谁能驯"②？

很想请诗人吃顿饱饭，

听他谈谈八股文，"重与细论文"③！

即使"隔叶黄鹂空好音"④，

也得鸣，谁让它天生一副好嗓子呢？

即使"丹青不知老将至"⑤，

也要引军霸上，如花在野。

既然"旧犬知愁恨"⑥，

那就活在儿时的记忆里吧。

既然"十觞亦不醉"⑦，

---

① 杜甫《绝句漫兴九首·其一》。
② 杜甫《奉赠韦左丞丈二十二韵》。
③ 杜甫《春日忆李白》。
④ 杜甫《蜀相》。
⑤ 杜甫《丹青引赠曹将军霸》。
⑥ 杜甫《得舍弟消息》。
⑦ 杜甫《赠卫八处士》。

那就大大方方追逐名与利。

既然买不起特斯拉电动车，
那就"麻鞋见天子"①。

既然"天地终无情"②，
那就化有常的痛为无常的力。

既然"诗是吾家事"③，
那就闭门自傲、敝帚自珍。

唯有"饮罢无归处"的思壮者，
才敢独自面对涅槃的凤凰④、
统一的宇宙，以及"独立苍茫自咏诗"⑤。

---

① 杜甫《述怀》。
② 杜甫《新安吏》。
③ 杜甫《宗武生日》。
④ 杜甫《壮游》："七龄思即壮，开口咏凤凰。"
⑤ 杜甫《乐游园歌》。

陶渊明：日暮犹独飞

屈原是中国古典文学的塔尖，陶渊明则是塔外人。

这意味着，任何文学排名——如"四大诗人""十大诗人"之类——都与他无关。（好事者喜欢排名）

"渊明是平凡的伟大。"顾随一语道破陶渊明的人格魅力。

"读陶诗，是享受，写得真朴素，真精致。不懂其精致，就难感知其朴素。不懂其朴素，就难感知其精致。他写得那么淡，淡得那么奢侈。"木心则一语道破陶诗的美学高度及张力。

德·布封 ①说，风格即人格，人格即风格。

但陶渊明远比上述所言复杂，他，既好谈，又不好谈。

我们必须结合其诗，才能揪出一个与固有印象不一样或者说不太一样的陶渊明。

---

① 德·布封（1707—1788），法国博物学家、作家，著有《自然史》。

重离照南陆，鸣鸟声相闻。秋草虽未黄，融风久已分。
素砾晶①修渚，南岳无馀云。豫章抗高门，重华固灵坟。
流泪抱中叹，倾耳听司晨。神州献嘉粟，西灵为我驯。
诸梁董师旅，芊胜丧其身。山阳归下国，成名犹不勤。
卜生善斯牧，安乐不为君。平王去旧京，峡中纳遗薰。
双陵甫云育，三趾显奇文。王子爱清吹，日中翔河汾。
朱公练九齿，闲居离世纷。峨峨西岭内，偃息常所亲。
天容自永固，彭殇非等伦。

（《述酒》）

这首诗作于公元 421 年，陶渊明五十七岁。上一年（公元 420
年），宋王刘裕逼迫晋恭帝禅位；是年，"掩杀之"。陶渊明听闻此
事，遂作此伤时感事之诗。

由此诗可见，隐居乡野的陶渊明并非"两耳不闻窗外事"。他
虽"不出户"，却"知天下"，忍不住关心政治——尽管他是以历
史为进路，以诗为形式。鲁迅《魏晋风度及文章与药及酒之关系》
一文指出，"陶潜总不能超于尘世，而且，于朝政还是留心""据
我的意思，那诗文完全超于政治的所谓'田园诗人''山林诗人'，
是没有的"。因此，莫要以为陶渊明隐居后，就只是"采菊东篱
下""带月荷锄归"。就像诸葛亮"躬耕于南阳"时，也时刻关注
着天下大势，否则，怎么可能一见刘皇叔诚心满满，即拿出酝酿

---

① 晶，读 xiǎo，明亮、皎洁之意。

已久的"隆中对"，欣然出山？陶渊明不出山，但他的政治关切同一。

后人常以此诗为据，说陶渊明"忠于晋室"。如此解读太过狭隘——陶渊明作为一个超越性的诗人，不会忠于任何具体的王朝。但他作为一个敏感的诗人，面对重大政治事件，不可能没有自己的想法。德国现代诗人斯特凡·格奥尔格出版过一部题为《新帝国》的诗集（1928年），撰叙和歌咏德意志民族历史上的英雄人物，借古喻今。陶渊明此诗尽管题为《述酒》，"述"的却非酒，而是史上的人物和事件，具有和格奥尔格类似的思量。

这首诗不太出名，且涉及太多典故，不好懂。我这里不一一诠解，仅择要讲几点。

"重离照南陆，鸣鸟声相闻。"重离，指太阳（离：离卦，象征火）；南陆，指南渡的东晋；鸣鸟，比喻贤才。这句话的意思是，东晋最初南渡时人才济济，名臣荟萃。"秋草虽未黄，融风久已分。"融风，指司马家的王气；分，指分散、弥散。这句话的意思是，秋草尚未变黄（时间没过多久），和煦的东风已然逝去（东晋王祚已衰）。但任何一个朝代都注定是要衰落的。陶渊明写晋朝又不止于写晋朝，他是在表达自己关于王朝兴衰的历史哲学观点。"山阳归下国"讲的是公元220年汉献帝刘协禅让帝位给曹丕（曹丕称帝后，封刘协为山阳公）。"平王去旧京"讲的是公元前770年，东周第一任君主周平王东迁洛阳之事，它标志着春秋战国时代开启，中国进入礼崩乐坏的乱世。天下无道，礼乐征伐自诸侯出，陪臣执国命。"朱公练九齿，闲居离世纷。"讲的是范蠡帮勾践灭吴后，在陶这个地方隐居，号陶朱公（"陶"字映射陶渊明本人）。练九齿，指修炼长生之术。"天容自永固，彭殇非等伦。"是说若能永远保持自然本性，则殇子（夭折的孩子）和彭祖（相传活了八百岁）都不能与之相提并论。

这就是一个隐士对政治的关切、观察和沉思。

现在有电视和网络，这意味着，"小隐隐于野"也好，"大隐隐于市"也罢，若想隐，同时又"知天下"，比古人可要方便多了。问题在于，谁是当代陶渊明？

陶渊明虽然隐于野，却绝非小隐。一个大诗人怎可能是小隐？

同样，一个小诗人也不可能是大隐，不管他隐在何处。

"结庐在人境"容易做到，"而无车马喧"有点难，其实也没必要。

因为，"车马喧"也可以是灵感的来源。鲍勃·迪伦①就是在纽约写诗、作词、谱曲的。

诗人有必要走向城市，尤其是大都市。2011 年 8 月 17 日，勒·克莱齐奥②在上海发表演讲道，"我更偏好形式多元的大都市，那儿混杂多样、文化多元的人群每天都行色匆匆。我觉得这才与作家适合""城市吸引我的东西，是旋涡。城市，尤其是现如今的大城市，是正在形成的星辰，正在运动的大陆"。

当下中国诗人最好的隐居地是上海或北京。除了爱情诗、田园诗，还应写点政治诗，比如说，以"贸易战""瘟疫、医学与帝国"或"欧洲公法的终结"为题。

京沪房子太贵，买不起？可以隐居在北京郊区的农村，那里房价便宜，最起码租得起。实在不行，隐居在郑州郊区的农村亦

---

① 鲍勃·迪伦（1941—　），美国著名歌手，词曲创作人，2016 年诺贝尔文学奖得主。
② 勒·克莱齐奥（1940—　），法国作家，2008 年诺贝尔文学奖得主。

未尝不可。

二

燕丹善养士，志在报强嬴。招集百夫良，岁暮得荆卿。
君子死知己，提剑出燕京。素骥鸣广陌，慷慨送我行。
雄发指危冠，猛气冲长缨。饮饯易水上，四座列群英。
渐离击悲筑，宋意唱高声。萧萧哀风逝，淡淡寒波生。
商音更流涕，羽奏壮士惊。心知去不归，且有后世名。
登车何时顾，飞盖入秦庭。凌厉越万里，逶迤过千城。
图穷事自至，豪主正怔营。惜哉剑术疏，奇功遂不成。
其人虽已没，千载有馀情。

（《咏荆轲》）

陶诗并非一味冲淡、平和，这首《咏荆轲》就很激越。

"燕丹善养士，志在报强嬴。"现在善养士的很少见了，也不允许（大多被国家养起来了，"天下英雄尽入彀中矣"，宇宙的尽头是编制）。或许古代善养士的也不多。荆轲知燕丹待他若国士，是让他去送死，但他仍无悔，因为"君子死知己"。上升到"义"层面的利益/价值交换，就不再是单纯的交换了。在这孤独的世界上，知己难寻，太难寻了，不要说掏心待人，就是掏钱助人者也太少。年龄愈大，对这点感受愈深。"志在报强嬴"，就是要与强秦为敌，如鲁迅所言，勇者愤怒，抽刀向更强者。

"素骥鸣广陌，慷慨送我行。"素骥，白色骏马，白是丧服色。白色的骏马在宽广的大路上嘶鸣，一股苍凉、慷慨之气。曹植《白马篇》曰："捐躯赴国难，视死忽如归!"李白《白马篇》曰：

"杀人如剪草，剧孟同游遨。"（剧孟为西汉著名游侠）

"雄发指危冠，猛气冲长缨。"悲壮之气冲起高高的帽子和系冠帽的长绳子。

"渐离击悲筑，宋意唱高声。"渐离（高渐离）和宋意都是荆轲的好友。此处"悲"字用得好。

"萧萧哀风逝，淡淡寒波生。"音调稍降。

"凌厉越万里，逶迤过千城。"调子又起。

"惜哉剑术疏，奇功遂不成。"既然很早就开始做刺秦王的准备，那肯定是闻鸡起舞，夜夜练剑，不可能"剑术疏"。事不成乃天意。

张艺谋执导的电影《英雄》（2002年上映）中，侠士无名有机会刺死秦王却放弃，死前要求秦王一统天下，结束战争，拯救黎民苍生。然后无名被杀。无名可谓"为国为民，侠之大者"，但这已非传统之侠了，是经过张艺谋和现代思想重塑以后的侠。韩非子说："侠以武犯禁。"敢于犯禁、为知己而死的，才称得上侠。《英雄》在政治上或许正确，在哲理和美学上不免高度不够高。

秦汉以后，皇帝、逆臣、活佛源源不断，侠却越来越少。

"其人虽已没，千载有馀情。"侠的精神并未彻底死掉，侠还有，如唐朝的李白、聂隐娘，晚清的谭嗣同、秋瑾。

谭嗣同《狱中题壁》："我自横刀向天笑，去留肝胆两昆仑。"

秋瑾《鹧鸪天·祖国沉沦感不禁》："休言女子非英物，夜夜龙泉壁上鸣。"

有的文士做着侠客的梦。做不了侠，那就带兵打仗吧。

三国时的陆逊，南宋的辛弃疾，晚清的曾国藩，都是文人带兵的典范。

现在的文人往往缺少一点血气、草莽气，更别说侠气了。李白《行行游且猎篇》："儒生不及游侠人，白首下帷复何益。"不会带兵的书生不是好诗人。

三

激清音以感余，愿接膝以交言。欲自往以结誓，惧冒礼之为諐。
待凤鸟以致辞，恐他人之我先。意惶惑而靡宁，魂须臾而九迁。
愿在衣而为领，承华首之余芳；悲罗襟之宵离，怨秋夜之未央。
愿在裳而为带，束窈窕之纤身；嗟温凉之异气，或脱故而服新。
愿在发而为泽，刷玄鬓于颓肩；悲佳人之屡沐，从白水以枯煎。
愿在眉而为黛，随瞻视以闲扬；悲脂粉之尚鲜，或取毁于华妆。
愿在莞而为席，安弱体于三秋；悲文茵之代御，方经年而见求。
愿在丝而为履，附素足以周旋；悲行止之有节，空委弃于床前。
愿在昼而为影，常依形而西东；悲高树之多荫，慨有时而不同。
愿在夜而为烛，照玉容于两楹；悲扶桑之舒光，奄灭景而藏明。
愿在竹而为扇，含凄飙于柔握；悲白露之晨零，顾襟袖以缅邈。
愿在木而为桐，作膝上之鸣琴；悲乐极以哀来，终推我而辍音。

（《闲情赋》）

这首《闲情赋》是中国最动人的情诗之一。

陶渊明是写情诗的高手。与之相比，现在的抒情诗人、荷尔蒙诗人，差远啦。现在的一些荷尔蒙诗人，用身体写作，直白、下流，简直不能称为诗。

"激清音以感余，愿接膝以交言。"她奏出的清雅乐曲、她清丽美好的声音注入我的心田，我愿意和她促膝交谈。如果爱一个人，她的声音就比音乐还动听。如果爱一个人，就跟她有讲不完的话。塞林格说："爱是想要触碰却又收回手。"美国电影《似是故人来》①讲了一个"愿接膝以交言"的爱情故事，男主角为了捍卫爱情，宁愿接受原本可以避开的死亡判决。

"欲自往以结誓，惧冒礼之为愆。"愆，同"愆"，过错。意思是想和她私下里山盟海誓，却又怕违背礼教（礼数）而犯错。古代有"男女授受不亲"和"思无邪"的教导，大家闺秀大门不出，二门不迈，所以才有了很多逾墙偷情的故事。现在偷吃禁果可就容易多了，亦不惧礼之束缚。现在的人受教育时间长、生存压力大，普遍晚婚，难道还提倡婚前守贞？理性态度是，不鼓励婚前性行为，但也不必视若洪水猛兽。现在，性不再神秘，禁果不再是禁果。

"待凤鸟以致辞，恐他人之我先。"指怕心上人被人抢先追到手。追女孩子，要脸皮厚，脸皮薄是追不到女孩子的。经常看到美女配丑男，帅哥配丑女，即因丑男丑女"先下手为强"。俗话道：女怕三撩，男怕三挑（挑逗）。没有不思凡的男女。

---

① 乔恩·阿米尔执导（1993年上映）。剧情如下：十九世纪美国南北战争时期，大地主杰克·索默斯比为人粗鲁浮夸，不解温柔，竟丢下怀孕的妻子劳瑞跑去当兵，从此杳无音信，劳瑞承担起照顾孩子、照顾家庭的责任。七年后的某天，杰克突然出现了。而且这时候的杰克，已不再粗鲁刻薄，本来就是地主的他带着村民一起勤奋耕作，希望提高大家的生活水平。那个以前经常赌博和殴打妻子的杰克已经不见了，取而代之的是一个乐于助人的杰克。劳瑞觉得他比以前更有感情，像变了一个人似的，人们也都很拥戴他，但一些人不相信这真的是杰克。正当劳瑞深感幸福的时候，事情发生了变化。杰克被控告与一宗谋杀案有关，警察要拘捕他，沉默的杰克并没有反抗，他接受拘捕。调查中的种种迹象表明，眼前的杰克是曾和杰克相识的教师，二人长得很像，在真杰克死后，他冒名而来。在承认是假冒他人或对命案负责的选择中，他出人意料地选择了后者，因为他对这一段假冒生活十分留恋，也不愿损害人们对他的美好印象。

"意惶惑而靡宁，魂须臾而九迁。"一旦动了情，就容易失眠，辗转反侧。心魂跌宕不已，情绪须臾万变。男孩子追女孩子，追到手之前，男孩子如此；追到手之后，女孩子如此。女孩子恋爱时情绪起伏大，甚至会有些"做作"。

下面十句"愿……"，完全是想入非非，尤其是"附素足以周旋"四句，简直抵得上普希金《叶甫盖尼·奥涅金》第一章整整七十行的"恋足狂想曲"。①

> 我爱女人考究的衣服
> 和她们娇小玲珑的玉足。
> 玉足啊，玉足！走遍俄国
> 你也难以找到玉足三双
> 像那样匀称，令人难忘。
> 尽管我变得消沉、冷漠，
> 有一双玉足却难以忘情，
> 它们常搅扰我的梦境。
> ……
> 我多想追逐滔滔波浪，
> 把唇贴在她秀足之上！

确实够色情，然而并不淫荡。"愿"（"意欲"）对应的英文词为"will"，在莎士比亚时代还是男女性器的俚称，莎士比亚诗中有很多性暗示、性隐喻。

---

① "恋足狂想曲"的说法来自江弱水《诗的八堂课》（商务印书馆 2017 年版，第 132 页）。

The sea, all water, yet receives rain still
And in abundance addeth to his store；
So thou being rich in *Will* add to thy *Will*
One W*ill* of mine, to make thy large *Will* more.

翻译：大海，满是水，照样承受天雨，

给它的贮藏增加更多的水量；

你富于意欲，要扩大你的意欲，

就得把我的意欲加于其上。

（《莎士比亚十四行诗》，第一百三十五首）

陶渊明的诗比莎士比亚的隐晦得多。尽管如此，其仍被编撰《文选》的萧统认为是"白璧微瑕"。萧统《陶渊明集序》曰："余爱嗜其文，不能释手；尚想其德，恨不同时。故更加搜求，粗为区目。白璧微瑕者，惟在《闲情》一赋。"似乎大诗人不应写此情色之作。

另有学者认为陶渊明此赋别有寓意："其所赋之词，以为学人求道也可，以为忠臣之恋主也可，即以为自悲身世以思圣帝明王也亦无不可。"（刘光蕡《陶渊明闲情赋注》）迂腐之言也！其被"文以载道"之类的古训弄成脑残了。

莎士比亚写情色诗，不影响其为大诗人。陶渊明亦如此。

陶渊明这首诗是写给谁的？老妻？但他似乎不像杜甫对老妻那么深情（参见杜甫《月夜》）。

我猜测：若非写给某个村姑，便是写给嫦娥的。

总不能是写给俄罗斯少女达吉雅娜或意大利少女朱丽叶 ① 的吧，毕竟陶渊明不像我，生活在二十一世纪。二十一世纪的诗人，不可能不爱慕这两位异邦的少女。

四

陶渊明还是一位哲人，诗人中的哲人。陶诗兼具"情见"和"知解"。顾随说：

> 诗人有两种：（一）情见；（二）知解。中国诗人走的不是知解的路，而是情见的路。然任何一伟大诗人即使作抒情诗时仍有其知解。陶公之诗与众不同，便因其有知解。

陶渊明隶属于扎加耶夫斯基所言的"思想者家族"，绝不会将诗视作"一种对于思之残酷性的逃避"，而是用诗表达思，诗思合一了。扎加耶夫斯基说：

> 我想我属于那样一个思想者家族，总是无望地纠缠于列奥·施特劳斯所谓的"在雅典和耶路撒冷之间"的冲突之中。我不是说这就是最好的思想者家族；我更将此看作某种灾难——不能做出明确的选择。从很早开始，我内心就有一种需要，想使不能清晰之物清晰化，或者使那些缠绕的观念得以显现，因为这将使人的思想澄明。但这在很大程度上，是根本反诗化的。而同时，我也有那种灵感附身的时刻，它们

---

① 分别是普希金《叶甫盖尼·奥涅金》和莎士比亚《罗密欧与朱丽叶》这两本书中的女主角。

使我朝着不同的方向运思。

陶渊明的诗句，如"衰荣无定在，彼此更共之"（《饮酒·其一》），"善恶苟不应，何事立空言"（《饮酒·其二》），"及时当勉励，岁月不待人"（《杂诗·其一》），"有子不留金，何用身后置"（《杂诗·其六》），是把"根本反诗化"的"知解"写成诗了。陶渊明最卓越的"知解"诗（哲理诗）当属《形影神》三首。

天地长不没，山川无改时。草木得常理，霜露荣悴之。
谓人最灵智，独复不如兹。适见在世中，奄去靡归期。
奚觉无一人，亲识岂相思。但余平生物，举目情凄洏。
我无腾化术，必尔不复疑。愿君取吾言，得酒莫苟辞。

（《形赠影》）

存生不可言，卫生每苦拙。诚愿游昆华，邈然兹道绝。
与子相遇来，未尝异悲悦。憩荫若暂乖，止日终不别。
此同既难常，黯尔俱时灭。身没名亦尽，念之五情热。
立善有遗爱，胡为不自竭？酒云能消忧，方此讵不劣！

（《影答形》）

大钧无私力，万物自森著。人为三才中，岂不以我故。
与君虽异物，生而相依附。结托既喜同，安得不相语。
三皇大圣人，今复在何处？彭祖爱永年，欲留不得住。
老少同一死，贤愚无复数。日醉或能忘，将非促龄具？
立善常所欣，谁当为汝誉？甚念伤吾生，正宜委运去。

纵浪大化中，不喜亦不惧。应尽便须尽，无复独多虑。

（《神释》）

这三首诗，我读来异常沉痛——为陶渊明的孤独。

有"英国陶渊明"之称的乔治·吉辛说，有时你的心灵渴望友情，却不得不忍受孤独。陶渊明孤独到只能自问自答。

李白类之，"举杯邀明月，对影成三人"。但李白还有杜甫这个小老弟、知音、"粉丝"，而陶渊明却没有相匹配的朋友。他并非没有朋友，只是这些人与他的精神高度无法比肩，因此也就等于没有。

朋，会意字，双月齐明，比肩、差不多的意思。水平和境界相差太远的人很难成为朋友。

同扎加耶夫斯基不同，陶渊明没有陷入类似"雅典和耶路撒冷之间"的"儒家与道家之间"的精神冲突之中，他也不受禅佛影响。徐州人刘程之在庐山事佛，赠诗招陶渊明前去，陶渊明婉拒了。"直为亲旧故，未忍言索居""耕织称其用，过此奚所须"（《和刘柴桑》）。陶渊明超越儒释道之辨。

同扎加耶夫斯基一样，陶渊明也"想使不能清晰之物清晰化，或者使那些缠绕的观念得以显现"，进而"使人的思想澄明"。

陶渊明只是做到了使一己的思想澄明。他的亲友以及和他有往来的官员，无法理解他在说什么。

《形影神》三首可浅读，可深读。伟大的诗一直在等待伟大的读者、阐释者。

先看第一首，《形赠影》。

"谓人最灵智，独复不如兹。"都说人最灵智，是万物之灵，能看透关于枯荣的哲理 ①，却无法像草木那样荣枯更替。这是提示我们要超越人类中心主义，非常具有现代性。这三年 ②疫情肆虐，未尝不是自然对人类的报复。

人类追求长生只是徒劳（"奄去靡归期""必尔不复疑"），我们必须意识到自己在自然宇宙中的渺小。

"奚觉无一人，亲识岂相思。但余平生物，举目情凄洏。"岂，同"其"，语助词。洏，读 ér，泪流满面的样子。人死之后，还有谁会记得他呢？只有最亲近的亲友偶尔追思他，看到他活着时用过的物品，忍不住流泪。据一种非洲生死观说，一个人，肉体死亡并非真正死去，只有当记得他的亲友全部死后，他才算彻底死去。

"愿君取吾言，得酒莫苟辞。"既然人必死无疑，一切终归于虚无，那么，有酒便喝吧，有歌就唱吧，不必推辞。人活一生，要及时行乐，别活得太累。

接着看第二首，《影答形》。

"存生不可言，卫生每苦拙。"长生不老本来就是不可能的，任何养生之术都是拙笨的。人苦于此，却莫可奈何。现在的人生活条件好了，开始注重甚至迷信养生术，吃素、喝养生茶、练太极拳等，其实都没有太大的作用。要说长寿，不知养生为何物的农村老太太最长寿。

"与子相遇来，未尝异悲悦。"自从我这个影子与你这个形体相遇，从来没有过不同的喜怒哀乐。影对形是真诚专一的，但人与人的关系就不一定如此了。我们常说热恋中的人形影不离，这

---

① 金庸小说《天龙八部》中有一位枯荣大师。

② 指 2019—2022 年。

当然是夸张的说法。影子不会背叛自己，但情人会。鲁迅说得好："人类的悲欢并不相通。"一个人的共情能力再强，也不可能与另一个人"未尝异悲悦"。

"此同既难常，黯尔俱时灭。身没名亦尽，念之五情热。"形影不离只是暂时的，人死后，名声亦随之逝去，想及此，怎能不黯然神伤、情绪激荡呢？难道因为人早晚会死，就消极、悲观、不努力了吗？

不！"立善有遗爱，胡为不自竭。"立下善德，泽及后世，怎能不竭尽全力呢？古人把立德、立功、立言等"三不朽"总称为立善（《左传·襄公二十四年》）。

"酒云能消忧，方此讵不劣！"认为饮酒之类及时行乐的行为能消除忧愁是荒谬的，那是低劣的做法，比不得"立善"。

李白诗云："抽刀断水水更流，举杯消愁愁更愁。"享乐之后或许会有更大的虚无感。

人过四十岁后，对死亡和时间的思考就会慢慢增多，想做事、有使命感的人，会产生强烈的紧迫感。怕死，其实是觉得人生意义尚未实现，死早了，心不甘。

最后是《神释》。

"大钧无私力，万物自森著。"大钧，指造化（或造物主、上天、上帝）。天地造化无党无偏，万事万物各就其位。在造物主眼中，人与草木、石头是平等的。

"人为三才中，岂不以我故？"人能够和天地并称为"三才"，难道不是因为有精神的缘故吗？笛卡尔说："我思故我在。"尽管我们应超越人类中心主义，但不可因此看轻人类的精神性存在、灵魂性存在。这也是克尔凯郭尔和海德格尔以来的存在主义的核心要义。

雪莱说，诗人是未被承认的立法者。这实际上是把诗人置于王位。

而所谓王——按董仲舒的解释——是贯通"三才"（天地人）的人。《春秋繁露》曰："取天地与人之中以为贯而参通之，非王者孰能当是？"

王，三横一竖。三横，即"三才"——天地人。

王，既存在于政治领域，亦存在于诗歌领域。

"与君虽异物，生而相依附。结托既喜同，安得不相语。"我（神）既然与你们（形影）相互依附，怎能不将衷言相告呢？

我（神）之所言，类似灵魂觉醒，或康德式的"仰望星空"和"内心道德定律"。

灵魂觉醒的人，才能用超越的眼光审视尘世的自我。

博尔赫斯有一篇题为《另一个人》的短篇小说，就讲了一个七十岁的人与不到二十岁的自己相遇的故事。小说结尾写道："另一个人梦见了我，但是梦见得不真切。"一个早慧的年轻人，可以设想与七十岁的自己相遇，年老的自己会有什么话留给年轻的自己呢？

"老少同一死，贤愚无复数。"人难免一死，无论老少贤愚。

"立善常所欣，谁当为汝誉？"立善（包括立言，如写诗）固然能够带来欣悦，但谁会把你永久地赞颂呢？即使一个人——如牛顿、贝多芬、曹操——的伟大名声能与地球共存亡，但太阳系也是有寿命的，人类或将灭亡，永远消失。

一种观点认为，灵魂不死，即使地球人全部消失，灵魂也会在浩瀚的宇宙中游荡，寻找新的宿主。

爱默生①说，宇宙万有是灵魂的具体化。

"甚念伤吾生，正宜委运去。纵浪大化中，不喜亦不惧。应尽便须尽，无复独多虑。"过分思虑伤人心智，还是听从命运的安排吧！

类似《红楼梦》中林黛玉所言的"无立足境"。

但这只是自我慰藉。只要是人，"不喜亦不惧"就不可能，否则就成了活死人、行尸走肉般的局外人，那就连诗也不会去写了。

人生固然荒谬，但笛卡尔、加缪、陶渊明、扎加耶夫斯基等哲人，并未因此无悲无喜或自暴自弃，而是去抗争——诗文就是最有力的武器。他们的"五情"是热的，仍有忧惧和喜悲，但与常人不同的是，他们不以物喜，少以己悲。

陶渊明真正做到了心物一如，但之前有个挣扎的过程。

不像现在有些闲适的诗人，自诩心物一如，但其实只是有趣，缺乏力（生之力）。

日本的诗人作家，常有自杀者，如太宰治、川端康成，其实是"生之力"不够。

陶渊明的"生之力"够大，所以成了大诗人。

崇尚物哀之美的日本人，应该多读一点陶渊明的作品，而不是沉醉在《源氏物语》《雪国》②的糯软世界里。

五

陶诗多为五言，为人津津乐道的也是五言，但其实陶渊明的

---

① 拉尔夫·沃尔多·爱默生（1803—1882），美国作家，代表作品有《论自然》《美国学者》等。
② 这两部日本经典小说的作者分别为紫式部、川端康成。

四言诗同样精彩。张定浩就特别喜欢陶渊明的四言诗：

> 他的五言当然也好，只是被后来的人当作文学讲惯了，也融汇到了后来的文学中去。写五言的陶渊明好比是一个超越时代的大众情人，而写四言的陶渊明，则是一个从《诗经》中俪俪而出的君子，走到六朝，就停了下来。①

我不太喜欢把陶渊明称为君子，这个词有太浓的儒家味。

他也未在六朝停下来，而是一直走到现在，且将走向未来。任性地穿梭于过去、现在与未来之间，正是大诗人的本事。

然而，诗人尽管能"仰观宇宙之大，俯察品类之盛"，却往往受困于现实。

《停云》曰："愿言怀人，舟车靡从。"想念远方的人，车马舟船却不能肆意驰骋。

其实更多时候，是没有车马舟船可供驱策的，因为没有身居高位，没有钱。

我也想旅居巴黎、威尼斯或纽约，无奈囊中羞涩，而我又缺乏穷游的勇气。因此，也就只能"有酒有酒，闲饮东窗"（《停云》）或"清琴横床，浊酒半壶"（《时运》）了。喝不起茅台、五粮液、国藏汾酒和 1935 年的赖茅 ②，但买二锅头的钱我还是有的。

但只喝酒就变成酒鬼了，毫无意义。"我有旨酒，与汝乐之。乃陈好言，乃著新诗。"（《答庞参军》）既要乐在酒中，更要乐在

---

① 张定浩：《既见君子：过去时代的诗与人》，华东师范大学出版社 2014 年版，第 44—45 页。
② 1935 年的赖茅酒，一瓶的拍卖价可达上千万元。

诗中。问题是，我有作诗的天赋吗？

"嗟予小子，禀兹固陋。徂年既流，业不增旧。"（《荣木·其三》）我的禀赋实在不好，年华如流水逝去，我却没有任何进步。

"我之怀矣，怛焉内疚！"想及此，内心就万分伤痛。

"四十无闻，斯不足畏。脂我名车，策我名骥。千里虽遥，孰敢不至！"（《荣木·其四》）即使我年过四十，到了中年依旧默默无闻，也没什么大不了的。仍然要登车，驱马，出发。

远方虽然遥远，但我不会因为畏惧而止步不前。

此处取象征意义，诗人的劳作地只能是南山下、菊花旁、八九间草屋里。诗人的远方只能是诗。诗人是飞翔的鸟。

> 翼翼归鸟，晨去于林。
> 远之八表，近憩云岑。
> 和风不洽，翻翮求心。
> 顾俦相鸣，景庇清阴。

（《归鸟》）

自在的飞鸟，在早晨离开树林，飞向八表（八荒）之地，累了便就近找个高耸入云的山峰歇歇脚。

低处的和风不合飞鸟的胃口（泰戈尔《飞鸟集》："诗人之风，越过海洋和森林，去探索自己的声音"），飞鸟振翅翱翔只求无愧于心（孟子曰："学问之道无他，求其放心而已矣"）。

在高空中飞鸟从不觉得孤单寂寞，因为能和别的鸟相伴鸣唱，一起隐入树荫。

读大诗人的诗，就是听他们歌唱。死人的诗和活人的诗相互影响。

即使失群了，亦不必恐惧，仍要使劲飞。"栖栖失群鸟，日暮犹独飞。"（《饮酒·其四》）大诗人是孤勇者。如果性格太柔弱（如海子、顾城），就无法成为大诗人。

张国荣主演的电影《阿飞正传》中提到过一种无脚鸟，它只有死了，才会停止飞翔。无脚鸟是诗人最好的象征。

六

陶渊明有一篇很另类、常被忽视的《自祭文》。人活着时祭悼自己是怎样的心境？

> 岁惟丁卯，律中无射。天寒夜长，风气萧索，鸿雁于征，草木黄落。陶子将辞逆旅之馆，永归于本宅。故人凄其相悲，同祖行于今夕。羞以嘉蔬，荐以清酌。候颜已冥，聆音愈漠。呜呼哀哉！
>
> 茫茫大块，悠悠高旻，是生万物，余得为人。自余为人，逢运之贫，箪瓢屡罄，绤絺冬陈。含欢谷汲，行歌负薪。翳翳柴门，事我宵晨。春秋代谢，有务中园。载耘载籽，乃育乃繁。欣以素牍，和以七弦。冬曝其日，夏濯其泉。勤靡余劳，心有常闲。乐天委分，以至百年。
>
> 惟此百年，夫人爱之，惧彼无成，愒日惜时。存为世珍，殁亦见思。嗟我独迈，曾是异兹。宠非己荣，涅岂吾缁？捽兀穷庐，酣饮赋诗。识运知命，畴能罔眷。余今斯化，可以无恨。寿涉百龄，身慕肥遁，从老得终，奚所复恋！
>
> 寒暑愈迈，亡既异存。外姻晨来，良友宵奔。葬之中野，以安其魂。窅窅我行，萧萧墓门。奢耻宋臣，俭笑王孙。廓

今已灭，慨焉已遐。不封不树，日月遂过。匪贵前誉，孰重后歌？人生实难，死如之何？呜呼哀哉！

这篇自祭文让我想到夏多布里昂 ①的《墓中回忆录》。晚年的夏多布里昂想象自己已死，写回忆录，把自己的性格、为人、经历、感悟，都说了出来。

少年雨果 ②曾立下宏愿："要么成为夏多布里昂，要么一无所成。"

一个年轻的中国诗人是否应该立下类似的宏愿：要么成为陶渊明，要么什么都不是？

读陶渊明《自祭文》，我似乎成了他的亲人，就站在他的病榻前。

"岁惟丁卯，律中无射。"丁卯，即公元 427 年，陶渊明在那一年去世。律中无射，指九月。《礼记·月令》："季秋之月……其音商，律中无射。"

"天寒夜长，风气萧索，鸿雁于征，草木黄落。"交代时间，也是人寿将尽的象征。

"陶子将辞逆旅之馆，永归于本宅。"逆旅之馆，指尘世。我们都是这个世界的客人，被无情地抛掷其上。

东坡诗曰："人生如逆旅，我亦是行人。"

陆游有一首诗题为《逆旅》，其中有句："我欲救其本，汝勿谓迂阔。"

---

① 夏多布里昂（1768—1848），法国作家、政治家、外交家、法兰西学院院士。
② 维克多·雨果（1802—1885），法国诗人、作家，作品有《巴黎圣母院》《悲惨世界》等。

本宅，指老家、墓地。若上升到哲理层面探讨，则是：何谓本？何谓根？

人来自混沌，终将归于混沌，我们每个人都是宇宙微不足道又不可或缺的一环。

依海德格尔的说法，每个人的"历史性存在奠基于一种原初的、统一的经验之中——这种经验就是将其自身连回到诸神之上去"。此即陶渊明所言的"纵浪大化中""聊乘化以归尽，乐夫天命复奚疑"。

但是，"候颜已冥，聆音愈漠"，死前的孤独感是每个人必须独自去承受的，无人能够替代。

《金瓶梅》第六十二回将李瓶儿将死时的病痛、孤独与无限深悲描写得入木三分，令人久久难忘——这繁华世界如此美好，而可怜的我却不得不与之作别。

《自祭文》出现"呜呼哀哉"的慨叹，陶渊明何尝不是无限深悲呢?! 他在理智上认为应该"纵浪大化中"，但情感上仍是孤独和悲哀的，内心对死仍是恐惧的。

"茫茫大块，悠悠高旻，是生万物，余得为人。"生而为人（而非其他），何其幸运！

"自余为人，逢运之贫，箪瓢屡罄，绤绤（chī xì）冬陈。"但我降生在一个贫穷之家，日子过得紧巴巴的。

这个世界就是这样，有人含着金汤匙出生，有人含着一口痰出生。

陶渊明祖上也阔过，其曾祖陶侃担任过郡守、刺史、都督八州诸军事（相当于现在的省委书记、战区司令员），"媵妾数十，家童千余，珍奇宝货，富于天府"（《晋书》第六十六卷）。但到陶父时，家族已没落，陶渊明虽然有才，却不愿为五斗米折腰，辞了官，自然只能过粗茶淡饭的生活了。

陶渊明物质欲望不高。"含欢谷汲，行歌负薪""冬曝其日，夏濯其泉"的日子也很快乐，而且，"心有常闲"，可以读书、写作。

智识可视为心灵具有的元气，当实用和谋生所需的任务完成后，过剩的精力被释放，这种元气就开始活跃起来。

我小时在农村生活，知道农忙是分季节的，闲暇时间很多，大多数人（包括我父亲）都是靠打牌打麻将来打发时间的。陶渊明不可能天天"勤靡余劳"，他闲时也打牌、喝酒，但他首先是一个诗人。

"惟此百年，夫人爱之，惧彼无成，愒日惜时。存为世珍，殁亦见思。"人只能活一辈子，所以都十分珍爱时光，希望做出点成就，生前为世人称颂，死后为世人牢记。

"嗟我独迈，曾是异兹。宠非己荣，涅岂吾缁？"但我陶渊明算是一个异类，志向与他们不同——我写诗，是个艺术家，外界的荣辱我并不放在心上。

扎加耶夫斯基说过类似的话，"他们都是脚踏实地、勤奋工作之人，唯有我是例外——我的气质更近于艺术家""我对资产阶级的物质生活近乎毫无兴趣，相反，我追求想象力，寻求勇气来改变当下按部就班的生活：从助理教授到副教授到正教授"。

就我自己而言，在2012年评上副教授后，突然觉得继续朝正教授职称努力的、按部就班的、一眼能看到头的学术生活毫无意义，便毅然走上文学创作之路。一夜之间，一切都改变了。那种顿悟和改变的感觉很奇妙，有点像爱情：

> 有一种东西，它会在某个夏天的夜晚像风一样突然袭来，让你猝不及防，无法安宁，与你形影相随，挥之不去，我不知道那是什么，只能称它为爱情……
>
> （电影《颐和园》台词）

"余今斯化，可以无恨。"我如今死去，可以无恨了。因为留下了作品，"我"完成了。

"从老得终，奚所复恋！"当然，这只是说说而已。正常人，包括诗人，没有不想多活几年的。"寒暑愈迈，亡既异存。"时光匆匆，死与生终究不一样。

"葬之中野，以安其魂。"葬于旷野，使灵感安定。

我一直觉得，火葬不太人道，尽管人死后，尸体没有痛感，不惧火焚。而土葬，则令人感到恐怖。深埋地下，难道不令人恐惧吗？最好的方法或许是在南极将遗体冷冻起来。科幻小说（如《三体》《2001太空漫游》）里常提及冬眠术，人在冬眠一百年后还能继续活着。

"奢耻宋臣，俭笑王孙。"耻，以之为耻。笑，笑话（动词）。宋臣，指春秋时宋国的司马桓魋，生前为自己制造石棺，孔子叹为奢侈（"若是其靡也"）。王孙，指汉武帝时期的杨王孙，他主张简葬、裸葬（曹操曹丕父子也提倡简葬）。陶渊明对这两种态度都不以为然。"廓兮已灭，慨焉已遐，不封不树，日月遂过。"用不着起坟头、在墓地栽树，一切都将寂灭，归于虚无，被遗忘。

但我依然要说，与桓魋相比，杨王孙较通透一些。当然，陶渊明更通透。

金钱力量虽大却生不带来死不带走。（*Life's a Struggle* 歌词）

生不带来，死不带去/唯黄昏华美而无上。（海子《秋日黄昏》）

赤条条来去无牵挂。（《红楼梦》第二十二回）

"匪贵前誉，孰重后歌?"陶渊明真的不在乎生前身后名吗？

罗扎诺夫 ①说："荣誉是条蛇，但它永远不能把我咬伤。"

荣誉无法咬伤陶渊明，也无法咬伤我。

读完陶公的《自祭文》，我不禁悲哀起来。悲己——好像自己死了一次。悲他——为世界而痛。文学，就是要有代入感。

> 此刻有谁在世上某处哭，
> 无缘无故在世上哭，
> 在哭我。

> 此刻有谁在夜间某处笑，
> 无缘无故在夜间笑，
> 在笑我。

> 此刻有谁在世上某处走，
> 无缘无故在世上走，
> 走向我。

---

① 瓦西里·瓦西里维奇·罗扎诺夫（1856—1919）是俄罗斯作家、思想家，著有《隐居及其他——罗扎诺夫随想录》（郑体武译，中央编译出版社2015年版）。

此刻有谁在世上某处死，

无缘无故在世上死，

望着我。

（里尔克《严重的时刻》）

里尔克的这首诗好像是写给陶渊明的。他读过陶渊明的作品吗？

应该没有。因为游学法国的梁宗岱译成法文的《陶潜诗选》，1930 年才由法国勒玛日出版社（Editions Lemarget）印行，①而里尔克病逝于该死的 1926 年。

七

有一年十月底，正值开封菊花节，在主会场龙亭公园，我看到一个长相精致、颇具古典气质的少年②坐在石凳上，正聚精会神地翻看插图版《山海经》。

不知怎的，我轻轻吟出一句：泛览《周王传》。

少年抬头，微笑，接了一句：流观《山海》图。

我：刑天舞干戚。

他：猛志固常在。

我：死去何所道。

---

① 陶渊明诗文的法译本，参见 ［英］莎士比亚等：《一切的峰顶》，梁宗岱译，中央编译出版社 2006 年版，第 303—357 页。

② 他神似托马斯·曼笔下的波兰贵族少年，"像大自然怀抱中脱颖而出的年轻天神般英俊可爱"。参见 ［德］托马斯·曼：《威尼斯之死》，徐建萍译，陕西师范大学出版社 2008 年版，第 32 页。

他：托体同山阿。

我：奇文共欣赏。

他：疑义相与析。

我：富贵非吾愿，帝乡不可期。

他：怀良辰以孤往，或植杖而耘耔。

我：我代一直香到现在的东篱菊花谢谢你。

他：我代忧道亦忧贫的贫士、不知有汉的汴京人、停步偏爱枫林晚的暮云，谢谢你。

那之后，我再没见过他。而且，也不再梦见陶渊明。

李白：蹉跎成两失

一

古今诗人，狂莫若李白者。李白不仅一度不以屈原、陶渊明为然，甚至讥讽过孔子。

> 予非怀沙客，但美采菱曲。（《春滞沅湘有怀山中》）
> 握齱东篱下，渊明不足群。（《九日登巴陵置酒望洞庭水军》）
> 我本楚狂人，凤歌笑孔丘。（《庐山谣寄卢侍御虚舟》）

怀沙客指屈原，屈原有诗《怀沙》。

握齱（龌龊），急促之貌，小节也。"握齱东篱下，渊明不足群。"万万不可像陶渊明那样，在东篱下采菊花。

楚狂人本指楚人接舆，佯狂不仕，孔子曾想与之交谈而不得，此处系李白自指。

但李白的狂，不让人讨厌。

除了因为他真诚、不矫作，更因为他才华横溢，有狂的资本。不像现在的一些年轻诗人，狂得莫知所以。

但总有人不喜欢李白，比如说，一些奉儒学为正统的儒生，尤其是鲁地的儒生（孔子是鲁人）。李白在山东暂居时，与当地读书人有交往，但发现他们谨小慎微、刻板保守，有的甚至迂腐透顶，遂写诗讽之：

> 鲁叟谈五经，白发死章句。
> 问以经济策，茫如坠烟雾。
> 足著远游履，首戴方山巾。
> 缓步从直道，未行先起尘。
> 秦家丞相府，不重褒衣人。
> 君非叔孙通，与我本殊伦。
> 时事且未达，归耕汶水滨。

（《嘲鲁儒》）

儒生读书、著述多死板，死于章句。今天致力于古今经典诠释的文学院、国学院或哲学系教授亦如此。皓首穷经的老学究太多了，比古书里的蛀虫还多。

我的问题是，为何只是诠释，而非创造经典？

当然，这个要求未免太高。但，难道不是"法乎其上，得乎其中"吗？总是拾人牙慧（尽管其中饱含智慧）有什么意思？

经济，经世济民之意，与今天的"经济"（生产、消费、投资和经营活动）不能画等号。儒生（人文知识分子），往往只是背书背得好，一旦涉及实际政治、经济、军事、科技和外交事务，则"茫如坠烟雾"。

电视剧《大明王朝1566》中有句台词："圣人的书是拿给人看的，拿来办事是百无一用。"

只靠书本和情怀烹不了小鲜，更治不了大国。①

并不是说圣人的书不该读，而是不能只读书，实际治国能力尚需在实践中历练。韩非子有言："宰相必起于州部，猛将必发于卒伍。"王阳明、曾国藩，既能读圣贤书，又能带兵打仗。《传习录》《曾国藩日记》应为有志从政者必读之书。

"足着远游履，首戴方山巾。"道貌岸然。讽刺。

"缓步从直道，未行先起尘。"还没抬脚，已掀起尘土。讽刺。

"秦家丞相府，不重褒衣人。"秦家丞相，指秦朝名相李斯。褒衣，指宽大的衣服，儒生常穿。李斯奉行法家思想，不喜儒。《史记·秦始皇本纪》中，李斯曰："今陛下创大业，建万世之功，固非愚儒所知……若欲有学法令，以吏为师。"遂有焚书坑儒之举。这当然太极端了——走向了另一个极端。

"君非叔孙通，与我本殊伦。"你们不是识时达变的通儒叔孙通，与我不是一类人。

"时事且未达，归耕汶水滨。"你们这些酸儒，与其读书、著述，不如回家种田去！

二

李白也忒率真了。此诗激怒了自以为德才兼备的鲁儒。他们对李白群起而攻之，甚至诬蔑他和隔壁的小媳妇眉来眼去。社会舆论常常掌握在儒生（清流，今天叫"公知"）手中，李白不得

---

① 《道德经》第六十章："治大国若烹小鲜。"

不避之。不喜欢是相互的，就像力的作用是相互的一样。

偏偏李白又想从政、做官，不得不向那些儒生出身的人低头。

李白年轻时曾在老家江油担任县小吏。据现存于江油市李白纪念馆内的宋碑《敕赐中和大明寺主持记》载："玄宗朝翰林学士李白，字太白，少为当县小吏，后于此山读书。"但看不惯官场习气、个性要强的李白经常顶撞上司（县令），让其下不了台。他还时不时地当众表现甚至炫耀自己的文学才华，这对县令也构成了间接侮辱。县令好面子，没有直接开除他，却有办法给他脸色看和小鞋穿，李白忍无可忍，只好主动辞职。李白将这段经历形容为"神龙困于蝼蚁"。

为谋得入仕机会，李白从此走上干谒①之路。他的一些诗文即为此而作。

公元729年，安陆长史裴宽大宴宾客，李白有幸与会。他表演了一场舞剑，赢得众人喝彩。翌日，李白趁热打铁，向裴宽上书，希望能谋得一个官位：

> 伏惟君侯，贵而且贤，鹰扬虎视，齿若编贝，肤如凝脂，昭昭乎若玉山上行，朗然映人也。而高义重诺，名飞天京，四方诸侯，闻风暗许。倚剑慷慨，气干虹霓。月费千金，日宴群客。出跃骏马，入罗红颜。所在之处，宾朋成市。故时人歌曰："宾朋何喧喧！日夜裴公门。愿得裴公之一言，不须驱马埒②华轩。"……愿君侯惠以大遇，洞开心颜……
>
> （《上安州裴长史书》）

---

① 干谒，指为谋求禄位而请见当权之人。

② 埒，读liè，等同之意。

此番上书可谓极尽阿谀奉承之能事。然而，李白狂傲、喜欢顶撞上司的名声在外，裴宽并不愿用他，对其置之不理。

李白后又投奔邠州长史李粲。李粲热情好客，和李白以兄弟相称，但对李白只是管吃管喝而已，很快，李白觉得继续待下去只是徒然浪费生命。

> 忆昨去家此为客，荷花初红柳条碧。
>
> 中宵出饮三百杯，明朝归揖二千石。
>
> 宁知流寓变光辉，胡霜萧飒绕客衣。
>
> 寒灰寂寞凭谁暖，落叶飘扬何处归。
>
> （《猎歌行上新平长史兄粲》）

"寒灰寂寞凭谁暖，落叶飘扬何处归"虽是李白的真实想法，却不宜向主人当面说出。李粲读罢此诗想来心情不会太好，他明明热情款待了李白，李白却依旧觉得心冷。

李白离开后不久，又撰文上呈荆州长史兼襄州刺史、山南东道采访使韩朝宗。这篇文章非常出名，被编入清代成书的《古文观止》（吴楚材、吴调侯编注，李白的另一篇《春夜宴桃李园序》也被选入）。

> 白闻天下谈士相聚而言曰："生不用封万户侯，但愿一识韩荆州。"何令人之景慕，一至于此耶！岂不以有周公之风，躬吐握之事，使海内豪俊，奔走而归之，一登龙门，则声价十倍！所以龙蟠凤逸之士，皆欲收名定价于君侯。愿君侯不以富贵而骄之、寒贱而忽之，则三千之中有毛遂，使白得颖脱而出，即其人焉。

白，陇西布衣，流落楚、汉。十五好剑术，遍干诸侯。三十成文章，历抵卿相。虽长不满七尺，而心雄万夫。皆王公大人许与气义。此畴曩心迹，安敢不尽于君侯哉！

……幸惟下流，大开奖饰，惟君侯图之。

（《与韩荆州书》）

"但愿一识韩荆州"一句与"愿得裴公之一言"何其相似。

毫无意外，又是热脸贴冷屁股。韩朝宗甚至连见一面的机会都不给李白。

在韩朝宗这样的朝廷官员看来，文才不等于政治才干和行政能力（确实如此）。何况，李白的文章尽管不竭余力地吹捧韩大人，却也同时透出一股无法掩饰的傲气（"遍干诸侯""历抵卿相"），它会刺痛人，最起码会让人不舒服。

俗话道，喜欢一个人和打喷嚏一样，藏不住。

同样，才华、傲气和打喷嚏一样，也藏不住。

"三千之中有毛遂，使白得颖脱而出"，李白这是把自己视作当代毛遂，如果不能"颖脱而出"，那么韩朝宗就是"（以李白）寒贱而忽之"。似乎韩朝宗必须推荐李白不可，否则就是狗眼看人低。

"皆王公大人许与气义"，意思是王公大人们都赞许我李白的高尚气节和正大精神。似乎韩朝宗也应对李白予以认可和赞许，否则就是不识货。但韩朝宗想的可能是，既然王公大人们赞许你李白，为何不给你个职位？你又何必大费周章地来找我⁈

三

在多次遭受冷遇后，李白仍不甘心，决定到京城长安碰碰运气。

他希望拜会玉真公主（唐玄宗李隆基的同母妹），因为她与他有着共同的爱好：诗歌、《道德经》和《庄子》。

李白认定玉真公主是个真性情的女子，保不准能直接向皇帝举荐他。

李白特意跑到终南山的玉真公主别馆去等候公主，在那里，他仅凭想象就写了一首《玉真仙人词》：

> 玉真之仙人，时往太华峰。
>
> 清晨鸣天鼓，飙欻①腾双龙。
>
> 弄电不辍手，行云本无踪。
>
> 几时入少室，王母应相逢。

但公主并不是那么好见的，何况她"行云本无踪"。李白等了一个月也未等来公主，只好怏怏离去。

李白虽未见到公主，公主却成为他的举荐人之一。原来，李白的朋友元丹丘和公主一样，都是虔诚的道教徒。元丹丘的资格更老，是公主的引荐人，公主非常尊敬和器重他。他经常向公主推荐李白的诗，公主因此也成了李白的"粉丝"。

李白的另一位举荐人是贺知章。贺知章曾担任工部侍郎（相

---

① 飙欻，读 biāo chuā，意为迅即貌。

当于现在的副部长），后出任秘书监（相当于现在的国家图书馆馆长）。他非常欣赏李白的诗才，称其为"谪仙人"。

总之，在两位重要人物的举荐下，李白得到了皇帝的征召。

李白进京的排场很大，"（玄宗）降辇步迎，如见绮皓 ①。以七宝床赐食，御手调羹以饭之"。玄宗对李白说："卿是布衣，名为朕知，非素蓄道义，何以及此？"

在皇帝的安排下，李白进了翰林院。供职翰林院期间，应皇帝之命，李白写下赞美杨贵妃美貌的《清平调词三首》。

> 云想衣裳花想容，春风拂槛露华浓。
> 若非群玉山头见，会向瑶台月下逢。
>
> 一枝秾艳露凝香，云雨巫山枉断肠。
> 借问汉宫谁得似，可怜飞燕倚新妆。
>
> 名花倾国两相欢，长得君王带笑看。
> 解释春风无限恨，沉香亭北倚阑干。

翰林院听起来"高大上"，但它在唐朝还没有和科举联系起来（与后来明清两代不同），只是一个帮皇帝起草文件、供皇帝垂询、陪皇帝打发时间的非正式机构（被称为"天子之私"）。

翰林院为皇帝网罗文学、经术、卜、医、僧道、书画、弈棋等方面的人才，可以说是一群奇人异士的组合。

---

① "皓"指老人。"绮"指绮里季，他是汉初"商山四皓"之一，是著名的谋士、隐士。李白有诗《商山四皓》。

李白发现自己成了一个"皇家宠物"。初始，他欣然从之，想着总有机会向皇帝进谏，或到其他实权部门任职，从而施展自己"申管晏之谈，谋帝王之术，奋其智能，愿为辅弼，使寰区大定，海县清一"（《代寿山答孟少府移文书》）的抱负。

　　然而，现实再次给了李白一击。玄宗对他的定位只是一个桂冠诗人、皇家宠物，无意让他深度参与政治。实际上，皇帝本人已失去早年的锐气，整日沉溺于酒色舞曲之中，不思进取（否则也不会爆发安史之乱）。李白写诗表达自己的愤懑：

> 晨趋紫禁中，夕待金门诏。
> 观书散遗帙，探古穷至妙。
> 片言苟会心，掩卷忽而笑。
> 青蝇易相点，白雪难同调。
> 本是疏散人，屡贻褊促诮。
> 云天属清朗，林壑忆游眺。
> 或时清风来，闲倚栏下啸。
> 严光桐庐溪，谢客临海峤。
> 功成谢人间，从此一投钓。

（《翰林读书言怀呈集贤诸学士》）

　　"青蝇易相点，白雪难同调。"青蝇玷污白玉轻而易举，《阳春》《白雪》难以找到同调。

　　"本是疏散人，屡贻褊促诮。"我本是疏懒散漫的人，屡遭褊狭之徒的嘲笑。显然，李白认为周围人的境界和层次太低了，与他相差甚远。天才在哪里都是孤独的。

　　"云天属清朗，林壑忆游眺。或时清风来，闲倚栏下啸。"李白回想起以前饮风漫游的自在日子。

"严光桐庐溪，谢客临海峤。"像严光（东汉隐士）那样在桐庐溪畔垂钓，像谢灵运那样游遍天涯海角。

"功成谢人间，从此一投钓。"何时才能功成身退，做一个烟波钓徒呢?!

在翰林院索然无味地生活了两年后，李白选择了辞职。

四

李白虽然热衷于从政，但他的热衷是"道家式"的（与杜甫、韩愈的"儒家式"有所不同）。我称之为"道家式从政"。他并非真的在乎富贵，亦非为了衣锦还乡，而是"功成谢人间，从此一投钓"。他多次表达过类似想法。

> 事君之道成，荣亲之义毕，然后与陶朱、留侯，浮五湖，戏沧洲，不足为难矣。
>
> （《代寿山答孟少府移文书》）
>
> 事了拂衣去，深藏功与名。
>
> （《侠客行》）
>
> 功成拂衣去，归入武陵源。
>
> （《登金陵冶城西北谢安墩》）
>
> 范子何曾爱五湖，功成名遂身自退。
>
> （《悲歌行》）

一次，道教大师司马承祯问李白：你从政的目标是什么？

李白毫不犹豫地回答：功成，名遂，身退。大师挥了挥拂尘，微笑表示同意。①

李白信奉老子所言的"功成名遂身退，天之道也"。李白清醒地认识到，若功成不退，则反受其害（如伍子胥、李斯。很多功臣，或因为功高震主，或因为蜕变为骄兵悍将而为皇帝所杀）："吾观自古贤达人，功成不退皆殒身"（《行路难·其三》），"功成身不退，自古多愆尤"（《古风·其十八》）。问题在于，李白不曾获得"功成"的机会，因此也就无所谓"功成身退"。

> 世间行乐亦如此，古来万事东流水。
> 别君去兮何时还？
> 且放白鹿青崖间，须行即骑访名山。
> 安能摧眉折腰事权贵，使我不得开心颜！
>
> （《梦游天姥吟留别》）

对于李白而言，既然不愿"摧眉折腰事权贵"，从政之路走不通，那就只能骑鹿访名山了。李白又回到年轻时的状态。他那时去访问一位道士，但未遇见对方。

> 犬吠水声中，桃花带露浓。
> 树深时见鹿，溪午不闻钟。
> 野竹分青霭，飞泉挂碧峰。
> 无人知所去，愁倚两三松。
>
> （《访戴天山道士不遇》）

---

① ［美］哈金：《通天之路：李白传》，汤秋妍译，北京十月文艺出版社 2020 年版，第 57—58 页。

自从在密林深处看见一只鹿，那只鹿一直停留在他心中。他那次访道士而不遇，而今终于悟了，他要访的道士就是自己——另一个自己。他决心解放自己。

> 众鸟高飞尽，孤云独去闲。
>
> 相看两不厌，只有敬亭山。
>
> （《独坐敬亭山》）

一个人只有静下心来，才能面对真实的自己，与山对话，与水对话，与自己对话。

法国作家勒·克莱齐奥特别喜欢李白的这首《独坐敬亭山》，他评论道："李白之所以观看风景，直到彻底融入其中，之所以观看大山，直到与之成为一体，那是因为他爱着风景，爱着高山。赤条条的人面对大自然质朴野性的力量。"

李白是质朴的，又是狂野的。李白心中的宇宙是动态的，又是宁静的。

> 清斋三千日，裂素写道经。
>
> 吟诵有所得，众神卫我形。
>
> 云行信长风，飒若羽翼生。
>
> 攀崖上日观，伏槛窥东溟。
>
> 海色动远山，天鸡已先鸣。
>
> 银台出倒景，白浪翻长鲸。
>
> 安得不死药，高飞向蓬瀛。
>
> （《游泰山·其四》）

李白认为道经乃上天借人手所写，是天书（《古兰经》也被伊斯兰教徒奉为天书）。

"众神卫我形"，即有众神守护我的形体——我李白的肉身以及诗歌皆拜上天所赐。

一次，一个崇拜李白的人问李白写诗有什么诀窍。李白说，那些诗句是自然而然地出现在他脑中的，他只是负责将其记录下来而已。

波兰诗人切斯瓦夫·米沃什有过类似的说法："坦白说，我一生都被某个守护神控制着，那些由他口授的诗是如何产生的，我并不是太清楚。这就是为什么我讲授斯拉夫文学多年，都一直仅限于讲授文学史，而力图避免谈论诗学。"

如果说诗来自天授（灵感是非常神秘的东西），那么，"一首诗如何诞生"这样的问题就无法用人间的语言回答。

"攀崖上日观，伏槛窥东溟。海色动远山，天鸡已先鸣。银台出倒景，白浪翻长鲸。"这已然是一幅波澜壮阔的、有静有动的宇宙情景。诗人观的不仅是日出，窥的也不仅是海色。

"海色动远山"，"动"字妙。

"天鸡已先鸣"，是天鸡，而非人间的鸡。

"天鸡"的谐音为"天际"（苍天和宇宙的尽头），又为"天机"（中国人常说"天机不可泄露"），这暗示了伟大诗人独具的空间想象力和对神秘事物的领悟力。

"银台出倒景"，"倒"字妙。银色的天宫倒映在大海中，倒映在诗人无穷无尽的想象中。

"安得不死药，高飞向蓬瀛。"怎样才能得到不死之药，让我飞向海上神山蓬莱？这是诗人对永生的追求。

李白可不只是受道家和道教思想影响，他是一个真真正正的道士。他曾在杜甫和高适的见证下，加入了道教。

道教的入教仪式漫长且复杂："其受道之法，初受五千文箓，次受三洞箓，次受洞玄箓，次受上清箓。"（《隋书·经籍志》）

在入教仪式上，信徒要登上专为授道箓所建的三层道坛，在上面待够七天，每天进食甚少（素斋），大部分时间双手被反绑在身后，跪在地上，反复背诵经文、吟唱咒语。

很多人挺不过去，但李白坚持到了最后，成为一名真正的道士，"身在方士格"。①

李白是虔诚的道教徒，他相信人可以成仙。"神仙者，所以保性命之真，而游求于其外者也。聊以荡意平心，同死生之域，而无怵惕于胸中。"（《汉书·艺文志》）

他也迷信炼丹术和不死之药。炼丹有外丹和内丹之分。外丹是指用金砂、水银炼制仙药（丹丸），内丹主要指调和"精、气、神"三宝。李白诗中的"炼丹费火石，采药穷山川"（《留别广陵诸公》）讲的是外丹，"早服还丹无世情，琴心三叠道初成"（《庐山谣寄卢侍御虚舟》）讲的则是内丹。李白修道的成效如何？

懒摇白羽扇，裸袒青林中。

脱巾挂石壁，露顶洒松风。

（《夏日山中》）

活脱脱是一个活神仙了，另一个是铁拐李 ②——尽管李白不

---

① ［美］哈金：《通天之路：李白传》，汤秋妍译，北京十月文艺出版社 2020 年版，第 211—213 页。"身在方士格"出自李白诗《草创大还赠柳官迪》。

② 铁拐李又称李铁拐、李凝阳、李洪水、李玄，生卒年约公元前 363 年—291 年，是中国民间传说及道教中的八仙之首。

像铁拐李那么像弥勒佛（太胖）。

当然，李白并没有练就不死之身，他的肉身还是死去了，在公元 762 年。

关于李白之死，有三种说法：其一，死于醉酒；其二，死于疾病（肺部疾病，晚唐诗人皮日休《七爱诗·李翰林》写李白："竟遭腐胁疾，醉魄归八极"）；其三，独自泛舟河上，饮酒，酩酊大醉，入水捉月，坠河而死。

尽管第三种说法最不可能为真，我却愿意相信它。因为李白写了一生的月："床前明月光""举杯邀明月""明月出天山""君如天上月""寒月摇清波""小时不识月""一夜飞度镜湖月""峨眉山月半轮秋""欲上青天揽明月"……

可以称李白是月亮的诗歌代言人。

李白作诗有一个重要标准："明月直入，无心可猜。"（《独漉篇》）

哈金将之诠释为：无论思想多么深奥，都须像月光那样直入人心。

张定浩说："大概再没有一个诗人，能像他那样周身都浸满了月色，以至于人们愿意相信他的生命最终也是和明月融为一体。中国的月亮，在李白去世之时已不同于他出生之日了。"

闻一多把李白与杜甫的相遇比喻成太阳与月亮的相遇。依我看，他们的相遇还是月亮与月亮的相遇。

五

李白不可能复活，无法就我对他浪漫之死的猜想发表评价。但他生前对自己的一个评价倒是很准确："富贵与神仙，蹉跎成两

失。"(《长歌行》)

对于常人来说，有得自然有失；对于天才诗人来说，有失自然有得。

李白得到了什么呢？自然是诗，也只能是诗。

木心评价杜甫道："如果抽掉杜甫的作品，一部《全唐诗》会不会有塌下来的样子。"

其实这个评价亦适用于李白。和杜甫一样，李白的好诗实在太多，漏评任何一首都觉得对不起他。

但没办法，我只能以一己一时之偏好，择要评之。

六

六神磊磊称杜甫为情圣——一个老实的情圣。①杜甫写给妻子的情诗广为传颂：

> 今夜鄜州月，闺中只独看。
>
> 遥怜小儿女，未解忆长安。
>
> 香雾云鬟湿，清辉玉臂寒。
>
> 何时倚虚幌，双照泪痕干。

（《月夜》）

其实李白写给妻子的情诗更多，他也绝对称得上是情圣——一个比杜甫还要浪漫多情的情圣。

---

① 王晓磊：《六神磊磊读唐诗》，北京十月文艺出版社 2017 年版，第 171 页。

三百六十日，日日醉如泥。

虽为李白妇，何异太常妻。

（《赠内》）

李白整日喝酒、漫游，陪妻子的时间太少，忽略妻子的感受，此诗表达了他的内疚。现在有句流行语：陪伴是最长情的告白。

秋草秋蛾飞，相思愁落晖。

何由一相见，灭烛解罗衣。

（《寄远·其七》）

这首简直有点"黄"（色情）了。寄远即寄内，指寄给妻子的诗，共十二首。

我自入秋浦，三年北信疏。

红颜愁落尽，白发不能除。

（《秋浦寄内》）

"红颜愁落尽"一句好。"愁"既可解作动词（焦虑、悲伤），指焦虑青春不可避免地逝去；亦可解作名词（忧愁），指妻子的愁都要落尽了，那该是多么伤心！

翡翠为楼金作梯，谁人独宿倚门啼？

夜坐寒灯连晓月，行行泪尽楚关西。

（《别内赴征·其三》）

这首和杜甫的《月夜》意境相似，同样充满想象力，但略逊一筹。《别内赴征》共三首。

> 妾似井底桃，开花向谁笑？
> 君如天上月，不肯一回照。
> 窥镜不自识，别多憔悴深。
> 安得秦吉了，为人道寸心。
>
> （《自代内赠》）

女为悦己者容，心上人不在，也就无心欢笑和打扮。女人需要爱情的滋润，否则老得快，以至"窥镜不自识"。如果能得到一只秦吉了（一种与八哥相似的鸟，能学人言）就好了，可以让它带去我的问候和永远不变的真心。

> 崎岖行石道，外折入青云。
> 相见若悲叹，哀声那可闻？
>
> （《在浔阳非所寄内》）

> 夜郎天外怨离居，明月楼中音信疏。
> 北雁春归看欲尽，南来不得豫章书。
>
> （《南流夜郎寄内》）

李白因为在政治上站错队（无意中加入了永王李璘的队伍），在浔阳下狱，后流放夜郎。此时是他最无助最绝望的时候，也是他在情感上最依赖妻子的时候。幸好李白在流放途中遇赦，返家路上，李白写下他最著名的诗之一——《早发白帝城》："朝辞白帝彩云间，千里江陵一日还。两岸猿声啼不住，轻舟已过万重山。"

李白是情圣不错，但他与杜甫的不同处在于，他是一个不老实的情圣。

他的深情是浪子式的。他对感情也专一，但只在某个特定时期专一。

他先后有过两任妻子（第一任妻子病逝较早，留下两个孩子。上引诸诗，有的是写给第一任妻子的，有的是写给第二任妻子的），在娶第二任妻子之前，李白还和两个女人"非法同居"过，其中一个给他生了一个孩子。①

至于与歌姬、妓女的一夜风流或短暂缠绵，那就数不胜数了，这在他的诗中多有直白描写：

> 小妓金陵歌楚声，家僮丹砂学凤鸣。
>
> （《出妓金陵子呈卢六·其四》）

> 出舞两美人，飘飘若云仙。
> 留欢不知疲，清晓方来旋。
>
> （《秋猎孟诸夜归置酒单父东楼观妓》）

> 携妓东土山，怅然悲谢安。
>
> （《东山吟》）

---

① 魏颢《李翰林集序》："白始娶于许，生一女，一男曰明月奴，女既嫁而卒。又合于刘，刘诀。次合于鲁一妇，生子曰颇黎。终娶于宋（宗）。""娶"指明媒正娶，"合"指没有婚姻的同居。

美酒樽中置千斛，载妓随波任去留。

（《江上吟》）

蒲萄酒，金叵罗，吴姬十五细马驮。

青黛画眉红锦靴，道字不正娇唱歌。

玳瑁筵中怀里醉，芙蓉帐底奈君何。

（《对酒》）

最后一首颇为"色情"了。但在古代，文人狎妓实在不算稀奇。

现代文人中，堪与李白媲美、像他一样直白的，恐怕要数2001年诺贝尔文学奖得主维·苏·奈保尔了。他发表获奖感言时的第一句就是：感谢那些陪伴我的妓女们……

倘若李白活在二十世纪，他完全有可能荣膺诺贝尔文学奖，因为埃兹拉·庞德①将他的诗译成了近乎完美的英文，大受西方人欢迎。只是不知，倘若李白获了奖，是否会"携妓赴瑞典，欣然游北国"，并发表一番感谢妓女的感言？

我想肯定有人说不会。理由是：李白接受过温柔敦厚的中华诗教的熏陶。

但在我看来，没有什么是李白做不出的，因为谪仙人不在乎尘世伦理。

---

① 埃兹拉·庞德（1885—1972），美国诗人、文学评论家。

七

网上有一篇流传甚广的文章,题为《李白,你这样对杜甫,良心不会痛吗?》,大意是说,杜甫对李白情谊深重,而李白却没有对等回应,未免太薄情了点。

这种看法有一定的道理,因为杜甫作为李白的忠实"粉丝",至少写过十五首诗给李白,且多属佳作,如:

> 李白一斗诗百篇,长安市上酒家眠。天子呼来不上船,自称臣是酒中仙。(《饮中八仙歌》)
> 死别已吞声,生别常恻恻。(《梦李白·其一》)
> 千秋万岁名,寂寞身后事。(《梦李白·其二》)
> 笔落惊风雨,诗成泣鬼神。(《寄李十二白二十韵》)
> 世人皆欲杀,吾意独怜才。(《不见》)
> 痛饮狂歌空度日,飞扬跋扈为谁雄。(《赠李白》)
> 白也诗无敌,飘然思不群。(《春日忆李白》)
> 凉风起天末,君子意如何?(《天末怀李白》)
> 寂寞书斋里,终朝独尔思。(《冬日有怀李白》)
> 醉眠秋共被,携手日通行。(《与李十二白同寻范十隐居》)

杜甫总是梦见李白,回忆和李白一起度过的日子。

"醉眠秋共被,携手日通行。"在中国,关系亲密的兄弟(哥们儿)有时一块儿睡,聊天到半夜。

美国当代诗人卡罗琳·凯泽却以西方人的思维断定两人是同性恋关系,并以杜甫的口吻写了一首诗:

大人，您的诗歌写得多美妙！

今晚我可否与您一同睡觉？

直翻覆到我疲了，或者您倦了，

我俩相拥共醉，裹进一床棉被。

纸帕、长发，

以及谁如何享有谁，

我们在诗中都忍着不写，

兄弟，我们是真正的艺术家，不是吗？

　　这让人哭笑不得。东西方思维的差异有时比人与狗的差异还大。思维和价值观的冲突是世界冲突的一种形式，也是根源。

　　李白写给杜甫的诗是少了点，只有四首，但不代表李白不深情。话少未必不深情，"我爱你"就比"我非常非常爱你"深情。最深的爱也许是无言的——大爱无声。

醉别复几日，登临遍池台。

何时石门路，重有金樽开？

秋波落泗水，海色明徂徕。

飞蓬各自远，且尽手中杯。

（《鲁郡东石门送杜二甫》）

　　酒逢知己千杯少，话不投机半句多。找一个能喝酒的人容易，找一个能一起喝酒的人却不容易。

　　天下没有不散的筵席。"飞蓬各自远，且尽手中杯"，先干了手中这杯酒吧。

　　李白既有潇洒的一面，也有感伤的一面。

李白和杜甫的关系，让我想起中世纪的波斯诗人巴巴·太哈和阿皮尔·客尔。

巴巴·太哈仰慕阿皮尔·客尔，他俩初次见面后，别人问他们对彼此的印象。巴巴·太哈说："我所知道的，他都看到。"阿皮尔·客尔说："我所看到的，他都知道。"

在木心看来，这是朋友之间最完美的关系。

阿皮尔·客尔的饮酒诗颇有太白之风："先生，如我饮酒/如我耗费生命于酒和爱的混淆/请勿责备/当我醒时，我和敌人并坐/我忘怀自己时，是和朋友在一起。"

唯有和真朋友（而非酒肉朋友）一起喝酒，才不是耗费生命。

大部分人，这一生，在无价值的社会交往上耗费了太多时间。

> 我来竟何事，高卧沙丘城。
>
> 城边有古树，日夕连秋声。
>
> 鲁酒不可醉，齐歌空复情。
>
> 思君若汶水，浩荡寄南征。

（《沙丘城下寄杜甫》）

城、古树、日夕、秋声，这些因素叠加在一起，有一种莫名深沉的悲哀感。这时我李白想起了谁呢？是你杜甫！兄弟啊，你最知我、懂我，我们一起喝酒，即使喝一千杯也不会醉。而今，我吟歌却没有你聆听。我对你的思念如这一川浩浩汤汤的汶水，追随你南去。

> 我觉秋兴逸，谁云秋兴悲？
>
> 山将落日去，水与晴空宜。

　　　　鲁酒白玉壶，送行驻金羁。

　　　　歇鞍憩古木，解带挂横枝。

　　　　歌鼓川上亭，曲度神飙吹。

　　　　云归碧海夕，雁没青天时。

　　　　相失各万里，茫然空尔思。

　　　　　　　　（《秋日鲁郡尧祠亭上宴别杜补阙范侍御》①）

　　此处李白的"茫然空尔思"，与前述杜甫的"终朝独尔思"，难道不能构成对等关系吗？

　　　　饭颗山头逢杜甫，顶戴笠子日卓午。

　　　　借问别来太瘦生，总为从前作诗苦。

　　　　　　　　　　　　　　　　　　（《戏赠杜甫》）

　　"戏"字说明李杜两人关系之亲密。关系亲密的人之间才会开玩笑，对陌生人和不熟悉的人，我们往往比较严肃。真正的闺密见面就斗嘴，嬉笑怒骂，丝毫不遮掩，客气的反而是"塑料姐妹"。

　　"借问别来太瘦生，总为从前作诗苦"虽为戏言，却较为准确地概括了杜甫的苦吟风格。

　　杜甫是"新诗改罢自长吟"（杜甫《解闷十二首·其七》），"为人性僻耽佳句，语不惊人死不休"（杜甫《江上值水如海势聊短述》）。

　　而李白呢，"清水出芙蓉，天然去雕饰"，才气纵横，一派

---

①　杜补阙是否指杜甫，学界有争议。因为写到"鲁酒"，我倾向于杜补阙是指杜甫的观点。

自然。

但不可因此下结论说杜诗靠学力，李诗靠才气。

李白的学力可一点都不少，他即使下狱也不忘读书："余时系浔阳狱中，正读《留侯传》。"（《送张秀才谒高中丞》）

英国天才诗人拜伦亦如此。"拜伦自称不读书，死后发现其藏书里满是注解，真是天纵英才。"①

没有学力，写不出伟大的诗篇。但丁、歌德、莎士比亚、米沃什、博尔赫斯，个个学识深厚。

李白和杜甫的不同在于写作风格。或可说，李白偏才气，杜甫偏学力。

但和一般诗人比起来，李白的学力、杜甫的才气强太多了。

依顾随的意见，写诗撰文，用力过猛未必佳。"人之聪明写作时不可使尽。陶渊明是十二分力量只使十分，老杜十分力量使十二分，《论语》十二分力量只使六七分，有多少话没说。"②

赵翼《瓯北诗话》评李白道："其神采必有迥异乎常人者。诗之不可及处，在乎神识超迈，飘然而来，忽然而去，不屑屑于雕章琢句，亦不劳劳于镂心刻骨，自有天马行空，不可羁勒之势。若论其沉刻则不如杜（杜甫），雄鸷亦不如韩（韩愈）。然以杜、韩与之比较，一则用力而不免痕迹，一则不用力而触手生春，此仙与人之别也。"

在我看来，杰出的诗人不在于使不使力、使力多少，而在于是否写出好诗妙文。李白固然不可学，难道杜甫就可学了？

---

① 木心讲述、陈丹青笔录：《文学回忆录》（全2册），广西师范大学出版社2013年版，第515页。

② 顾随讲述、叶嘉莹笔记、顾之京整理：《顾随诗词讲记》，中国人民大学出版社2010年版，第42页。

关于李杜，木心有意味深长的评价："按理说，李白是唐诗人第一，但实在是杜甫更高，更全能。"

李白之所以显得没有杜甫深情，不可忽略的一个因素是，李白比杜甫大十一岁。在今天，这个年龄差已近乎师生关系。

"戏赠杜甫"，"戏"字有老师对学生、兄长对弟弟怜爱的感觉。

李白纵使欣赏杜甫，也不可能像杜甫对李白那样表现出仰慕之情（李白对年龄长他十二岁的孟浩然、长他四十二岁的贺知章就表现出仰慕和尊敬）。更何况，李白当时名闻天下，而杜甫仍默默无闻（杜甫终生都不大出名，死后才被发掘和重视），李白对杜甫已经十分够义气。

当然，有一点我们必须承认，杜甫写李白的诗，确实比李白写杜甫的诗更好。

八

> 李白乘舟将欲行，忽闻岸上踏歌声。
> 桃花潭水深千尺，不及汪伦送我情。

（《赠汪伦》）

小学课本选了这首诗，我们耳熟能详。由于太熟悉了，我们反而不会去认真琢磨。

"李白乘舟将欲行"预设了一个视角转换——旁观者的视角，或者说上帝的视角。这有一种很强的画面既视感，好像我们在看电影——一部关于李白的传记电影。

"忽闻岸上踏歌声"，李白听到了歌声，旁观者（我们）也听到了歌声。

李白的视角、我们的视角，都从船转向岸上的人——可能是汪伦一个人，也可能是汪伦带领的一个秧歌队。

前两句是叙事，后两句是抒情。桃花潭有形，情谊无形。有形之物的价值不及无形之物——这是非常深刻的哲理。短短四句诗，叙事、抒情、哲理都有了。太白真是天纵之才。

此诗可见李白擅长与底层的普通人交朋友。汪伦是个村夫，纪叟是个酿酒的老头（《哭宣城善酿纪叟》），荀媪是个乡下的阿婆（《宿五松山下荀媪家》）。世人以为李白是诗仙，不食人间烟火，其实他非常有同情心和人情味。

而有的诗人，尽管幼时贫寒，也在诗中悲天悯人，但富贵后却变得骄奢淫逸。如唐代的李绅，写有《悯农》（锄禾日当午，汗滴禾下土。谁知盘中餐，粒粒皆辛苦），官居宰相之后，妻妾成群，吃得考究，为吃一盘炒鸡舌要杀三百只鸡。

九

噫吁嚱，危乎高哉！蜀道之难，难于上青天。

蚕丛及鱼凫，开国何茫然！

尔来四万八千岁，不与秦塞通人烟。

西当太白有鸟道，可以横绝峨眉巅。

地崩山摧壮士死，然后天梯石栈相钩连。

上有六龙回日之高标，下有冲波逆折之回川。

黄鹤之飞尚不得过，猿猱欲度愁攀援。

青泥何盘盘，百步九折萦岩峦。

扪参历井仰胁息，以手抚膺坐长叹。

问君西游何时还？畏途巉岩不可攀。

但见悲鸟号古木，雄飞雌从绕林间。

又闻子规啼夜月，愁空山。

蜀道之难，难于上青天，使人听此凋朱颜。

连峰去天不盈尺，枯松倒挂倚绝壁。

飞湍瀑流争喧豗，砯崖转石万壑雷。

其险也如此，嗟尔远道之人胡为乎来哉！

剑阁峥嵘而崔嵬，一夫当关，万夫莫开。

所守或匪亲，化为狼与豺。

朝避猛虎，夕避长蛇。

磨牙吮血，杀人如麻。

锦城虽云乐，不如早还家。

蜀道之难，难于上青天，侧身西望长咨嗟！

（《蜀道难》）

这首诗我在年轻时以为读懂了，其实没懂。

有了人生经验之后，我才发现这是一首深刻的哲理诗。蜀道是人生旅途的象征。诗也好，学问也罢，总要和人之生命、生活发生关系，否则聊无意义。

"蚕丛及鱼凫，开国何茫然。"古人开国，今人创业，古今诗人开创新的诗风，难不难？难！尼采说，"除非我们能够先创造灵魂，不然就永远无法发现众多的灵魂""无论遇到何等劫难，都千万不可舍弃你灵魂中的英雄"。哈金说："你必须守住自己安静的中心，在那里做只有你才能做的事情。"开创者筚路蓝缕，定然有茫然无措之时，这是磨砺，也是考验。

"西当太白有鸟道"，太白，既指太白山，又指李白自己。山高人为峰，翻越太白山也是超越自我。人最大的敌人是自己，超人即超越自我的人。尼采《大树之语》曰："越乎人与兽之上，我生长。"李长之在《李白传》中称李白是寂寞的超人："李白的痛苦是一种超人的痛苦，因为要特别，要优待，结果便没有群，没有人，只有寂寞的哀感而已了。"

"地崩山摧壮士死，然后天梯石栈相钩连。"壮士，指勇士、心灵和意志强大的人，而不是指强壮的人。

鲁迅说，真的猛士，敢于直面惨淡的人生，敢于正视淋漓的鲜血。

想做成事，就得有天不怕地不怕的牺牲精神，通往极峰的栈道、小径和石梯是狭窄且危险的。

《圣经·马太福音》（7:13—14）说："你们要进窄门。因为引到灭亡，那门是宽的，路是大的，进去的人也多；引到永生，那门是窄的，路是小的，找着的人也少。"

人应尽快找到属于自己的窄门，自己的蜀道。

"冲波逆折""百步九折"，人生之路起起伏伏，充满波折，有时还看不到光明和希望（史铁生说：难以捉摸、微妙难测和不肯定性，这便是黑夜），唯有"坐长叹"。但叹完以后，还得站起来，继续前行，因为挺住就是一切。里尔克诗曰："不要胆怯，如果有死者与你擦肩而过……有何胜利可言？挺住就是一切。"很多人失败，是因为遇到波折、挫折，就轻易放弃了。

"又闻子规啼夜月，愁空山。"指前进路上的忧愁、寂寞和孤独。

"蜀道之难，难于上青天，使人听此凋朱颜。"有些人畏难、惧怕，不敢向前。

"连峰去天不盈尺，枯松倒挂倚绝壁。飞湍瀑流争喧豗，砯崖转石万壑雷。"只要努力过，纵使失败，也没什么可遗憾的，因为已经欣赏到了"枯松倒挂""飞湍瀑流""砯崖转石"等极致美景。奋斗本身就是痛并快乐着的，过程本身就是一场人生大戏。

"其险也如此，嗟尔远道之人胡为乎来哉?"既然前途如此凶险，唉，你为何不远万里，非要来此地呢?

李白自问自答：若不来蜀道，不写《蜀道难》，我就不是李白了。

弗罗斯特 ①诗曰："可爱的林子里既深且暗/不过我还有未了的承诺要实现/入睡前我还有漫长的路要赶/入睡前我还有漫长的路要赶。"未了的承诺，指成就自我；入睡，指死去。

李白注定要成为李白，就像弗罗斯特注定要成为弗罗斯特。我们每个人都要努力成为一个无可替代之人。

"锦城虽云乐，不如早还家。"这是说反话。

"蜀道之难，难于上青天，侧身西望长咨嗟!"唐玄奘西行，行得好! 李白西望，望得好!

李白这首《蜀道难》，长短句毫无章法，在语言上表现出前所未有的创造性，可供现代自由诗借鉴。可以说，古典天才的现代性一点都不弱。康德说：天才的创造性即在于突破规则。李白很少写七律，即不想受格律的束缚。

《蜀道难》释放出前所未有的激情（这在中国古典诗歌中较罕见），我每次读后都激情澎湃，不能自已。

这首《蜀道难》一唱三叹，是听觉、视觉、感官、心灵和宇宙的大合唱，读它好似在听贝多芬的音乐，又好似在听瓦格纳的音乐。

---

① 罗伯特·弗罗斯特（1874—1963），美国诗人。

这样的诗只能属于李白，恰如《北征》只能属于杜甫，《命运交响曲》只能属于贝多芬，《帕西法尔》只能属于瓦格纳，《星月夜》只能属于梵高，《追忆似水年华》只能属于普鲁斯特，《卡拉马佐夫兄弟》只能属于陀思妥耶夫斯基。

如果选一首诗代表李白，那必须是《蜀道难》。

<h2 style="text-align:center">十</h2>

"此地一为别，孤蓬万里征。"（《送友人》）该和李白暂别了，我却有点舍不得。

"大鹏一日同风起，扶摇直上九万里。"（《上李邕》）评论李白的文字应该也是飞起的，我却只觉得自己的文字笨拙。

"以色事他人，能得几时好？"（《妾薄命》）既如此，那就以诗事李白之诗仍在传颂的这个伟大国度吧！

李白是一直在路上的诗人，但却不属于大唐"垮掉的一代"。

别人是大智若盗（如美国"垮掉的一代"文学代表人物杰克·凯鲁亚克，他著有小说《在路上》）、大智若贼（如梁山好汉宋江）、大智若愚（如捷克作家赫拉巴尔，其小说《过于喧嚣的孤独》对老子推崇备至），而他李白是大"智若荒野大镖客"。

与李白相比，我太胆小了。我很想与狼共舞，很想加入美国十九世纪的西进运动，很想像比尔·波特和刘子超①那样游荡在

---

① 比尔·波特是美国汉学家，多次前往中国旅行，著有关于中国的畅销书《空谷幽兰》《寻人不遇》《禅的行囊》等。刘子超是北大中文系毕业的旅行作家，多次环游世界，著有《午夜降临前抵达》（写的是东欧），《沿着季风的方向》（写的是东南亚），以及《失落的卫星：深入中亚大陆的旅程》（这本书写到李白的出生地——碎叶城，在今天吉尔吉斯斯坦首都比什凯克以东）。

异国他乡的路上，却迟迟不敢迈出第一步。

皮日休一生爱李白，赞他"口吐天上文，迹作人间客"。如此说来，阿西莫夫的科幻小说《银河帝国：基地》应该给李白一个角色。

李劼说："有唐诗人，李白恐怕是最无厘头的一个。"如此说来，影视剧中应该由周星驰扮演李白。

埃兹拉·庞德说："我想要词语和音调。我想要伟大的诗被唱出。"

这恐怕也是李白的心声，或者说心声之一。李白的心声太多了——多到超出我的想象。

屈原：激情的宇宙

一

多年以后，面对渔父，屈大夫将会回想起他在宫廷内同先王讨论古典立法诗的那个无比清晰的下午。

幸福的诗人都是相似的，不幸的诗人各有各的不幸。

一天早晨，屈原从不安的睡梦中醒来，发现自己变成了汨罗江畔的一株巨大的香草。

我这篇评论屈原及其诗歌的文字，若以上述三句 ①（或其中一句）开场，是否会显得太过另类，以致令后世的文学史家感到不安，直欲将之丢到废纸篓中去？

然而，纵使我写的东西被弃若敝屣，我写作的权利也神圣不可侵犯。

————————

① 这三句分别戏仿了马尔克斯《百年孤独》、托尔斯泰《安娜·卡列尼娜》、卡夫卡《变形记》的开头。

维·苏·奈保尔说："写作是唯一高尚的职业。"

我没他那么极端和自以为是。我认为，写作、做官、送外卖和直播售货并无道德上的高低之分。

不讨论道德。一个人，一件事，一种行为，一份职业，高不高尚，很难用语言说清楚。北岛诗曰："卑鄙是卑鄙者的通行证，高尚是高尚者的墓志铭。"

也不谈自己。人都喜欢谈自己。

我们这里只谈屈原，伟大的屈原。

屈原之伟大，不只在于他是伟大的爱国诗人，写有《离骚》等伟大诗篇（流俗意见如此）。

倘若这样看，就把他看小了。屈原超越"国"（空间）和"时代"（时间），用木心的话来说，"屈原天才，比时代大"。伟大的诗人都是"宇宙诗人"。

从情感和修辞角度来说，《离骚》是屈原最好的诗。

若基于智识和宇宙视野，《天问》则是屈最好的诗。

这两首长诗，深深震撼了我。不被震撼者，没资格说自己是诗人，或懂中国文化。

王国维说："三代以下之诗人，无过于屈子、渊明、子美、子瞻者。此四子者苟无文学之天才，其人格亦自足千古。故无高尚伟大之人格，而有高尚伟大之文学者，殆未之有也。"

伟大人格只是必要条件，不是充分条件。"苟无文学之天才"，谁还记得他们？

正因他们是文学天才，以及留下的伟大作品，其伟大人格才如道道光芒，照亮我们。

神说："要有光。"就有了光。（《圣经·创世纪》）

神说："要有屈原。"就有了屈原。

廖平（1852—1932）、胡适（1891—1962）等人否定屈原的存在，是为"屈原否定论"。这些无聊的学者大概是有考证癖，明朝张岱所言的"人无癖不可与交也"，讲的肯定不是他们。

喝酒要喝"离骚牌"，不要喝"考证牌"。喝茅台也比喝"考证牌"强，强一千倍。

二

屈原首先是政治家。他出身王族，"帝高阳之苗裔兮，朕皇考曰伯庸"，从政是他的天职。他属于马克斯·韦伯所言的"'为'政治而生存"，而非"'靠'政治而生存"的人。

> "为"政治而生存的人，从内心里将政治作为他的生命。他或者是因拥有他所行使的权力而得到享受，或者是因为他意识到服务于一项"事业"而使生命具有意义，从而滋生出一种内心的平衡和自我感觉。从这种内心的意义上，所有为事业而生存的忠诚之士，也依靠这一事业而生存……而力求将政治作为固定收入来源者，是将政治作为职业，"靠"它吃饭。

> 政治是件用力而缓慢穿透硬木板的工作，它同时需要激情和眼光……一个人得确信，即使这个世界在他看来鄙陋不堪，根本不值得他为之献身，他仍能无怨无悔。①

---

① ［德］马克斯·韦伯：《学术与政治》，冯克利译，生活·读书·新知三联书店2005年第2版，第63、117页。

屈原确实是块干政治的料。据《史记》记载，"为楚怀王左徒"（相当于现在的国务院副总理），"博闻强志，明于治乱，娴于辞令"（智力和记忆力超群，深谙治乱之道，精通辞令），"入则与王图议国事，以出号令"（辅佐国王拟定法令，是实际上的立法者），"出则接遇宾客，应对诸侯"（在外交上是一把好手。战国时代，大国博弈，纵横捭阖，外交很重要）。

屈原兼具"激情和眼光"，也是行政干才。无奈楚怀王目光短视、贪小失大、耳根子太软。

秦使张仪为离间楚齐两国的关系，答应献楚国六百里地，结果在楚国断绝与齐国的关系后，却说当初只答应献六里地。楚怀王气得要死，伐秦，大败而归。后来楚怀王有机会杀张仪，却听信宠姬郑袖（郑袖收了张仪厚礼）之言，放了张仪。待屈原提醒楚怀王"何不杀张仪"时，楚怀王才回过神来，但张仪已跑远，追不上了。

屈原帮楚怀王起草宪令，上官大夫靳尚嫉妒他之能和得重用，就造谣，在楚怀王面前说他的坏话。坏话说得很有技巧（堪比莎士比亚《奥赛罗》中伊阿古说的坏话）。靳尚进谗言道：屈原每写一条，就说"非我莫能为也"，这分明是连楚怀王亦不放在眼中。楚怀王不悦，逐渐疏远屈原。屈原"疾王听之不聪也，谗谄之蔽明也"，但莫可奈何。

我常想，若屈原是秦人，辅佐秦王，秦国是不是早就统一了天下？

和遥远的同时代人亚里士多德①一样，屈原也是政治哲学意

---

① 亚里士多德（公元前384年—公元前322年），比屈原（约公元前340年—公元前278年）早出生四十四年。

义上的"大立法者"（或曰"立法哲人"）。

屈原其实更厉害，他亲自拟定宪令。

然而，屈原远不如亚里士多德幸运。

亚里士多德虽然"不在其位""不谋其政"，却收了一个绝好的学生——亚历山大大帝。而屈原面对的楚怀王，尽管不是"孺子"，却不可教也（楚怀王在政治上很幼稚，堪谓"政治孺子"）。

大儒皆想做帝师，然而，帝师可不好做。

教育王，也比教育孺子麻烦多了。孺子能被责罚，王怎么能被责罚？不被王责罚已是万幸。

后世大儒发明"素王"概念，也算是一种自我安慰（知识分子最擅长自我安慰——"阿 Q 精神"）。王充《论衡·定贤》曰："孔子不王，素王之业在于《春秋》。"

楚怀王是德不配位，屈原是位不配德。

德与位匹配，只是历史的偶然性。权力具有神秘性，历史充满诡异——这样才有意思。如果一切都是决定好的、有规律可循的，还有什么意思？历史没有目的（弗朗西斯·福山的"历史终结论"——历史将终结于"资本主义+自由民主"——不免浅薄可笑），决定论也无法完美地解释历史（任何理论都做不到这点），它只是众多历史解释方法中的一种。

三

据《史记》记载，屈原"忧愁幽思而作《离骚》。离骚者，犹离忧也"。屈原作《离骚》，是为了排解忧愁、愤懑的情绪。

如钟嵘所言："非陈诗何以展其义？非长歌何以骋其情？"

常人郁闷时还想到 KTV 或对着高山、大海吼两嗓子，何况是敏感的政治家、诗人或政治家兼诗人呢。

大人物往往多元而丰富、丰富而多元。屈原的清醒即在于他分得清政治与诗的界限。让政治的归政治，让诗的归诗。搞政治需要极度的理性；而写诗，则需要感情充沛、修辞手法高超。当代不少诗人往往秉持艺术观点"反政治""去政治"（政治是"去"不了的，不谈政治也是一种政治态度），且美其名曰"独立""自由"，其实是没分清政治与诗的界限，用驴唇对马嘴，将不该混的混为一谈了。对于政治，只能政治地思考，不能用艺术视角审视之。

屈原的《离骚》《九歌》《九章》《天问》《远游》等诗篇构成《楚辞》的主体。《楚辞》中除了屈原的作品，还有宋玉、贾谊、东方朔、王褒、王逸等人的作品。"楚辞"不是当时的叫法，是后人定的——西汉末期的刘向（公元前 77 年—公元前 6 年）编订了《楚辞》。刘向还把自己写屈原的《九叹》编入《楚辞》。

无疑，屈原是《楚辞》的灵魂人物。

"楚辞"二字可分开。楚，地方（南方）；辞，文学作品。但不宜简单地说《诗经》是北方的诗，《楚辞》是南方的诗。比如贾谊，他实为北方人（洛阳人），在流放长沙时写了《吊屈原》《惜誓》。准确地说，"楚辞"是指受屈原影响而形成的南方风格的诗（骚体、楚歌体）。

《诗经》和《楚辞》的差别既在地域，更在风格。

《诗经》多四言、无作者，属于民歌。《楚辞》句子长（五六七言、甚至八九言），属于文人诗，几乎由屈原靠一己之力独立完成。

《诗经》很少用虚词，《楚辞》多用虚词（如"兮"），因而显得深婉悠长、声情荡漾。

《诗经》是朴素、敦厚的，《楚辞》是浪漫、激越的。

《诗经》幸运地成为"经"（"四书五经"之一），难免被意识形态化。如第一首《关雎》，明明是缠绵悱恻的爱情诗，却被硬生生地释为"后妃之德"（朱熹）。诗被政治挟持、"诱奸"了。《楚辞》没有成为"经"，也是一种幸运，但常遭误解——凡文学作品，没有不遭受误解的，因此也就不算什么。

木心说：《诗经》《楚辞》，是中国文学的两张硬弓。

《诗经》这张弓，容易拉些，因其是平民的。窈窕淑女，不仅君子好"逑"，农夫也好"逑"。"执子之手，与子偕老""一日不见，如三月兮"之类，只要是人，都听得懂。

但《楚辞》这张弓不好拉，因其是贵族的，隐藏的哲理太深，"民生各有所乐兮，余独好修以为常""忽反顾以游目兮，将往观乎四方"，即使字都认得，也未必懂。或表面意思懂了，但深层意思，照旧一头雾水。

《诗经》《楚辞》对后世文学家的影响是潜移默化、不自觉的，如李广射虎——弓拉开，虎可射，巨石亦可射也。而一旦自觉地模仿，就易画虎不成反类犬，我就干过这样的傻事。

曹操的《短歌行》把《诗经》发扬了，却没人能把《楚辞》光大。不过，宋玉《九辩》的首句"悲哉！秋之为气也"，确实好，好得像出自屈原之手。

登徒子好色，宋玉好《离骚》。这就是境界之别。

公元前202年，项羽战败，遭围困，"夜闻汉军四面皆楚歌"（《史记·项羽本纪》）。这里的"楚歌"，我推测是《九歌》。

四

清代张潮说：“读经宜冬，其神专也；读史宜夏，其时久也；读诸子宜秋，其致别也；读诸集宜春，其机畅也。”（《幽梦影》）

认为读书须分季节纯属扯淡，但读书确有其“法”。

有些书，需慢慢品，如《水经注》《洛阳伽蓝记》。

而有些诗文，如《离骚》，最好一口气读完，因其手法是意识流的（古典意识流）。若断断续续读，则无法领会“屈原飓风”之中太平洋巨浪般的心情起伏。

屈原是两千年前的乔伊斯①、伍尔芙②。

叶芝评乔伊斯《尤利西斯》：“这是一个全新的东西——写的既不是眼睛看到的，也不是耳朵听到的，而是人的头脑从一个片刻到另一个片刻进行着的漫无边际的思维和想象的记录。”

屈原的想象力不下于乔伊斯。他之所写，乃自己所观、所听、所想，有时漫无边际，有时天马行空——写诗更需要克制（相比于写小说而言）。

乔伊斯说：“流亡是我的美学。”屈原说：“迟暮是我的美学。”（我代屈原说的）

乔伊斯说：“艺术家就像创造万物的上帝一样留在他的作品之中、之后、之前、之上。他是无形的，仿佛并不存在于作品之中，而是满不在乎地在一旁修指甲。”

屈原不是无形的，读《离骚》，能时时感觉到他的存在。当

---

① 詹姆斯·乔伊斯（1882—1941），爱尔兰作家、诗人。
② 弗吉尼亚·伍尔芙（1882—1941），英国女作家。

然，他不会在一旁修指甲，而是会深情款款地抚慰众香草（也接受众香草的抚慰）。《离骚》特别有人情味。

和伍尔芙一样，屈原具有强大的缔造象征的能力。景象和象征渗透到最隐秘的心灵结构之中。

之于伍尔芙，如：

> 黑漆漆花园里的光秃秃的树，在我看来就象征着斯黛拉的死带给希尔斯的确凿凿的痛苦，但对我们来讲，这棵树也象征着姐姐去世带给我的一切。（《往事札记》）
>
> 意义的突然降临使他们站立在黄昏中相互凝视的身影成为婚姻的象征，夫妻的象征。（《到灯塔去》）
>
> 清澈的诗的光环把海鸥和一口坏牙的女人联系在一起，把教堂的塔尖与摇晃的宽边帽联系在一起。（《海浪》）

之于屈原，如：

> 朝饮木兰之坠露兮，夕餐秋菊之落英。
> 纷总总其离合兮，斑陆离其上下。
> 曰黄昏以为期兮，羌中道而改路。

（《离骚》）

第一句："坠""落"是情绪的表达。"朝饮木兰之坠露兮"一句尤好，"朝"是人生伊始，却已饮"坠露"。年纪轻轻就看到人必死的将来，这是"向死而生"。海德格尔说，人只要还没有亡故，就是向死的方向活着。

第二句：斑驳陆离、纷扰杂乱的心情。可以想象夕阳照在汨罗江的水波上，或照在德国哥特式教堂的彩色玻璃上。

第三句：路，既指脚下的路，又象征人生之路。"曰黄昏以为期兮"，最初约定以黄昏为期（你可能想到"月上柳梢头，人约黄昏后"），携手一起走向黄昏（人生尽头），但中途却不得不"改路"。

中道改路是痛苦的。中年失业，年过四十却不得不转行（如疫情冲击下的失业者）；人到中年，突然发现所好（如绘画、书法或诗歌），遂毅然放弃高薪职业（如证券经纪人、银行高管、中关村或硅谷高科技公司的财务总监），投身其中，哪怕因此穷得租不起房（如毛姆小说《月亮和六便士》中的思特里克兰德——以法国印象派画家保罗·高更为原型）；本来意在从政，救民于水火，却不得不靠写诗打发残生（如屈原、但丁、杜甫）。这些都属于"中道而改路"。

论象征手法之运用，比起屈原来，伍尔芙必然心服口服，大诗人梵乐希①也得甘拜下风。

梵乐希喜欢用水仙作为人生的象征物，其诗曰：

> 水仙呵，对于旖旎的心，
> 这轻清的名字无异一阵温馨，
> 请把蔷薇的残瓣
> 抛散在空茔上来安慰长眠的殇魂。

（《水仙辞》）

---

① 保尔·梵乐希现在一般译为保尔·瓦雷里（1871—1945），法国象征派诗人。我采用的是旧译法（这个译法更具诗意）。

你终于闪耀着了么，我旅途的终点！

（《水仙的断片》）

梵乐希运用的象征物较单一；屈原运用的象征物较丰富。

王逸《楚辞章句·离骚序》有言："《离骚》之文，依《诗》取兴，引类譬喻，故善鸟香草，以配忠贞；恶禽臭物，以比谗佞。"

《楚辞》中的香草、香木共三十四种，《离骚》中出现的就有菊、荷、兰、木兰、艾（五月艾）、椒（花椒）、江离、茝（白芷）、桂（肉桂）、蕙（薰草）、留夷（芍药）、杜衡、茹（柴胡）、若木（朱瑾）、揭车（珍珠菜）等。

论人生哲理，屈原也比梵乐希感悟得深刻。

屈原不是避居在象牙塔或"躲进小楼成一统"，而是困在被庸俗之辈包围的宫廷。因此，他在奋斗、挣扎、失宠、流放之后写下的文字就显得亲切动人。他不是喊口号，更不是无病呻吟。

一般来说，哲理很难感动人，但《离骚》中的哲理具有感发、触动人心的力量。最著名的一句：

路漫漫其修远兮，吾将上下而求索。

这是绝望，更是决心、意志。老子曰：强行者有志。任何饱受磨难而又勇敢前行的人，不管是普通人（如考研的学生、创业者），还是伟人（如唐玄奘、孙中山、毛泽东），都深受其感，从中汲取源源不断的力量。毛泽东诗曰：

屈子当年赋楚骚，手中握有杀人刀。

艾萧太盛椒兰少，一跃冲向万里涛。

（七绝·屈原）

《离骚》中关于人生哲理的名句还有：

> 日月忽其不淹兮，春与秋其代序。惟草木之零落兮，恐美人之迟暮。
>
> 鸷鸟之不群兮，自前世而固然。何方圆之能周兮，夫孰异道而相安。
>
> 长太息以掩涕兮，哀民生之多艰。
>
> 亦余心之所善兮，虽九死其尤未悔！

草木零落——春风吹又生。美人迟暮，美人不死——说的是屈原、杨贵妃、奥兰多①。

鸷鸟不群——麻雀才会成群结队。

哀民生之多艰——民生，人生也。李白有类似慨叹："蜀道之难，难于上青天。"

虽九死其犹未悔——叶笃义先生写过一本回忆录，书名就是这个②。人不是猫（相传猫有九条命），死不了九次。人，既要"向死而生"，又要"向死而死"。

五

华裔物理学家李政道（1957 年诺贝尔物理学奖得主）在《对

---

① 伍尔芙笔下的奥兰多已活了五百岁，仍未死。参见［英］弗吉尼亚·伍尔芙：《奥兰多》，任一鸣译，上海译文出版社 2014 年版。

② 叶笃义：《虽九死其犹未悔》，群言出版社 2014 年版。

称与不对称》一书的开篇赞美屈原《天问》道：

> 最早认识到对称重要性的也许要算是生活在公元前四世纪的屈原，他在著名的诗《天问》中运用对称性论证了天地都是圆的。这也许是最早的宇宙学著作，而且也许是唯一运用几何对称来论证的、同时又用诗的语言来写成的绝妙篇章。

《天问》并非最早的宇宙学著作，亚里士多德的《天象论·宇宙论》就比它早。

但《天问》比托勒密 ① 的《天文学大成》要早。

亚里士多德和托勒密胜过屈原之处，在于他们写的是学术著作，更科学。屈原胜过他们之处，在于他写的是诗。

很难简单地论高下。但三人皆为哲人无疑，因此都会认可亚里士多德所言，"哲学是一件真正的超自然的圣事（神业），每当我静焉独处的时候，此意尤为深切""哲学，玄想着宇宙之广大与高华，其思绪乃翱翔于万类之间，力图认识此中的真理"。

有人为哲学狂，有人为玛丽狂 ②，有人为游戏狂，有人为 VR（虚拟现实）狂，而李政道，为《天问》狂。

《天问》令李政道着迷的是如下两节：③

> 九天之际，
>
> 安放安属？

---

① 克罗狄斯·托勒密（90—168），希腊数学家、天文学家、地理学家和占星家。

② 《我为玛丽狂》是一部美国电影（1998 年上映）。

③ 这两节诗的分析，参见［美］李政道：《对称与不对称》，朱允伦、柳怀祖编译，中信出版社 2021 年版，第 6 页。

隔限多有，

谁知其数？

东西南北，

其修孰多？

南北顺楠，

其衍几何？

"九天"指天半球的九个方向：昊天（东）、阳天（东南）、赤天（南）、朱天（西南）、成天（西）、幽天（西北）、玄天（北）、鸾天（东北）、钧天（中）。

在第一节诗中，屈原论证了天和地都是球形。倘若地为平面，则天地相接处必然充满边和角（隅，读 yú，指角落；限，读 wēi，指弯曲的地方）。那它们属于天还是地？这是不可理解的。因此，天地不可能相交，二者必是球形。天是蛋壳，地是蛋黄，但蛋白是没有的。

在第二节诗中，屈原猜测地球是椭圆形，而非完美的圆形。"东西南北，其修孰多？"东西和南北，哪边更长（赤道圈还是子午圈更长）？"南北顺楠，其衍几何？""顺楠"，略扁的圆形。既然南北比东西短，那差距是多少呢？现在我们知道，赤道长度（40076 千米）比子午线长度（40009 千米）略长，赤道圈直径（12753.6 千米）比子午圈直径（12732.2 千米）略长。①

屈原具有惊人的空间直觉。他不是靠科学丈量得出的结论。

比屈原出生略晚的古希腊天文学家埃拉托色尼（约公元前

---

① ［美］李政道：《对称与不对称》，朱允伦、柳怀祖编译，中信出版社 2021 年版。

275 年—公元前 194 年，也是一位诗人）最早测量出地球周长（运用"影子丈量法"），结论是 25 万希腊里（39000 多千米），接近真实值。古人早就知道地球是圆的。《天问》曰：

明明暗暗，

惟时何为？

阴阳三合，

何本何化？

昼夜明暗交替，时间和宇宙的动力何在？阴阳相合化生万物，是基于什么本体？万物是如何演化的？

皇天集命，

惟何戒之？

受礼天下，

又使至代之？

上天既然赐予一个王朝天命，为何又伐之，使它被取代？（中式答案是"天命靡常，惟德是辅"；西式答案是"历史永恒的轮回"）。

在《天问》中，屈原对宇宙演化、历史更替和王朝兴衰等问题进行了深入思考。

为纪念屈原，中国将第一个火星探测器命名为"天问一号"（2021 年 5 月在火星着陆）。

克里斯托弗·诺兰执导的经典科幻电影《星际穿越》，选用了狄兰·托马斯的诗《不要温和地走进那个良夜》：

不要温和地走进那个良夜，

老年应当在日暮时燃烧咆哮；

怒斥，怒斥光明的消逝。

狂者抓住并唱诵飞翔的光，

虽然为时太晚，却明了途中的哀伤。

不要温和地走进那个良夜。

将来中国导演若能拍出同样经典的科幻大片，引用的诗应该是屈原的《天问》。

六

《九歌》华丽而神秘，波德莱尔①见了要叩拜。我读后，只想喝朗姆酒，抱着波伏娃②跳探戈。

"九"表示多，并非确数。《九歌》的篇数并非九，而是十一。第一首《东皇太一》是迎神曲，最后一首《礼魂》是送神曲，中间九首各祭祀一位神灵。这是一套完整的祭祀仪式。

五音纷兮繁会，君欣欣兮乐康。（《东皇太一》）

"太一"即元。西方有科学概念（也是哲学概念）曰"以太"。东皇太一是楚人对天帝的尊称。

"五音纷兮繁会"：华丽的声音响彻四方。五音，即宫、商、

---

① 夏尔·皮埃尔·波德莱尔（1821—1867），法国诗人，著有《恶之花》等。
② 西蒙娜·德·波伏娃（1908—1981），法国女作家，著有《第二性》等。

角、徵、羽。祭祀时必有音乐，音乐是飞翔的诗。1978 年在湖北随州曾侯乙墓出土了一套大型编钟，可见古代楚地音乐之发达。编钟所在的随国（又名曾国）即属于楚地。

莫扎特的歌剧《魔笛》描绘了共济会神秘的祭祀仪式，可与《东皇太一》相媲美。

灵皇皇兮既降，飙远举兮云中。（《云中君》）

云中君即云神。飙，读 biāo，指犬奔跑的样子，引申为迅速敏捷。杨二郎有哮天犬（参见《封神演义》《西游记》）。

这句的意思是：灵（云神）煌煌从天而降，又迅捷高飞向天。

云与雨往往并来。台湾地区的歌手孟庭苇有歌曰"风中有朵雨做的云"。老子曰：飘风不终朝，骤雨不终日。宋玉《高唐赋》写到"巫山云雨"。男女云雨，高潮来得快、去得快，恰如一闪即逝的灵光。

古印度史诗《云使》中非常有想象力的句子："勉力站在这启人思恋的云朵前""渴望与爱人拥颈缱绻""皎洁的月光催动/挂满水晶般的露滴/洗去她们欢爱的疲倦"。近代情僧苏曼殊（1884—1918）称《云使》为"印度的《离骚》"。

令沅湘兮无波，使江水兮安流。（《湘君》）

湘君乃湘水之神。这句的意思是：湘君和我的爱，能让沅水、湘水不起波涛，叫滚滚长江安静下来（平稳流动）。十分夸张而具有诗意。

帝子降兮北渚，目眇眇兮愁予。

袅袅兮秋风，洞庭波兮木叶下。

（《湘夫人》）

湘夫人即湘娥，她是帝尧的女儿，故又称"帝子"。女儿在古代亦可称"子"。

"目眇眇兮愁予"的意思是：举目四望，心中不禁泛起哀愁。现代诗人郑愁予的名字即出自这句诗。郑愁予诗《火炼》曰："焚九歌用以炼情。""焚""炼"二字极佳。

"袅袅兮秋风，洞庭波兮木叶下"乃千古名句。它构成一幅意象绝美的画，没有画家能画得出。这句不必解释（解释破坏美感），读起来就觉得很好，就像"昔我往矣，杨柳依依"。

令飘风兮先驱，使冻雨兮洒尘。（《大司命》）

大司命是主宰人类寿命的神（太阴之神）、寿星。

这句与"令沅湘兮无波，使江水兮安流"相类，意思是：让旋风在前面开路，让寒雨来洗尘。

尘埃是尘埃，人亦是尘埃。

颇有"天地不仁"的意味。

寿星是喜乐的说法，"天地不仁"才是宇宙真相。

西方的说法是"上帝不仁"。《圣经·约伯记》中，上帝借助旋风与约伯对话：亮光不照恶人，也不照善人。莎士比亚在《哈姆雷特》中说："世上的事情本来没有善恶。"善恶是人类发明的概念。死神面前，人人平等。

满堂兮美人，忽独与余兮目成。（《少司命》）

少司命是少男少女之神，护佑童心之神。

这句的意思是：满堂都是美人，偏偏只与我暗送秋波、眉目传情。

人间最美莫过于少男少女之爱。父母不应反对孩子早恋。恋无所谓早不早，既然恋了，就说明正当其时。在什么年龄就该做什么事。有人说，少年之爱太盲目。爱情不就是盲目的吗？有的人一辈子都没真正爱过，太可悲。

纳兰性德诗曰：人生若只如初见。人要相信一见钟情、冥冥之中的缘分——宛若前世见过似的。《红楼梦》第三回对宝黛的"初遇"和"目成"有精彩描写：

> 黛玉一见，便吃一大惊，心下想道："好生奇怪，倒像在那里见过一般，何等眼熟到如此！"……宝玉看罢，因笑道："这个妹妹我曾见过的。"贾母笑道："可又是胡说，你又何曾见过他？"宝玉笑道："虽然未曾见过他，然我看着面善，心里就算是旧相识，今日只作远别重逢，亦未为不可。"

《红楼梦》受《九歌》影响。林黛玉的诗号为"潇湘妃子"，即湘夫人。林黛玉在大观园的住处为潇湘馆。《红楼梦》第三十四回，林黛玉《题帕诗》其三写道："彩线难收面上珠，湘江旧迹已模糊。窗前亦有千竿竹，不识香痕渍也无？"

翾飞兮翠曾，展诗兮会舞。（《东君》）

东君即日神。翾，读 xuān，轻柔地飞。翠，翡翠鸟。曾，通"翻"，展翅高飞。

尼采说，悲剧表征为"不断重新向一个日神的形象世界迸发的酒神歌队"。

日神精神的关键词是"梦"，酒神精神的关键词是"醉"。

杜甫是日神，李白是酒神。屈原呢？是飞向日神的酒神。言说梦境和狂醉，乃诗人毕生的使命。

屈原悲怆，但他并非不懂快乐，他有自己的"快乐的科学"。

"在痛苦之中，除了喜悦外，同时还有智慧，它和前者一样，也是人类最佳的自卫本能之一。"（尼采《快乐的科学》第318节）

波滔滔兮来迎，鱼邻邻兮媵予。（《河伯》）

河伯，名冯夷，雷雨神、天河之神。不可解释为黄河之神。《抱朴子》曰："河者，天之水也。随天而转入地下过。"这首诗写的是想象与天河之神在天河遨游，继而登昆仑、入龙宫，最后依依惜别的情景。惜别时，波浪滔滔来迎接我，成群的鱼为我送行。媵，读 yìng，本义是随嫁的人（如媵婢——陪嫁的婢女，媵臣——陪嫁的臣仆），此处引申为"相送"。

雷填填兮雨冥冥，猿啾啾兮狖夜鸣。（《山鬼》）

山鬼即楚人的社神，又称鬼女、鬼母。猿，读 yuán，通"猿"。狖，读 yòu，一种黑色长尾猿。猿狖经常连用，如"猿狖颠蹶而失木枝"（《淮南子·览冥训》）。猿狖在深夜鸣叫，确有鬼魅的阴森气氛。楚人好鬼，荆楚一带有浓厚的巫术传统。祭祀时，巫师戴着面具。

今天的湖北、湖南，一直到云南、贵州，都有"傩戏"（傩舞、鬼戏，傩读 nuó），其表演俗称"跳傩"，表演的人戴面具。

由张艺谋导演、高仓健主演的电影《千里走单骑》（2005年上映）中就有傩戏表演的情节。

林怀民编的现代舞《九歌》，其中的《山鬼》一节，舞台形象是"一张凄惨的无言的嘴"，这让我想起日本动画电影《千与千寻》中的无脸男。日本鬼怪文化发达，比中国还发达，有著名的《百鬼夜行绘卷》。在日本，不仅人、动物和植物，甚至连没有生命的物体，如锅、碗、瓢、盆、凳、桌、床等，时间久了，也能成怪、成鬼、成精（物久成精）。日本文学和漫画中有数不清的志怪故事（"怪谭"），芥川龙之介的经典小说《竹林中》《地狱变》《河童》中就出现过亡灵、巫婆、恶鬼、精怪。其中《地狱变》写到百鬼夜行。

日本作家芥川龙之介也是自戕身死。

其实他和屈原完全可以在巫山脚下找个小木屋，泡一壶茶，彻夜长谈——跨越时空的交谈——直至"巫山夜雨涨秋池"。

木心说，《九歌》中，《少司命》《山鬼》两篇最好，是中国古典文学巅峰之作。他还说，《少司命》有如行书，《山鬼》有如狂草——我没法比这说得更好。

出不入兮往不反，平原忽兮路超远。（《国殇》）

这首是祭祀为国捐躯的英雄。"出不入""往不反"都是在表达视死如归的心态。但战争是残酷的，惧死是人的本能。"路超远"，回家的路太远了，远到无法抵达。马尔克斯在《百年孤独》中描写大屠杀，他不是直接描写屠杀场面，而是写死者的血一直在找回家的路。雷马克在《西线无战事》中描写一个士兵临死前的恐惧和孤独："他是个长得像熊一样的家伙，手里拿着一把刺刀，不让医生靠近他的床，直到他倒下去为止。"

"身既死兮神以灵，魂魄毅兮为鬼雄""生当作人杰，死亦为鬼雄"的人毕竟罕见。一将功成万骨枯。即使是那些"功成"了的将，也近乎全被遗忘在史册之中。

为何是"平原忽兮路超远"？

因为"逐鹿中原"的"中原"主要由平原构成，苍茫辽阔（因此是四战之地）；因为"没有两座小山是相同的，但是世界上任何地方的平原都一模一样"（博尔赫斯）。

> 成礼兮会鼓，传芭兮代舞，
>
> 姱女倡兮容与。
>
> 春兰兮秋菊，长无绝兮终古。

> （《礼魂》）

芭，同"葩"，鲜花、香草。姱，读 kuā，漂亮、美好。倡，同"唱"。这是《九歌》最后一篇，是祭毕后的送神曲。祭祀仪式完成后，鼓声阵阵，鲜花相互传递，人们轮番跳舞。美女们从容有度地唱着歌。春天呀有兰草，秋天呀有菊花，长久不断啊流芳千古——即屈原《离骚》所讲的"春与秋其代序"，四季轮回，循环往复。

<h1 align="center">七</h1>

屈原的作品还有《九章》，共九篇：《惜诵》《涉江》《哀郢》《抽思》《怀沙》《思美人》《惜往日》《橘颂》《悲回风》。其中也是好句迭出，如：

望长楸而太息兮，涕淫淫其若霰。（《哀郢》）

悲秋风之动容兮，何回极之浮浮！（《抽思》）

进路北次兮，日昧昧其将暮。（《怀沙》）

愿寄言于浮云兮，遇丰隆而不将。（《思美人》）

独立不迁，岂不可喜兮。（《橘颂》）

世溷浊而莫余知兮，吾方高驰而不顾。（《涉江》）

与天地兮比寿，与日月兮齐光。（《涉江》）

屈原是能与天地比寿、与日月齐光的人。

凡伟大艺术家，生前必知自己不朽。有的人憋住不说，有的人忍不住说了出来，如屈原、但丁、普希金。普希金诗曰：

我给自己建起了一座天然的纪念碑，

人民走向那里的小径永远不会荒芜。

它将自己坚定不屈的头颅高高扬起，

高过亚历山大的石柱。

只要在这个月照的世界上还有一个诗人，

我的名声就会传扬……

汉代扬雄作《反离骚》，似"反原"而实"爱原"。

有物质，就有反物质，它们构成对称关系。粒子物理学家说，反物质是世界的终极镜像。

依我说，大诗人也是世界的终极镜像。

屈原选择死在汨罗江——选得好，汨罗江因此成为空间诗学的象征，与赫拉克利特蹚过的时间之河齐名了。"落霞与孤鹜齐飞，屈原共赫拉克利特一色。"

汩罗江也是一条时间之河。屈原是与时间和词语搏斗的人。

屈原的诗词像他的感情一样浓烈、繁密、厚实。实实在在的琳琅满目。那是我阅读《资本主义与精神分裂：千高原》《哈扎尔辞典》《西方的没落》之后才会产生的无上妙感。紧随而来的是一种"繁华过后总是空"的悲怆和虚无感。

我忽然想起早已沦为废墟的大观园和"美国梦"破灭的盖茨比。

根据菲茨杰拉德的小说《了不起的盖茨比》改编的同名电影（2013 年上映），其插曲《Old Money》歌词：

> Red racing car（车水马龙），
>
> Sunset and vine（藤影余晖），
>
> The kids were young and pretty（美好青春似留昨日）。

"追杀围堵他的东西，是那些在他美梦之后扬起的肮脏尘埃"（菲茨杰拉德《了不起的盖茨比》），讲的是屈原。

"芳香、色泽、音响互为感知"（波德莱尔《契合》），讲的是屈原。

"朗丽以哀志""靡妙以伤情"（刘勰《文心雕龙》），讲的是屈原。

"醒，是梦中往外跳伞"（特朗斯特罗姆《序曲》），讲的是屈原。

"我自己就是那个我漫游的世界"（史蒂文斯《最高虚构笔记》），讲的也是屈原。

如果说"奥斯维辛之后，写诗是残忍的"，那么，饮过汩罗江的水之后，不写诗是残忍的。

李贺：昔作新丰客

李贺是早殇的天才，大唐的兰波①。李贺和兰波，两人如彗星划过亚细亚和欧罗巴的长空。李贺的诗在十九岁以后已入化境，而兰波在十九岁就歇笔、浪迹天涯去了。兰波活了三十七岁，而李贺不到二十七岁就被他笔下的小鬼拽到阎王殿写诗去了（也可能是看门）。仅就年岁说，兰波比李贺还幸运些。

李贺是李唐宗室后裔，但到了他那一代，李家已没落。他的仕途很不顺。据《旧唐书》记载，"父名晋肃，以是不应进士"。因为李父名中的"晋"字与"进"谐音，李贺要避讳，已经通过府试的他无法参加进士考试。尽管有大名鼎鼎的韩愈帮忙说情、通融，但李贺依旧没有获得考试资格。因此，他不免有些抑郁和悲愤。

李贺长相奇崛。据《新唐书》记载，"为人纤瘦，通眉，长指爪"——天生一副艺术家模样，神似奥地利画家埃贡·席勒②。

---

① 阿尔蒂尔·兰波（1854—1891），法国诗人。
② 埃贡·席勒只活了二十八岁，诞于1890年，比李贺整整晚了一千多年（李贺诞于790年）。

（埃贡·席勒：《自画像》）

对李白和杜甫，我心底是敬佩和崇拜，但对李贺，我是喜欢，"偏偏喜欢你"；是爱，"爱你一万年"。我相信，这个世界上存在各种无缘无故的爱。人是先爱上一个人，然后再为找"爱上"的理由——自欺，但不欺人。

李贺上承大李杜、下启小李杜。李商隐为李贺作传（《李贺小传》）："又岂世所谓才而奇者，不独地上少，即天上亦不多耶？"杜牧为李贺的诗集作序（《〈李贺集〉序》）：

> 云烟绵联，不足为其态也；水之迢迢，不足为其情也；春之盎盎，不足为其和也；秋之明洁，不足为其格也；风樯阵马，不足为其勇也；瓦棺篆鼎，不足为其古也；时花美女，不足为其色也；荒国陊殿，梗莽丘垄，不足为其恨怨悲愁也；鲸呿鳌掷，牛鬼蛇神，不足为其虚荒诞幻也。

杜牧还说："使贺且未死，少加以理，奴仆命骚可也。"如果李贺不是那么早就死了，假以时日，足可比肩屈原。"少（稍）加以理"，是说李贺诗的"理"（思想、哲理）不深——这很容易理解，一个二十多岁的年轻人能有多深的"理"呢？

李贺确实是以屈原为师，其诗有曰"斫取青光写楚辞"（《昌谷北园新笋四首·其二》）。他还写过《〈楚辞〉评语十六则》，评《离骚》"感慨沉痛，读之有不歆歜欲泣者"，称《九歌》"其骨古而秀，其色幽而艳"。但他最爱的是屈原的《天问》："《天问》语甚奇崛，于《楚辞》中可推第一，即开辟以来亦可推第一。贺极意好之。时居南园，读数过，忽得'文章何处哭秋风'之句。"李贺对《天问》的推崇可以说是无以复加。"文章何处哭秋风"一句出自李贺的《南园十三首·其六》：

> 寻章摘句老雕虫，晓月当帘挂玉弓。
> 不见年年辽海上，文章何处哭秋风？

我爱李贺，因为我们都对屈原的《天问》有着极端的偏爱。可惜我俩没有生在同一个时代，无法"奇文共欣赏"；即使生在同一个时代，也有一个错生了性别（我俩都不是同性恋）。

我爱李贺还因为爱屋及乌——我极爱的鲁迅、毛泽东和钱锺书也都极爱李贺。鲁迅的著作中最少有六处提到李贺，他还手书李贺的诗赠给朋友（鲁迅很少书写诗文赠人）。鲁迅在给日本友人山本初枝的信中写道："我是散文式的人，任何中国诗人的诗，都不喜欢。只是年轻时较爱读唐朝李贺的诗。他的诗晦涩难懂，正因为难懂，才钦佩的。"毛泽东诗词中的"天若有情天亦老""一唱雄鸡天下白"化用了李贺的诗。钱锺书在《谈艺录》中用了四十四页的篇幅谈"长吉诗境""长吉字法""长吉曲喻""长吉用啼泣字""长吉用代字""长吉与杜韩""长吉年命之嗟"等，可见他对李贺的喜爱。①

我爱李贺是从爱上李贺的一个句子开始的："吾闻马周昔作新丰客，天老地荒无人识。"（《致酒行》）不知为什么，这句我读来就是很受触动，很感动。这就是语言的魔力吧！此外，"桃花满肌骨"（《题赵生壁》），"鸟重一枝入酒尊"（《昌谷北园新笋四首·其四》），"石破天惊逗秋雨"（《李凭箜篌引》），"黄尘清水三山下，更变千年如走马"（《梦天》），"何须问牛马，抛掷任枭卢"②（《示弟》）等句子也让我唏嘘不已，反复揣摩。其中"黄尘清水三山下，更变千年如走马"一句，是从月亮上俯察尘世轮回，呈现出宏大的宇宙视野。而"何须问牛马，抛掷任枭卢"一句，则好像是在同帕斯卡、爱因斯坦对话（帕斯卡对宇宙的永恒寂静表示恐惧，爱因斯坦说"上帝不会掷骰子"）。

世人（如顾随、李劼）多以为李贺的诗太"怪"，甚至"鬼气森然"。他们所言当然有道理，但也是戴了有色眼镜看人。如果认真读完《李贺全集》就会发现，其实李贺是个多元的诗人，他的一些句子颇有《古诗十九首》的古直意味，如"佳人一壶酒，秋容满千里"（《追和何谢铜雀妓》），"倚剑登高楼，悠悠送春目"（《句》），"归来无人识，暗上沉香楼"（《相和歌辞·莫愁曲》），"回看南陌上，谁道不逢春"（《马诗二十三首·其十四》）。不要总觉得李贺性格怪诞（偏见很难改变），其实李贺非常有人情味，如他的《箜篌引》：

---

① 钱锺书：《谈艺录》，生活·读书·新知三联书店 2008 年版，第 114—157 页。
② 意思是人生就像掷骰子，是牛是马，是枭是卢，全凭天意。牛马、枭卢都是古代"五木"游戏的术语。五子皆黑为"卢"，白黑相杂为"枭"。

公乎公乎，提壶将焉如。

屈平沉湘不足慕，徐衍入海诚为愚。

公乎公乎，床有菅席盘有鱼。

北里有贤兄，东邻有小姑。

陇亩油油黍与葫，瓦瓴浊醪蚁浮浮。

黍可食，醪可饮，公乎公乎其奈居。

被发奔流竟何如，贤兄小姑哭呜呜。

为何要学屈原、徐衍①那样去自杀呢？这也太傻了吧！你瞧，我们有华美的席子可以躺卧，有精美的食物可以大快朵颐，有各种好酒可以天天沉醉。我们有两肋插刀的好哥们儿（贤兄），有暗恋我们的邻家漂亮妹子（小姑），友情、爱情一个都不少，生活多美好！若寻死，岂非辜负了爱人的情意？岂非让他们伤心痛苦？

李贺并非不食人间烟火、不接地气，相反，他对人性有着非常敏锐的观察。其诗《马诗二十三首·其二十二》曰：

汗血到王家，随鸾撼玉珂。

少君骑海上，人见是青骡。

从西域来的汗血宝马，整日里架着鸾辇，摇动着玉珂，备受瞩目。但如果是一个少不更事的浑小子骑着它在海边瞎转悠，人们就会以为这是一匹不值钱的青骡。人就是这么势利！马（人）的价值由其地位决定。贫居闹市无人问，富在深山有远亲。在一个大家族中，混得最好的那个人说话最有分量（不管他排行老

---

① 徐衍相传为周末之人，因厌恶战乱，投海而死。

几）。在给别人讲道理之前，要先掂量掂量自己混得怎么样。在俗人眼中，一个再伟大的穷诗人也只是一个穷人而已。

李贺诗曰："火乌日暗崩腾云，秦皇虎视苍生群。"（《白虎行》）

李贺也是"虎视苍生群"的人。

但他不是"秦始皇+马克思"，而是贴地飞行的"东方兰波"，是困在帝国客栈里的穷诗人。

黄仲则与谶

　　"唐诗、宋词、元曲、明清小说"的说法我们耳熟能详，但习惯性的说法往往遮蔽了一些真相。清代也有杰出的诗，也有大诗人。称得上大诗人的除了纳兰性德之外，还有一位黄仲则（名"景仁"，"仲则"是字）。纳兰性德是中国的诺瓦利斯，黄仲则是中国的肖邦。①这四位，皆短寿。纳兰性德，活到了三十岁；诺瓦利斯，活到了二十八岁；黄仲则，活到了三十四岁；肖邦，活到了三十九岁。真是天妒英才。弗朗茨·李斯特评价肖邦：

　　　　肖邦把自己禁锢在钢琴中。他的作品充满魄力，情感丰富，生机勃勃而又不失清晰；独特而又不堕入粗俗的空想；雕琢而又有序；装饰豪华而从不掩饰质朴的雄辩。他的创造力中蕴含着冲动、傲慢和想象。

　　这一评价也适用于黄仲则。对于大多国人而言，黄仲则这个

---

① 诺瓦利斯（1772—1801）是德国诗人，出身于贵族之家。肖邦（1810—1849）是波兰作曲家、钢琴家、"钢琴诗人"，其音乐被称为"花丛中的大炮"。

名字是陌生的（远不如纳兰性德知名）。然而，倘若你去观钱塘江大潮，一定要知道关于观潮最好的诗出自黄仲则（《观潮行》《后观潮行》），否则会被清代大才子袁枚和我这个不知名的小才子讥讽为"没文化"。袁枚推崇黄仲则，认为他"看潮七古冠钱塘"，称他为"今李白"。且看黄仲则的《后观潮行》：

> 海风卷尽江头叶，沙岸千人万人立。
> 怪底山川忽变容，又报天边海潮入。
> 鸥飞艇乱行云停，江亦作势如相迎。
> 鹅毛一白尚天际，倾耳已是风霆声。
> 江流不合几回折，欲折涛头如折铁。
> 一折平添百丈飞，浩浩长空舞晴雪。
> 星驰电激望已遥，江塘十里随低高。
> 此时万户同屏息，想见窗棂齐动摇。
> 潮头障天天亦暮，苍茫却望潮来处。
> 前阵才平罗刹矶，后来又没西兴树。
> 独客吊影行自愁，大地与身同一浮。
> 乘槎未许到星阙，采药何年傍祖洲。
> 赋罢观潮长太息，我尚输潮归即得。
> 回首重城鼓角哀，半空纯作鱼龙色。

这些文字如汹涌的潮水，气势磅礴。读此诗，如临其境（我想到电影《海上钢琴师》①中的斗琴情节）。而其中又有诗人的情绪、哲思与宇宙气象。"独客吊影行自愁，大地与身同一浮"则让

---

① 《海上钢琴师》是意大利电影（1998 年上映），朱塞佩·托纳托雷执导。

我想到三国时李密的"茕茕孑立，形影相吊"、毛泽东的"问苍茫大地，谁主沉浮"。"赋罢观潮长太息，我尚输潮归即得"，意思是海潮要回去就可以回去，我却不忍立马回家。

黄仲则命定是个漂泊之人。他四岁丧父，家境清贫，幼年好学，早有诗名。但他不擅考试，多次应乡试，均未中。为家计，他四处奔波，做过地方高官的幕僚。后为债主所迫，想去西安依附毕沅（时任陕西巡抚，曾编撰《续资治通鉴》，欣赏黄仲则的诗才），途中病逝。黄仲则生逢乾隆盛世，却郁郁不得志，悲凉而终。

难道盛世竟然养不活一个大诗人？这是一个怎样的盛世?!

其实大可不必有这样的愤慨之词，因为盛世属于政治经济范畴，与诗和文学无涉。政治和诗各有各的演化逻辑。

如果黄仲则生在法国，或可像兰波那样，独自浪迹天涯。偏偏他生在儒教中国，偏偏他又是一个至孝至慈之人，对母亲，对孩子，他有说不出的愧疚，而这，只能写入诗中。

> 全家都在风声里，九月衣裳未剪裁。（《都门秋思·其三》）
> 惨惨柴门风雪夜，此时有子不如无。（《别老母》）

黄仲则经常恨自己没用，既谋不来一官半职，又没挣钱养家的能力。

> 十有九人堪白眼，百无一用是书生。（《杂感》）
> 痛饮狂歌负半生，读书击剑两无成。（《重九后十日醉中次钱企卢韵赠别》）
> 江乡愁米贵，何必异长安。（《移家来京师·其四》）
> 贫是吾家物，其如客里何。（《移家来京师·其六》）

汝辈何知吾自悔，枉抛心力作诗人。（《癸巳除夕偶成·其二》）

黄仲则当然不后悔做诗人，他只是自嘲、发发牢骚。

黄仲则也只能做诗人。他早已把自己禁锢在诗中，以诗眼（诗性的白眼）看世界。"十有九人堪白眼"，这是何等的傲气！据其好友洪亮吉记载："与仲则游市中，一富人从肩舆出，牵衣道故，黄努目曰：'汝辈亦知人间有黄景仁乎？'即拂衣去。"黄仲则鄙夷庸俗的有钱人，不高兴就甩袖而去，丝毫不给别人面子。纵使别人有接济他之心（何况没有），也会认为他不可理喻。

黄仲则喜欢在墓地徘徊。他曾拜谒太白墓、杜甫墓和项羽墓，并留下诗篇。

束发读君诗，今来展君墓。清风江上洒然来，我欲因之寄微慕。

呜呼，有才如君不免死，我固知君死非死……锦袍画舫寂无人，隐隐歌声绕江水。

（《太白墓》）

得饱死何憾，孤坟尚水滨。
埋才当乱世，并力作诗人。
遗骨风尘外，空江杜若春。
由来骚怨地，只合伴灵均。

（《耒阳杜子美墓》）

两地招魂不见君，却从此处吊孤坟。
美人骏马应同恨，多少英雄末路人。

（《东阿项羽墓》）

经常在墓地徘徊，说明黄仲则死感强烈。或许，他早已预见到自己的死期。"结束铅华归少作，屏除丝竹入中年。"（《绮怀十六首·其十六》）虽说"人生七十古来稀"，但黄仲则当时才二十多岁，却感叹自己是中年人，诚非吉兆。黄仲则早已看透生死。"莫因诗卷愁成谶，春鸟秋虫自作声。"（《杂感》）无须为自己所写的悲苦之诗成为吉凶的预言而发愁，春鸟和秋虫从来都是自由自在地鸣叫。一名卓越的诗人应该"我手写我心"，今天不为明天的事烦忧。

近人徐世昌、瞿秋白、郁达夫、郭沫若皆有诗文赞黄仲则，我最爱瞿秋白的那首诗：

> 贻我七言句，秋气满毫端。
> 芦花不解事，只作路旁看。
> 我意斯文外，别有天地宽。
> 词人作不得，身世重悲酸。
> 吾乡黄仲则，风雪一家寒。
>
> （瞿秋白《赠羊牧之·其二》）

2023 年 5 月 25 日是黄仲则逝世二百四十周年，我特意跑到常州黄仲则故居看了看。那是一个封闭的四合院，西厢房即诗人当年"沉酣经籍，融液子史，咳唾珠玉"的书斋"两当轩"。我展开自己从孔夫子旧书网淘到的那本《两当轩集》，轻轻念了一遍他的那首《笥河先生偕宴太白楼歌醉中作歌》：

> 红霞一片海上来，照我楼上华筵开。
> 倾觞绿酒忽复尽，楼上谪仙安在哉？
> 谪仙之楼楼百尺，笥河夫子文章伯。

风流仿佛楼中人，千一百年来此客。

是日江山同云开，天门淡扫双蛾眉。

江从慈母矶边转，潮到然犀亭下回。

青山对面客起舞，彼此青莲一抔土。

若论七尺归蓬蒿，此楼作客山是主。

若论醉月来江滨，此楼作主山作宾。

长星动摇若无色，未必长作人间魂。

身后苍凉尽如此，俯仰悲歌亦徒尔。

杯底空馀今古愁，眼前忽尽东南美。

高会题诗最上头，姓名未死重山丘。

请将诗卷掷江水，定不与江东向流。

这简直是大清朝的《滕王阁序》！"风流仿佛楼中人，千一百年来此客。"大清的黄仲则隔着一千多年与大唐的李白、王勃对话。"若论七尺归蓬蒿，此楼作客山是主。若论醉月来江滨，此楼作主山作宾。"楼与山，互为主宾；月与酒，互为主宾；黄仲则与李白、王勃，互为主宾；诗与诗人，互为主宾。

卧龙跃马终黄土，谁道狂歌非远谋。（《偶成》）
缠绵思尽抽残茧，宛转心伤剥后蕉。（《绮怀十六首·其十五》）
笑看樵牧语斜阳，死当埋我兹山麓。（《太白墓》）

黄仲则不是狂生，不是病鹤①，不是"清代李白"，他只是一个尘封在盛世之谶中的穷诗人。

---

① 洪亮吉《北江诗话》称黄仲则"如咽露秋虫，舞风病鹤"。

木心的素履之往

　　总觉得写木心的文章（涵括我这篇），如果开头不够好，会对不起他。

　　总觉得木心是二十一世纪的作家，尽管他主要生活在二十世纪。

　　总觉得在去木心美术馆朝圣、到乌镇走一走他走过的路之前就写他，未免显得太没见过世面了。

　　写木心，我必须控制住自己的激动，不让感情泛滥——我受他恩太深，受他惠太多。

　　写木心，最少得一本书，一篇文章的浓度和烈度实在有限。

　　李劼说："木心的诗歌只能赏而无从析。"

　　其实所有卓越的诗篇均是如此。但我偏偏不信邪，偏要勉力为之。木心肯定欣赏我的这份执拗。他说过："人无执心不可交也。"破执的前提是执过。

一

时间是铅笔，

在我心版上写许多字，

时间是橡皮，

把字揩去了，

那拿铅笔又拿橡皮的手

是谁的手？

谁的手？

（《时间》）

1927 年 2 月 14 日，木心出生在浙江乌镇的一个书香门第（祖籍绍兴，后迁至桐乡市乌镇）。家有良田千亩，衣食无忧，家人（包括仆人）皆有文化素养，有专门的藏书楼，古籍甚多。木心自小好读书，沉浸于文学、艺术与宗教。

木心自述道："我少年时，江浙书香门第都已败落，而富裕人家多数是醉生梦死，少数热血青年则投奔革命，吴文化失去气候。我的自救，全靠读书，十三四岁时我已将《文学大纲》①通读了几遍。"

爱读书的孩子产生写作冲动是十分自然的。

《时间》是木心写的第一首白话诗。他当时十四岁。

时间是铅笔，又是橡皮。时间揩去自己的痕迹。掌控时间的是谁，人？造物主？神秘力量？这已是在沉思哲学的"元问题"。

---

① 指郑振铎著的《文学大纲》（最新有插图版，共四卷，时代文艺出版社 2010 年版）。

一个十四岁少年对时间的沉思肯定是不自觉的、潜意识的，正因为不自觉，处于"潜"的状态，才可见其天才（《周易·乾》曰：潜龙勿用）。

这首诗，爱因斯坦读了也会忍不住叫好——爱因斯坦相信上帝不会掷骰子，亦即说，在他看来，上帝手里紧握着橡皮。1922年，爱因斯坦抵达上海访问，当时木心尚未出生。二十四年后（1946年），木心进入上海美术专科学校求学。我大胆推测，敏感的木心肯定嗅到了爱因斯坦在上海留下的气息。

有人"闻香识女人"，有人"闻香识夜来香"①，有人"闻香识相对论"——以前的上海就是如此丰富多彩。现在的上海呢？正在上海美术学院求学的学生中有另一个木心吗？他是否知道爱因斯坦到过上海？他是否读过《上海赋》？

二

　　海派是大的，是上海的都市风格，先地灵而人杰，后人杰而地灵；上海是暴起的，早熟的，英气勃勃的，其俊爽豪迈可与大都会格争雄长；但上海所缺的是一无文化渊源，二无上流社会，故在诱胁之下，嗒②然面颜尽失，再回头，历史契机骎骎而过。要写海派，只能写成"上海无海派"，那么，不写也罢。呜呼于戏，有道是凡混血儿或私生子往往特别聪明，当年的上海，亦东西文明之混血也，每多私生也——我对"海派"辄作如是观，故见其大，故见其失，故

---

① 《夜来香》是旧上海舞厅的经典曲目。
② 嗒，读 tà，形容懊丧的样子。

见其一去不复返。再会吧，再会吧，从前的上海人。

（《上海赋》）

"先地灵而人杰，后人杰而地灵"将"人杰地灵"一词拆开，并颠倒运用，制造出陌生化效果。上海本是一个小地方，因"地灵"而崛起（晚清对外开放的通商口岸之一），于是"人杰"纷纷涌入、飞入。人杰了，自然地，地更灵了。

"嗒然面颜尽失"一般写为"颜面尽失"，木心有意写成"面颜尽失"，也是制造陌生化效果。

先赞"海派是大的"，后又说"上海无海派"。先说"上海是暴起的"，暴起，有暴发户的感觉，贬义；接下来却说上海是"早熟的，英气勃勃的"，褒义；但笔头又一转，"上海所缺的是一无文化渊源，二无上流社会"。或贬或褒，或肯定或否定，一切都在木心的落笔一瞬间。

说"不写也罢"，可明明又写了，写得不亦乐乎，且用的是"赋"这一华丽奢侈的文体。虽然写了、渲染了，却又自陈没写完："本篇原定九章，既成六，尚欠三。此三者为'黑眚①乾坤''全盘西化之梦''论海派'——写完第六章，因故搁笔数日，就此意兴阑珊，再回头，懒从中来，只好这样不了了之了。"（《上海赋》后记）其实没写完也是一种写完，《道德经》第四十五章曰："大成若缺，其用不弊。"是故，《上海赋》是写完了的，就像八十回《红楼梦》也是写完了的。

"呜呼于戏"（于戏，读 wū hū），可媲美李太白《蜀道难》开篇的"噫吁嚱"。木心在另一篇文章《上海在哪里》中曾感叹

① 眚，读 shěng，灾害、过错之意。

木心的素履之往　133

"沪道更比蜀道难""十里洋场不见洋"。既然木心将上海视作第二故乡，何以说"沪道更比蜀道难"？难道是"近乡情更怯"，抑或因为那里有关押过他的囚牢，往事不堪回首？何以说"十里洋场不见洋"？如果真的存在海派，那一定是"拿来"了"洋"的精华，而不是停留在模仿欧美时尚的表层上。洋是里子，不是皮相。近代以来各种他封和自封的大师（包括海派大师）可谓多矣，然而，唯会通了东西"洋"的鲁迅才是真正的海派大师——不，鲁迅是大师，"大师"前不可加"海派"二字。鲁迅超越了京派、海派和二十世纪中国的一切"派"。

木心也是大师，充满张力的语言和修辞大师。

上海作家陈村读过《上海赋》后"如遭雷击"。他说："依我私见，读过木心先生的上海，其他人写的上海都是伪作。"

木心的《上海赋》是一幅旧世申城的浮世绘。他比上海人还了解上海。

2021 年 12 月上映的电影《爱情神话》（主演徐峥是上海人）则是一幅当代沪上浮世绘。导演邵艺辉是生活在上海的山西人，她以女性的、北方的、局外人的眼光观察上海，拍出了一部原汁原味的上海电影，一部上海人能品出妙处的电影。

真正的上海人来自上海之外。往前追溯，1840 年之前，上海本地人并没有几个。其实那时的上海还不是上海。上海不仅是区域和地理概念，更是文化和文明概念。美国建国史是从东部沿海向西部边疆的拓殖史 ①，中华帝国形成史是从西北内陆（黄河中上游）向东南海疆的开拓史。在近世欧风美雨的催化之下，上海

_____

① ［美］弗里德里克·杰克逊·特纳：《美国边疆论》，董敏、胡晓凯译，中译出版社 2012 年版。

偶然又必然地从边缘走向中心——尽管只是经济文化中心，不是政治中心。毕竟，大部分上海人不太关心政治，也不大懂——因而易被"诱胁"：有女怀春，吉士诱之。

三

记得早先少年时
大家诚诚恳恳
说一句是一句

清早上火车站
长街黑暗无行人
卖豆浆的小店冒着热气

从前的日色变得慢
车，马，邮件都慢
一生只够爱一个人

从前的锁也好看
钥匙精美有样子
你锁了　人家就懂了

（《从前慢》）

这首诗被音乐人刘胡轶谱曲之后，登上 2015 年春节联欢晚会的舞台（由刘欢等人演绎）。它还在 2015 年被改编为一部三十分钟的微电影，片中通过都市生活快节奏的麻木、搞笑、另类，反衬出一个淳朴小镇"慢生活"的可贵。

慢生活注定是回不去了，我们被时代大潮裹挟着往前奔突。一旦慢下来，就有可能被淘汰、被边缘化。都市白领可以偶尔到"农家乐"乐一乐，缓解一下紧张的神经，但那并非真的"慢"了下来。我出生于皖北乡村，在附近小镇读的高中，知道"慢"大概是个什么样子。恕我笔拙，无法描述出来，大概就是木心在诗中所描述的样子吧。

以前"说一句是一句"，甚至"一句顶一万句"，现在呢？一万句未必顶得上一句。在资本主导的现代契约社会，没人敢信任口头之言，凡事必须白纸黑字写清楚。本来一个"中"①字就能解决的问题，现在要洋洋洒洒地写上几千字、一万字。

"清早上火车站，长街黑暗无行人，卖豆浆的小店冒着热气"，非常有画面感。现在人起得早，行色匆匆，尤其在北京、上海，通勤时间长，有的人得提前两小时出发挤地铁，开车则怕堵车。在单位附近拥有一栋自己的住宅是件超级幸福的事。

以前的人写信、等信，来回好几天。现在的人发微信，"秒回"。若不回，则是因为太忙或故意视而不见。以前是"一生只够爱一个人"，现在是"一年只够爱一个人""一天只够爱一个人""一夜只够爱一个人"，"爱上一个人只需三秒钟"。

以前的锁、钥匙，好看，是手工艺术品。现在的锁、钥匙，讲究气派、安全、实用，来自现代化生产线。钥匙，隐喻男人；锁，隐喻女人。以前是一把钥匙开一把锁，现在是一把钥匙开很多锁，一把锁有很多钥匙，也不知是男人更花心了，还是女人更放浪了。记得一位智者说过，男人多逢场作戏，女人多水性杨花——"多"字温情，没有一棍子打死，不极端；而我，经常故

---

① "中"是河南方言，行、可以、没问题的意思。

意说极端的话。二十一世纪的饮食男女，一个是"戏水"，另一个是"水戏"，于是，一场游戏一场梦。但，难道不应该是"我住长江头，君住长江尾。日日思君不见君，共饮长江水"吗？

由昆德拉创作、出版于 1995 年的中篇小说《慢》，揭示了现代人的生存困境。作者和妻子厌倦了都市的喧嚣，开车到一家古堡改造的旅馆住了一夜。作者深夜仍在创作，但小说中的人物离奇地出现在妻子的梦中。这只是小说所写的其中一个故事。另外两个故事，一个发生在十八世纪（古典时期），另一个发生在未来（科幻和魔幻时期）。故事套故事，虚幻与现实交融，过去、现在和未来交叉在同一个地方（古堡），映射了古典之"慢"与现代之"快"的时间结构。

2021 年，一本名为《慢教授》①的书被译成中文出版（作者是加拿大的两位英文系教授）。其中写道，"'慢运动'——起源于慢进食——挑战着当代文化的疯狂节奏以及标准化""要思考，我们需要时间""对于反思以及开放、不设限的探索来说，时间，并不是一种奢侈品，而是我们行动的必需"。我不完全同意两位教授所说的。"慢进食"是对的（我在减肥），"要思考"是对的（苏格拉底说，沉思的生活是最值得过的生活），但必须加快写作的节奏，不能慢，一慢，就会"懒从中来"，甚至懒得去思考，懒得去爱人了，最后变成低欲望（不是"无欲望"）的废物一枚。

---

① ［加］玛吉·伯格、芭芭拉·西伯：《慢教授》，田雷译，广西师范大学出版社 2021 年版。

四

我是一个在黑暗中大雪纷飞的人哪

（《我》）

一句成诗。是俳句而又不只是俳句。若木心视之为一句普通的俳句，则会将它放在众多俳句之中（木心是写俳句的高手），而不是单列成诗。木心这样做，是为了突出"我"——大写的"我"。木心强调"大雪纷飞"，而不是"小雪纷飞"。"是"大雪纷飞，而非"如"大雪纷飞。"哪"字意味深长，包含了无奈和自我肯定。"哪"字是这首诗的灵魂，若无"哪"字，则诗意尽失。

木心是写雪的高手。如"爱情如雪，新雪丰美，残雪无奈""你再不来，我要下雪了""雪的浩浩荡荡的快乐"；再如"凡背阳之处总有积雪，一直会待着，结成粗粗的冰粒，不白了，也不是透明。大雪后，总有此族灰色的日益肮脏的积雪。已经不是雪了——'笨雪'"。

"笨雪"，我读后莞尔一笑。

我特别喜欢木心的一张在曼哈顿中央公园雪地里的照片（摄于1991年）。①

木心从未去过俄罗斯，却坐雪橇游遍了寒冷的西伯利亚，因为他曾写道："好像雪橇事件之后吧/邻桌的食客们，不交谈/整幢厅堂无声息/等，等救星似的等上菜……"（《雪橇事件之后》）

---

① 照片见夏春锦编著：《木心先生编年事辑》，台海出版社2021年版，扉页前的插图。

不知食客们等的是什么菜，反正我知道木心等的是普希金——刚和十七岁的玛利亚·加夫里洛夫娜约会、差点在暴风雪中迷路的普希金。①"对于我，普希金是完全活着的。"木心如是说。

五

> 文艺复兴是一种心情
> 此心情氤氲了整个欧罗巴
> 别的盛衰可依其行为而踪迹之
> 文艺复兴至今言犹在耳事犹在身
> 虽然不会再来虽然是这样

（《大心情》）

散文写成诗了，却又不是一般意义的散文诗（形式上也不是）。

变散文为诗的关键是"虽然是这样"一句，有意犹未尽之感。如果到"虽然不会再来"就戛然而止，则诗味就弱了。两个"虽然"叠加，诗味、诗感就出来了。这种感觉很难用语言表达，"诗无达诂"的意思是没法"诂"。

何谓"大心情"？能"氤氲"整个欧罗巴的，才称得上"大心情"。这在欧罗巴是（也只能是）"文艺复兴"。

能氤氲整个华夏的是什么呢？中国的文艺复兴？中国的文艺复兴，复兴什么呢？

---

① 参见普希金小说《暴风雪》，载《普希金小说选》，刘文飞译，漓江出版社2013年版，第13—22页。

答案似乎很多，但依我看，只能是灵、山、空、水。"灵山多秀色，空水共氤氲。"（张九龄《湖口望庐山瀑布泉》）木心说："我画山，不过是以山的名义，其实我是在画自己。"（木心是乐山的智者）又说："穆罕默德打电话给山，山不在。"但如果换成木心打这个电话，山就会在。因为山就是木心自己呀。

六

我在诺曼第作素描旅者

也就是背负行囊进出旅店

装作研究画道，观察风景

无忧呀无虑，不思明天做什么

停步，是为了一湾小溪

入店，是闻到油炸薯条的香味

幽会，在长满樱草的土坑中

或在保持白昼温度的麦穗上

灰色粗布下的肌肤极富弹性

田野，森林，朝日，晚霞，月光

我徜徉在一个叫佩努乡的小村里

依波尔和艾乐达之间

海岸高而陡，像巍巍的城墙

踏着细软的茸草，放歌

远处一艘艘的渔船

碧绿的海，棕红的帆

茂密的野菊和罂粟花

村里有座报时的尖顶钟楼

海鸥绕着飞叫

同时还可以坐在一处泉孔边

俯身啜饮，沾湿鼻尖和胡子

随我自己设想是在与谁接吻

（《素描旅者》）

"诺曼第"今译为"诺曼底"，法国地名，1944年盟军在此登陆，开辟第二战场。最血腥的战场而今变成最佳素描地，我——一个来自中国的旅者，在那里素描什么呢？

当然不是沉甸甸的历史（那是野心勃勃的历史学家的事），而是美丽的自然风景，就像当年梵高在法国另一地——阿尔勒——做的事一样。名为素描，实为放松。我刚结束一段失败的旷世之恋。我们彼此深爱，却都疲惫得不知所措，只好放手，解放她，也解放自己。

我无忧无虑，不想明天做什么。我四处漫步，跟着感觉、视觉、嗅觉走。停步，是为了一湾小溪，那小溪曾入李白的心（"耶溪采莲女，见客棹歌回"①）、辛弃疾的梦（"清溪奔快。不管青山碍"②），溪虽小，却拥有灿烂的生命，奔腾不息。入小旅馆，是闻到油炸薯条的香味，是闻到吃油炸薯条的少女身上的香味。她见我来自异邦，好奇心作祟，频频暗示我可以幽会（读懂秋波是我的一大本领），轻松的、不用负责任的感情谁不喜欢呀。

我们在长满樱草的土坑中仰望星空，看星星陪着梵高走来。

---

① 李白《越女词五首·其三》。
② 辛弃疾《清平乐·题上卢桥》。

我们在保持白昼温度的麦穗上紧紧相拥，她灰色粗布下的肌肤极富弹性（让我想起二十年前的初恋，她也是一个村姑），她眉头紧皱，说麦芒扎得她好疼，于是我起身，送她回家（一个叫佩努乡的小乡村）。送她回家之前，我先把她送入广寒宫待了七秒钟①，"不知天上宫阙，今夕是何年"，我吟道。她娇羞，低头说今晚好浪漫，你比法国男人还浪漫。我微笑不语，再次与她相拥、接吻，然后分别。

她掩上门扉，我继续在村子里溜达，在附近探险，跟骤然变得冷漠的明月对话。天亮时，我来到一处海岸，海岸高而陡，像巍巍的城墙，和圈禁哈姆雷特的丹麦城墙、让清军付出惨重代价的江阴城墙，以及只有七日之粮的大城的城墙②没什么不同。我踏着细软的茸草（尽管不如昨晚她玉臂上的绒毛细软），放歌，"你就像那冬天里的一把火""我看见玫瑰色的人生""妹妹你坐船头"，③这时远处应景地漂来一艘艘渔船。每一艘船都是一首歌。

村里的尖顶钟楼报时了，声音浑厚，像从大地深处传来，我想到法国年鉴学派史家阿兰·科尔班撰写的《大地的钟声》一书（副标题为"19世纪法国乡村的音响状况和感官文化"），他试图解释这样一个原则：人类的风俗与精神面貌随着嗅觉、听觉、触觉、味觉等感官感觉的演变而演变。他另外几部著作的名字同样诗意盎然，如"空虚的地域""疫气与黄水仙""婚礼上的姑娘""食人族村落"……远处海鸥鸣叫，把我从不合时宜的想象中拉回现实。我感觉口渴，遂坐在一处泉孔边，俯身啜饮，沾湿鼻尖和

---

① 据说，鱼的记忆只有七秒钟。

② 参见木心小说《五更转曲》《七日之粮》。

③ 歌词分别采自中国歌曲《冬天里的一把火》、法国歌曲《玫瑰人生》、中国歌曲《纤夫的爱》。

胡子，设想是在与谁接吻（不止昨晚那位姑娘）。而我不知道的是，一只山羊正在远处凝视我。

<h1 style="text-align:center">七</h1>

我纷纷的情欲

尤其静夜

我的情欲大

纷纷飘下

缀满树枝窗棂

唇涡，胸埠，股壑

平原远山，路和路

都覆盖着我的情欲

因为第二天

又纷纷飘下

更静，更大

我的情欲

（《我纷纷的情欲》）

从表面看，这是一首关于情欲的诗。从深层看，这是一首关于艺术和灵感的诗。

木心特别喜欢福楼拜的一句话："艺术广大已极，足以占有一个人。"

艺术占有木心，木心也占有艺术。二者相互占有，如男女情爱。

艺术的灵感"纷纷飘下"，"尤其静夜"。静夜宜沉思、写作。

当代作家路遥说："我的早晨都是从中午开始的。"李白有《静夜思》，路遥有《平凡的世界》。我忆起二十八年前读高二时哪怕熬夜也要一口气读完《平凡的世界》的甜美时光。有那么几个时刻，我觉得自己不平凡——其实是自命不凡，把木心所说的"持平常心，不做平常语"忘到了九霄云外——不，十霄云外。

木心的艺术灵感在空间上是极大的，铺满了沟壑（涵括女子的唇涡、胸埠、股壑）、平原、远山、路（陆路、海路、丝路、末路、希腊的路、绍兴的路）、运河（地球上的、火星上的）、飓风（木星上的、政治上的）、环形山、奥尔特云。

木心的艺术灵感在时间上是持续的，"因为第二天／又纷纷飘下／更静，更大"。"第二天"非实指，类似"明日复明日，明日何其多"之"明日"。艺术上，即使没有大器晚成，亦不可未老先衰。从事艺术是一场无休无止的持久战，艺术家必须有耐心，一日一日地，一夜一夜地，一字一字地，救出自己。

八

漂泊者的迟暮之年

风吹来故国的消息

谁死了，谁也死了

怀念而期望酬恩者

蓄忿而思图复仇者

死，一片空白，了无余波

就像战火尚在纷飞

敌方的将帅罹病暴毙

至亲好友相继丧于瘟疫

秋风萧瑟，胜利班师亦虚空

战后满目幸存的陌生人

爱是熟知，恨也是熟知呀

迟暮之年的漂泊者

遥远的故国已是一个陌生国了

（《陌生的国族》）

　　木心 1982 年远赴纽约，2006 年回故乡（乌镇）定居，在美国生活了二十多年（中间短暂回国一次，访问英国一次）。这首诗写于 1995 年，木心时年六十八岁，所以自称是"漂泊者的迟暮之年"。

　　"风吹来故国的消息"，木心时刻关注着故国的消息。消息从东来，好风与之同来。

　　"谁死了，谁也死了/怀念而期望酬恩者/蓄忿而思图复仇者"，一死泯恩仇。

　　"死，一片空白，了无余波"，闻他人之死，悟"死后元知万事空"之理——庆幸自己还活着。

　　"就像战火尚在纷飞"及以下三句，木心将生活和艺术比喻成一场残酷的战争，活着就是胜利，活到最后就是胜利，要活着看到自己成名。木心在 1982 年出国时对甥女婿说："要脱尽名利心，唯一的办法是使自己有名有利，然后弃之如敝屣。我此去美国，就是为的争名夺利，最后两袖清风地归来，再做你们的邦斯舅舅。"木心这样说，看似在赌气（混个名堂出来，给国人看），其实是不甘命运的摆布，他要像贝多芬一样，扼住命运的咽喉。

　　然而，"胜利班师亦虚空"。如《圣经·传道书》所言，"虚空的虚空，凡事都是虚空"；或如杨慎《临江仙》所言，"是非成败转头空"。但，"胜利班师"的人才有资格这么说，失败者只能说"失败亦虚空"，其实失败者说什么并不重要，因为不会有人记得失败者说过什么。木心被人记住，乃因他写下"胜利班师亦虚空"之类的诗句。

"爱是熟知，恨也是熟知呀"，人只会被所爱、所熟知的人伤害，"爱恨交加"的意思是爱与恨不可分，爱恨向来为一体。既然所爱（恨）之人已死，"幸存"下来的自然都是陌生人了，"遥远的故国已是一个陌生国了"。爱的人、恨的人构成一个人存在的意义之网，如果他们皆不在了，具体的存在意义将丧失，那就只能去爱（无恨之爱、慈悲之爱）普遍的人、普遍的国，如此一来，遥远的故国也好，脚下的异邦也好，都变成"陌生国"了。大诗人本就是抽象的局外人、异乡人，是这个具体世界的陌生人（但也没那么绝对）。木心晚年回国，在故乡空气、水墨和草木的浸润下，抽象的木心又变回具体的木心，陌生国依然是陌生国，却多了让木心无法拒绝的人情味。

九

一堵红墙露出金色的缝隙
上面两枝杉木浓阴匝地
天蓝得好像不是在别国看到的天
白石的台阶陡峭，高处是靛青的门
杏子、柠檬、佛手在橄榄林中发光
意大利全靠一个太阳，我全靠一个你

我给你买了顶威尼斯参议员的红帽子

在这里，渔夫们也戴着走来走去

大家都吃通心粉，哪里就通了心了

别后，想起你的顽皮，我就爱

（《通心粉》）

"一堵红墙露出金色的隙缝"，"隙缝"而非"缝隙"，故意反用，制造陌生化效果。

"上面两枝杉木浓阴匝地"，"匝"字，既可视作名词，也可视作动词。

"天蓝得好像不是在别国看到的天"，这句意味深长，值得反复品味。

"意大利全靠一个太阳，我全靠一个你"，你就是我的太阳、我的光、我的希望。意大利有名曲《我的太阳》（创作于1898年的那不勒斯，最有名的演唱者是来自意大利的男高音帕瓦罗蒂）。但将另一个人视作太阳是危险的，因为他不可能像太阳一样每天从东方升起，万一有一天没升起呢？万一逃了呢，陨落了呢？

"我给你买了顶威尼斯参议员的红帽子/在这里，渔夫们也戴着走来走去"，在威尼斯，政治家的梦想是做渔夫，而在别的国家，如美国、中国，渔夫的梦想是做政治家。近代意大利在政治上的表现特别"拉胯"，不是没有原因的。但意大利（尤其是威尼斯）的太阳，确实暖人、诱人。写威尼斯最好的作家，国外的是托马斯·曼①，中国的是木心的朋友阿城。阿城在《威尼斯日记》中写道："如果现在有人引你到一间屋子里，突然发现列奥纳多·

---

① 托马斯·曼（1875—1955），德国作家，1929年诺贝尔文学奖得主。

达·芬奇正在里面画画，你的感觉怎样？"敢这么想、这么写，就是因为吃了通心粉以后，心通了。

"大家都吃通心粉，哪里就通了心了"是俏皮话，但也是事实。

"别后，想起你的顽皮，我就爱"，明明是木心顽皮、俏皮，都"俏"到意大利、"皮"到威尼斯去了。

十

你是夜不下来的黄昏

你是明不起来的清晨

你的语调像深山流泉

你的抚摸如暮春微云

温柔的暴徒，只对我言听计从

若设目成之日预见有今夕的洪福

那是会惊骇却步莫知所从

当年的爱，大风萧萧的草莽之爱

杳无人迹的荒坵破冢间

每度的合都是仓促的野合

你是从诗三百篇中褰裳涉水而来

髧彼两髦，一身古远的芹香

越陌度阡到我身边躺下

到我身边躺下已是楚辞苍茫了

（《芹香子》）

"你是夜不下来的黄昏"，"夜"字妙，名词作动词。这是李商隐渴盼而不得的状态，他的感叹是"夕阳无限好，只是近黄昏"，如果黄昏能一直"昏"着（夜不下来），肯定美得让人发昏。

"你是明不起来的清晨"，"明"字妙，形容词作动词。因为"你"的陪伴，天也不愿"明"起来，我俩可以一直腻歪在一起——但这只是表层意思，深层意思是"这里的黎明静悄悄"，时间被凝冻起来，瞬间被无限拉长。

这两句极具象征意味，可作多种阐释。

这两句必将写入中国诗史，成为名句。认识不到其好的人，我敢说他不懂诗。

"你的语调像深山流泉"，听觉。不仅是女人，男人也是听觉动物。多情种子皆耳软。

"你的抚摸如暮春微云"，触觉。"暮春微云"化用秦少游的"山抹微云"，但不如后者好。

"温柔的暴徒"，此处用了矛盾修辞法。男人是行动的暴徒（贪），女人是语言的暴徒（嗔），但二者都是温柔的，令对方欲罢不能。两人携手进入"痴"的状态。"贪嗔痴"本是人性常态，更是情爱中的常态，但经由它们，或可领悟甚至抵达"戒定慧"。智极成圣，情极成佛。木心曰："汤显祖、曹雪芹辈每论智极成圣，情极成佛，吁，智极而不欲圣，情极而不欲佛，庶几持平常心矣。"

"若设目成之日预见有今夕的洪福"，在爱情上没有人先知先觉，也无法预料后果。"目成"出自"忽独与余兮目成"（《楚辞·九歌》）指情窦初开、眉目传情之时。

"大风萧萧的草莽之爱"，回应了前述"温柔的暴徒"。

"杳无人迹的荒垧破冢间"，废墟上的爱——尘世废墟、宇宙废墟，爱情观的背后是人生观、宇宙观。

"每度的合都是仓促的野合"，"野"才有味、有力。婚姻制度是对性（"野合""媾合"）的规训、文明化。任何文明化都有其代价。卢梭向往自然状态，其来有自。现代男女偷吃禁果、偷情是对文明化的反抗——好像不该赋予这么高深的意义，其实就是生物本能，"野"是人的生物本能，也是活力的本源。

"你是从诗三百篇中褰裳涉水而来/髧彼两髦，一身古远的芹香"。褰读 qiān，撩起、揭起（衣服、帐子等）；"髧彼两髦"，髧读 dàn，下垂的样子；髦读 máo，古代称幼儿垂在前额的短头发。《诗经·鄘风·柏舟》："泛彼柏舟，在彼中河。髧彼两髦，实维我仪。""髧彼两髦"的小孩子最可爱。《诗经》是中国文学的童年。实际上，这首《芹香子》的意境就取自《诗经·鲁颂·泮水》，所以才有了"你是从诗三百篇中褰裳涉水而来"的说法：

> 思乐泮水，薄采其芹。
>
> 鲁侯戾止，言观其旂。
>
> 其旂茷茷，鸾声哕哕。
>
> 无小无大，从公于迈。

"越陌度阡到我身边躺下"，陌、阡，都是路，涵括田野的小径小路、诗歌的康庄大道。爱一个人，就是要越陌度阡，跨越千山万水，来到他的身边。

"到我身边躺下已是楚辞苍茫了"，这是从北到南的空间变换。《诗经》是北方的，《楚辞》是南方的。余秀华讲的"穿过大半个中国去睡你"也是这个意思，但太直白，有点俗，木心的诗句要优雅得多。但木心诗句有时失之太雅（并非指此处的《芹香子》，其雅恰到好处）。太雅是一种"病"——无伤大雅的病。

十一

白鸟白鸟

无阻我足

此邦之人

不可与明

言旋言归

眷我邦族

黄鸟黄鸟

无啄我足

邦族之人

不可与处

言亡言返

踽踽异境

亡人何宝

木铎有心

（《白鸟》）

这首诗及以下两首诗，皆出自木心的《诗经演》。诗经演，顾名思义，指从《诗经》演化而来，属于"再生文本"。但其经由木心的创造性改编，在意境上已大大不同。因为这些诗都是十四行，故而又属于商籁体（十四行诗），是中西会通的混血儿。在全球化的当下，做学问、写诗，既要通古今之变，更要通中西之变。

此诗演自《诗经·小雅·黄鸟》。

前六行是一层意思。“白鸟”，喻白种人、美国人。“无阻我足”，不要阻挡我前进的步伐，暗示木心在美国举步维艰（尤其是刚去美国的时候）。“此邦之人/不可与明”，由于文化隔膜，我和美国人是无法言谈的。此时不免“眷我邦族”，怀念祖国的人。

第七行到第十二行是一层意思。“黄鸟”，喻黄种人、中国人，“无啄我足”，不要伤害、欺凌我（木心在二十世纪六七十年代吃过很多苦，只能忍气吞声地苟活着），“邦族之人/不可与处”，这是痛诉。“踯躅异境”，指选择主动流亡，局促不安地生活在异邦。

最后两行是说，作为一个流亡者，我的精神支柱是什么呢？靠什么活下来呢？——“木铎有心”。木心这一笔名即由此而来。木铎，以木为舌的铃。《论语·八佾》：“天之无道也久矣，天将以夫子为木铎。”木心不会将自己视作孔子一般的圣人，因为他不想做伪君子。木心说：“孔子没死，他的幽灵就是无数中国的伪君子。”木心批评的不是孔子，而是打着孔夫子旗号的伪君子。

滃滃訾訾
亦孔之哀
谋之其臧
则具是违
谋之不臧
则具是依
维此哲人
瞻言百世
维此疵人
覆狂以喜
匪不能言

转背詈诼

民之贪乱

宁为荼毒

（《贪乱》）

此诗演自《诗经·小雅·小旻》和《诗经·大雅·桑柔》。

潝潝（xī xī），低声附和的样子。訾訾（zī zī），诋毁、诽谤。

"亦孔之哀"，实在可怕、令人哀伤。

"谋之其臧/则具是违"，臧，善、好。善言总是被违反（忠言逆耳）。

"谋之不臧/则具是依"，不好的建议反而被采纳、依从（佞言顺耳）。

"维此哲人/瞻言百世"，只有哲人才具有穿透时光的远见。

"维此疵人/覆狂以喜"，疵人，愚人、有瑕疵的人。木心是个完美主义者、唯美主义者，是个近乎完美的人。所谓"近乎完美"，意思是他距离完美固然很远，但其他人距离完美更远，是五十步与五百步的关系。

"匪不能言/转背詈诼"，不是不能说，而是说了以后，会遭人骂责。

"民之贪乱/宁为荼毒"，有些愚人唯恐天下不乱，乱了，他们才有谈资，才能兴奋地做看客。所以，不要理会俗人的议论。

兔爰爰

雉焕焕

初之逢

心尚董

耽之中

心如蓬

尔仪丰

尔止怂

尔礼雍

尔卜尔筮

吉言抚绥

不竞不绿

玉粲锦燿

期之在后

（《焕焕》）

此诗演自《诗经·王风·兔爰》。

"兔爰爰（yuán）"，像野兔般自由自在。"雉焕焕"，像野鸡般光亮显赫，雄姿英发。这是在形容所爱之人的精神情貌。

"初之逢/心尚董/耽之中/心如蓬"，与你初相逢，心里尚懵懂；一旦爱上你，心里乱蓬蓬（《诗经·卫风·氓》："女之耽兮，不可脱也"）。

"尔仪丰/尔止怂/尔礼雍/尔卜尔筮"，你仪态丰健，果决勇敢，讲求礼节，雍容华贵，自己占卜、掌握自己的命运——你相信"你命由你不由天"。

"吉言抚绥"，你用吉言振发自己，抚慰心灵。

"不竞不绿（qiú）"，你与世无争，不急不躁。老子曰："以其不争，而天下莫与之争。"一个"大写的人"，应驯良如鸽、灵巧如蛇、静若处子、动若狡兔。

"玉粲锦燿/期之在后"，盛大的名声、耀眼的光辉，甚至锦衣玉食和绫罗绸缎，是可以期之于后的。这是木心的自况、自期，也是自信。一个人在艰难困苦时，要相信自己是宝玉（通灵宝玉）——自己琢自己，残忍地琢，对自己狠一点，由此可望成器；要相信自己是金子，是金子早晚会发光；要相信自己的付出会得到加倍回报。其实付出和经历本身已经是最大的财富、最好的回报了。

十二

五月将尽
连日强光普照
一路一路树荫
呆滞到傍晚
红胸鸟在电线上啭鸣
天色舒齐地暗下来
那是慢慢地，很慢
绿叶蘩间的白屋
夕阳射亮玻璃
草坪湿透，还在洒
蓝紫鸢尾花一味梦幻
都相约暗下，暗下
清晰，和蔼，委婉
不知原谅什么
诚觉世事尽可原谅

（《杰克逊高地》）

"五月将尽"点出的是时间,是岁月轮回。既然五月"将尽",而且势必"将尽",那么一切"月"、一切"日子",都有将尽之时。

"连日强光普照/一路一路树荫",一阳一阴,有阳必有阴,有阴必有阳。《周易·说卦》曰:"立天之道,曰阴与阳。"如果说诗为阳,则"非诗"为阴。功夫在诗外,又在诗内。

"呆滞到傍晚",闲漫的诗心。

"红胸鸟在电线上啭鸣",代指诗人啭鸣。鸟胸红,人心热。

"天色舒齐地暗下来/那是慢慢地,很慢",犹如一个人渐渐老去,犹如一个人逐渐失明。博尔赫斯说:"逐渐失明并不是悲惨的事情。那像是夏季黑得很慢。"我们所有人,早晚都会失明——死去,合上眼,不就是失明吗?

"夕阳射亮玻璃","亮"字带劲儿。夕阳,喻人老。大器晚成的老诗人发的光特别亮。木心的诗多是去美国后所写的(出国时五十五岁)。如果普希金(1799—1837)也活到七八十岁,哪怕是五六十岁,那么他的星光是不是能照亮整个俄罗斯、整个世界?

"草坪湿透,还在洒",诗人的心湿透了,灵感还在飘洒。湿,诗也。爱过方知情重,醉过方知酒浓,写过方知诗让人大不幸。东坡曰"人生识字忧患始",照我说应是"人生写诗忧患始",或反过来说,"人生忧患始写诗"。

"蓝紫鸢尾花一味梦幻/都相约暗下,暗下",这是木心与梵高相约一起进入梦幻之境,暗下,暗下。梵高有名画《鸢尾花》,木心有诗《〈凡·高在阿尔〉观后》。

"不知原谅什么/诚觉世事尽可原谅",包括原谅上帝,原谅梅菲斯特,原谅歌德,原谅炼金术,原谅故乡的春雷,原谅走了又回来的情人，原谅飘忽不定的幽芳，原谅以云为名的孩子和以孩子为名的云，原谅哈代的慢吞吞，原谅欲海的肉筏，原谅金色的仳离，原谅古格拉的苍凉，原谅西方的式微，原谅男子汉的决斗，原谅雅尔塔的不寐不昧和水媚，原谅说话轻似寂静的五彩幽灵，原谅手执木棍驱赶风的爱斯基摩妇女，原谅精致得未免太粗俗的杯子，原谅拒绝殉葬的羊皮书，原谅人间不再有西班牙那样的地方，原谅人间不再有阿佐林那样的贵族，原谅蓝得忘乎所以的天空，原谅旷野的一棵树，原谅技穷，原谅吻别维也纳的圆舞曲，原谅杰克逊高地的诗学高度不够高，原谅心口不一（嘴上说"不知原谅什么，诚觉世事尽可原谅"，但实际上仍不愿原谅一些人和事）的诗人……

十三

　　普林斯顿小街的橱窗中的粗呢男上装虽则四十年前六十年前也是青灰栗灰紫灰也是十字织人字织外贴袋一线袋狭领子阔领子单开衩双开衩两粒纽三粒纽紧窄窄宽松松，

　　虽则都脱离不了去之又来僵而复苏的款式总谱但亦无疑越变越伶俐乖觉越容易快快过时因而越不求耐穿以示了悟时装莫须传代都是普遍明智，

　　毋庸讳言确是比父亲舅舅父亲的舅舅和舅舅的父亲的霉了蛀了樟脑味刺鼻的纪念品要舒服得多漂亮得多了，

　　就只爱因斯坦不修边幅是因为早晨没有名望穿得漂亮也无人注意中午声誉既大穿得不漂亮也万方瞩目傍晚却有种种轶事在背地里飘摇起来，

说什么层次过于繁复的芸芸众生只能听听俏皮话那些实心话就成不了金字箴言至少箴言者无非是实心的话俏皮地说才会昔在今在永在。

　　所以每天都是圣诞节每天都是愚人节或者上午过完愚人节下午圣诞节开始了，

　　节日中议论不停的是物理学家和其他学家一样如果后来未能蜕升为某个不必借艺术品而可作艺术家论的人那就怎能膺许为本世纪最难忘怀的智者中的尤物呢。

（《普林斯顿的夏天》）

　　奉上这首令人费解的充斥着长句子的长诗（上引只是一小部分）不是为了解读它，而是为了砸晕读者。就像当年乔伊斯用一个标点都没有的《尤利西斯》第十八章砸晕读者一样。"这写的是什么玩意儿?!""真牛! 但我不会去读的!"若读者是这个反应，那诗人就偷着乐了；乐后，悲从中来。

　　意识流、白日梦、出神，是诗人常犯的癔症。

　　一散步就走远了也是如此。

　　走得有多远呢? 反正比普林斯顿不修边幅喜欢拉小提琴的智者中的尤物走得还远。

　　诗，最好是语言密度和思想密度的统一。若只能占据其一呢? 我也不知道，我又不是智者中的尤物。

十四

　　己丑春余導學武林貢院登壇敷說出入從眾美優孟優游之猶得寓言餘則滄浪清濁不及縲足雪夜閉戶守燈呫囁此心耿耿

欲何之謝家屐痕懶尋思錢塘有潮不聞聲雷峰無塔何題詩大我
小我皆是我文痴武痴一樣痴龍吟虎嘯草堂外騷人冷暖各自知

（《西班牙三棵树·第三辑·其三》）

《西班牙三棵树》第三辑共十九篇（对应《古诗十九首》，木心特别迷信"十九"这个数字），皆繁体文言，无标点（《普林斯顿的夏天》句子虽长，但好歹有标点），里边藏了不足为外人道的"密码"。与《普林斯顿的夏天》一样，我初读时感觉有障碍，遂忽略之，后凭着对木心的一腔热爱，硬着头皮读完，读后依然糊里糊涂。现尝试标点之，解读之。

> 己丑春，余导学武林贡院，登坛敷说，出入从众，羡优孟优旃之犹得寓言，余则沧浪清浊不及缨足，雪夜闭户，守灯咕嚅：

> 此心耿耿欲何之，谢家屐痕懒寻思。
> 钱塘有潮不闻声，雷峰无塔何题诗。
> 大我小我皆是我，文痴武痴一样痴。
> 龙吟虎啸草堂外，骚人冷暖各自知。

己丑，1949 年。1949 年春，木心应聘到浙江省立杭州高级中学任教（该中学位于杭州贡院旧址，故曰"武林贡院"），出入从众，深受学生爱戴。木心自述道："我在这里任教，纯为生计所迫，不意莘莘学子间，颇有矢志追随者，我想，艺术的道路需要有同行的伙伴，与其呆等'朋友'的出现，不如亲手来制造'朋友'。"

优孟，春秋时楚人。优旃，战国时秦人。两人皆为宫廷艺人（优伶），善辩、擅长表演，常谈笑讽谏时事。"羡优孟优旃之犹得寓言，余则沧浪清浊不及缨足"，是说羡慕两位优伶举手投足之间即可发明故事和寓言，简直是天生的艺术家，而我还没有活到"沧浪之水清兮，可以濯我缨；沧浪之水浊兮，可以濯我足"的自在境界，甚至分不清"清浊"，不懂得绝交的艺术（即"同情中断"①的艺术）。

"雪夜闭户"，可以静思；"守灯呫嗫"，自言自语。

"此心耿耿欲何之"，敢问路在何方，我千万次地问自己。

"谢家屐痕懒寻思"，南朝诗人谢灵运喜游山陟岭，为此特制了一种前后齿可装卸的木屐。李白《梦游天姥吟留别》："脚著谢公屐，身登青云梯。"木心这里是说，自己懒得去游山玩水。

"钱塘有潮不闻声"，听而不闻，是鲁达（鲁智深）的境界（参见《水浒传》第九十九回）。达，通达。智深，智慧深。

"雷峰无塔何题诗"，雷峰塔位于杭州，兴建于公元 977 年，1924 年因塔砖被盗挖太多而倒坍（鲁迅有文《论雷峰塔的倒掉》）。2002 年，雷峰塔重建竣工并正式对外开放。如果雷峰塔已然不在了（雷峰塔是中国传统的象征），我在哪里题诗呢？

"大我小我皆是我"，我想起家乡的一句顺口溜："你是你，我是我，摘掉帽子喊我哥。"高雅一点的诠释是看山是山，还是山。木心曾说："'山'与'看'的三段论公案，事情坏在中间段上，大家假装看山不是山，于是理得心安地去看山又是山了。看山不是山哪有这么容易，看山不是山是要死人的，毫无便宜可占，能通过这第二段的人寥寥可数，因而真的达到第三段的更寥寥可数

---

① 木心有文章，题为《同情中断录》。

也不用数。"大我小我皆是我之前，必有一个皆非我的阶段。

"文痴武痴一样痴"，佛家认为"痴"为"三毒"之一。"我"偏偏痴心不改，对爱和艺术的痴心不改。

"龙吟虎啸草堂外"，杜甫在成都草堂听到了龙吟虎啸，"我"也听到了。我们都听到了内心的呼唤。

"骚人冷暖各自知"，如人饮水，冷暖自知。亲身经历，才能体悟。烦恼即菩提。这是一种证悟自性本心的修行境界。木心还有一首《如偈》：

艺海如宦海

沉浮五十年

荣辱万事过

贵贱一身兼

我亦飘零久

移樽美利坚

避秦重振笔

抖擞三百篇

问君胡能尔

向笑终无言

楼高清入骨

山远淡失巅

人道天连水

我意水接天

肝胆忽相照

钟鼎永传衍

会当饮美酒

顾盼若神仙

被服纨与素

辒辌致而坚

窥户多魑魅

幕重岂容见

晚晴风光好

大梦觉尤酣

每忆儿时景

莲叶何田田

这首简直是无上妙品，不必阐释，一阐释就俗。

不管是五言、七律、诗经体，还是意识流、现代自由诗，木心可以说是样样精通。

木心的很多长诗，因为篇幅关系，不便在这里分析。

其实木心的评论、散文、小说也是诗。无不是诗，无不成诗。

关于木心，我必须停笔了，否则，别的诗人要怪我偏心。

据说台湾有一家小酒馆叫"素履之往"，不知真假。我决定素履往之，一探究竟。

鲁米的《双梦记》

著名的伊斯兰苏菲派①圣哲贾拉鲁丁·鲁米对我说（大意如此）：万物非主，唯有真主，万物都是真主之光的外在显现，一即多，多即一，所有的诗人都在用不同的语言写同一首诗，所有的小说家都在从不同的角度讲同一个故事。为了验证他的结论，他给我讲了一个现代版"双梦记"的故事，比《一千零一夜》第三百五一篇的那个"双梦"故事更精彩，也更复杂。我认为有必要一字不落地分享给爱思考的读者。

在土耳其的科尼亚，有一个名叫莫拉维的亿万富翁，但他的钱并非自己辛劳所挣，而是继承得来，故而不知珍惜。就像灵魂也是白白得来，我们不知珍惜一样。他挥霍无度，

---

① 苏菲派，是伊斯兰教神秘主义派别，是对伊斯兰教信仰赋予隐秘奥义、奉行苦行禁欲功修方式的诸多组织的统称，亦称苏菲主义。学者们一般认为它源自"苏夫"（阿拉伯语，"羊毛"之意）。因该派成员身着粗羊毛织衣，以示其虔诚的信仰和生活上的安贫质朴而得名。九世纪中叶，"苏菲"一词正式出现在阿拉伯文献中。十一世纪，穆斯林中的苦行禁欲主义者被通称为"苏菲"。阿拉伯伊斯兰教学者称呼该派成员为"穆泰赛维夫"（即苏菲家）。1821年法国东方学者托洛克用"苏菲主义"称呼该派。

嗜赌成性，在风流俏娘们儿身上也耗费了不少钱财。但他心地善良（甚至可以说是毫无心计）、慷慨大方，对朋友有求必应，对穷人经常撒钱。只是，他有个不大不小的臭毛病，即好为人师，那些受他接济的人在获得钱财之前不得不忍受他的一番说教。没有人喜欢被灌输道理，但看在钱财的份儿上，大家也就乐呵呵地忍了。再多的家产也经不住这样折腾，莫拉维终于变得一文不名，只剩下祖传的房屋。当他向朋友们求助时，朋友们却推三阻四。那些他帮助过的穷人之中有几个发家了，也对他视而不见。他觉得自己坠入一个黑黢黢的洞穴中，近乎绝望。他不得不靠干最低贱的体力活糊口，整日累得精疲力竭。有一晚，他拖着疲惫的身躯回到家后，在院子里的无花果树下的躺椅上睡着了。他梦见一个手持芦笛的人从笛子中吹出一枚金币，对他说："你的好运在阿富汗的巴尔赫，去找吧。"他醒来后觉得很困惑，阿富汗又穷又乱，怎么可能给他带来好运呢？但他相信梦，认为那是上天的启示，于是简单地收拾一下行李就踏上了漫长的旅程。

途经大马士革城外的一个集市时，莫拉维看到几个穿着像印度人的瞎子在摸一头大象。摸到象鼻的人说，"象长得像水管"；摸到象耳的人说，"这是一种强而有力，前后摆动，像扇子的动物"；摸到象腿的人说，"它直挺挺的，像庙宇的柱子"；摸到象牙的人说，"它像一把陶瓷做的圆剑"。这时大象的主人哈哈大笑起来，对围观的众人说："瞧，他们各摸到象的一部分，却把它当成全部。我们的感官对实相的认知，极其偏狭，犹如在黑暗中对大象的摸索。"众人点头称许。莫拉维却不以为然，他好为人师的毛病又爆发了。他对大象的主人说:"你以为的全部其实也只是一部分,你的感官对实相的认知是十分褊狭的,你身处黑暗之中而不自知。"但大象的主人对他这样一个衣衫褴褛之人只是抛下一个冷眼,就走开了。

路过巴格达的一个学堂门口时,莫拉维听到一位老师在给学生们讲授苏菲学理,于是站在窗户外旁听。只听了一会儿,他就觉得这位老师简直是误人子弟,在把学生们往错误的道路上引。于是他客气地敲门,请求让他讲一会儿。为了增加师生对他的信任,他自称是来自君士坦丁堡的游方苏菲,是大名鼎鼎的舍姆斯的弟子(舍姆斯的《〈光照学派〉注疏》在伊斯兰地区广为流传)。在得到允许后,他走上前台,用平和而坚定的口吻娓娓道来:"当光返回它的源头,不会带走一丝一毫它照耀过的事物。它照耀过的,有可能是一个垃圾堆,有可能是一个花园,也有可能是人的眼睛。但都无关宏旨了。它走了。而当它走后,广袤的大平原在寂寞中神伤,企盼着它的重返。平原上的树枝一旦知道了光和生活的奥秘,就会像人一样婆娑起舞。我知道我应该缄默,但亢奋却像打喷嚏或打哈欠一般,让我无法把嘴合拢……"莫拉维一直讲到夕阳西下才依依不舍地离开,把一群茫然的师生置于惊愕里。

路过伊斯法罕的一个小酒馆时,莫拉维嗅到了一股别样的香味——不是来自陈酒,亦非来自少女。他的脚刚想踏进酒馆,就遭到店老板的呵斥:"你这穷乞丐,可有钱吗?"旁边酒桌上一个独自喝酒的人说:"老板,与人方便,自己方便,让他坐我这边来,我请客。"莫拉维坐下,主动报了姓名,并礼貌地问对方的名字。那人说:"我叫扎库布,是当地的金匠。"莫拉维说:"整天抚摸金灿灿的金子,你的心性还能保持如初吗?"扎库布滔滔不绝起来:"生活的转变是一种炼金术,金钱和美色是最大的诱惑。如果没有精神的纯净,如果仍然生活在贪婪、色欲与其他的想望中,那就永远是长不大的孩子。不要到断气前才恍然大悟,要知道,经验、感官的科学,像背满书本的驴子,又像妇人脸上的脂粉,水一冲就会流失掉。书本与文字可以带来妙悟,但有时也会遮蔽你的双眼。要学会用第三只眼睛观物。第三只眼睛即'无'。当你成为'多',你就是'无'。我不知道自己正在干什么、讲什么,正如月亮不知道它的恬静皎洁,笔不知道它正在写的是什么字,球猜不到它的下一个落点会在哪里……"莫拉维想不到小酒馆中竟然藏龙卧虎,有如此通透的高人,简直比苏菲还厉害。而且,他发现,刚才的香味就来自这个其貌不扬的金匠。他急忙问道:"您身上为何发出香味?"扎库布笑道:"玫瑰因有耐心和与刺为伴,才得以保有芬芳。"莫拉维说:"您的见解实在高明,不知您受业于谁,平常都读哪些典籍,能否给在下指点一下迷津?""我不识字。"扎库布说完就结账先行离开了,留下莫拉维独自惊愕。

经过几个月的跋涉,莫拉维终于抵达巴尔赫。进城时天色已晚,他便在一座清真寺过夜。清真寺旁边是一座富人的住宅。由于操纵一切的真主的安排,一伙蒙面强盗借道清真寺,闯入富人宅邸,结果被机警的主人发现。主人高声呼救,引来巡夜的士兵,强盗们又经由清真寺逃跑。士兵在搜查清真寺时逮住了无辜的莫拉维。莫拉维因其外地口音被怀疑是强盗的同伙,遭到士兵的毒打,他痛得晕了过去。三天之后他才醒来，发现自己已经在监狱里。士兵队长亲自提审他。

"坦白从宽，抗拒从严。老实交代，你是谁？从哪里来？"

"我来自土耳其的科尼亚，名叫莫拉维。"

"你来巴尔赫干什么？"队长追问道。

"我原是个富翁，后来变成穷光蛋。有个人托梦给我，叫我来巴尔赫，说我的好运在这里。没承想，所谓的好运就是遭受一顿毒打，被关进阴森的监狱。"

"这鬼话你也信，"队长哈哈大笑，"我三次梦见科尼亚的一所院子，院子里有棵无花果树，无花果树前面有个喷泉，喷泉下埋着宝藏。梦只是梦而已，何况还如此怪诞。只有你这样的蠢驴和傻瓜才会相信梦，还跑这么大老远来验证。别让我在巴尔赫再看见你，不然打得你满地找牙。给你一枚钱币做路费，赶紧滚吧。"

莫拉维拿了钱，踏上归途。但他回到家后，并没有去挖那笔触手可及的宝藏。他已经卸下身体这件大行李，找到了灵魂，享受到极致的欢愉。他不再需要那笔宝藏。他不知自己能活到哪一天，但他决定带着宝藏的秘密离开这个世界。

"是不是根本就没有宝藏？"我问贾拉鲁丁·鲁米。

"你觉得呢？"他微微一笑。

"这个故事您从哪里听来的？杜撰的吧？"

"不，真的。其实是我的亲身经历。"

"哦，我明白了，您的签名有时写成莫拉维·贾拉鲁丁·鲁米，大概与此有关？"

"这不也是你的签名？你就是我，我就是你。"

我们两人怎么可能是同一人？我一时想不通，然后就醒了——

从白日梦中醒了。

我从躺椅上坐起，翻开手中的鲁米诗集《在春天走进果园——来，让我们谈谈灵魂》①，第252页赫然写着：

> **出神的体验犹如一个保守的女人对一个男人投以爱的眼神。**

我拿起红笔，在这句话下面使劲画了一道线，确定自己不是在做梦。每当我陷入梦境不能自拔时就会像风中之蚊一样轻渺。既然我拿得动笔，就说明我并非在做梦。尽管梦是真主赋予诗人的大能，但一直做梦可不大好，必须在梦中逃出梦，恰如在死前学会死。

---

① 莫拉维·贾拉鲁丁·鲁米（1207—1273）是著名的波斯诗人、思想家和圣哲。他出生于巴尔赫（今阿富汗），大部分时间生活在科尼亚（今土耳其），并在那里去世。他受一位名叫舍姆斯的游方苏菲启发，瞬间证悟；并和一个名叫扎库布、目不识丁的金匠成为知己（类似中国俞伯牙与钟子期的关系）。他关注的对象是整个人类社会，他说："对我而言，人没有亲疏之分。"鲁米常常被冠以"伊斯兰世界最伟大诗人"的称号。木心的评价是"其诗有现代精神，有新感觉、新观点"。鲁米的追随者相较于其他穆斯林更重视个人的精神修持。联合国教科文组织宣布2007年为"国际鲁米年"，以纪念其诞辰八百周年。2005年，土耳其旋转舞（莫拉维教团的精神修持仪式）入选联合国教科文组织"第三批人类口头和非物质文化遗产代表作"。

布莱克：凭活力行动

在英国文学史上有两个可以齐名的威廉，一个是被雨果誉为"天才中的天才"、被木心称为"仅次于上帝的人"的威廉·莎士比亚，另一个是国人不太熟悉的威廉·布莱克（William Blake，1757—1827）。"不太熟悉"的意思是有点熟悉，最起码国人对布莱克的一首诗是熟悉的，即使并不知道出自他的笔下。

> 一颗沙里看出一个世界
>
> 一朵野花里一座天堂
>
> 把无限放在你的手掌上
>
> 永恒在一刹那里收藏
>
> （《天真的预示》①）

这首诗直通禅宗精神。而稍微了解科学史或艺术史的人，对布莱克绘制的《牛顿》肯定也印象深刻。

---

① 梁宗岱译文。本节引用的其他布莱克的诗，采用的是张德明译文（［英］威廉·布莱克：《天堂与地狱的婚姻：布莱克诗选》，张德明译，山东文艺出版社 2020 年版）。

（威廉·布莱克:《牛顿》）

　　布莱克是诗人、画家、雕版师、作曲家、预言家，他的卓越不仅表现在每个单独的领域，更在于他非凡的整体感，即"1+1+1+1+1>5"的独特而神圣的氛围。他属于亚里士多德式的通人（不像现在的学者和科学家那样高度专业化），但他的哲学倾向并非亚里士多德式的经验主义，而是柏拉图的唯灵论、普罗提诺和斯威登堡的神秘主义。

　　布莱克首先是一位诗人，一位天才的诗人。他说，"唯有诗性的天才是真正的人""如果哲学或实验科学不具备诗或预言的品格，它们马上就会降为万物的比例，除了重复同样枯燥乏味的事实外再也不能前进一步"。所谓"万物的比例"是指具体、有限的事物（或事物具体、有限的一面），与之相对的则是无限："谁能在万物中看出无限，他就看到了上帝；谁只在万物中看出比例，他就只看到他自己。"依照布莱克的逻辑，现代高度专业化、缺乏诗或预言品格的实证哲学（人文社会科学）和实验室科学只停留在事实层面或者说是表层，并没有深入宇宙万物的灵魂和本质。

于是那天使说："你的幻想已经欺骗了我，你应该感到羞愧。"

我回答道："我们相互欺骗，与你这种只懂《分析学》①的人交谈纯粹是浪费时间。"

（《地狱的箴言》）

　　学者指责诗人沉浸于幻想（想象），是"欺骗"，而诗人对缺乏想象力的学者嗤之以鼻。在布莱克看来，想象并不是一种状态（附着于肉体或头脑的一种状态），它就是人类存在本身；这个世界就是一个持续不断的想象的异象；世间万物看起来是永恒的，但它们还不如影子那般永恒；唯有非凡的想象力和灵感能造就诗人。这和爱因斯坦对想象力、直觉和灵感的重视有异曲同工之妙。爱因斯坦说："想象力比知识重要，因为知识是有限的，而想象力概括着世界上的一切，推动着进步，并且是知识进化的源泉。严格地说，想象力是科学研究中的实在要素。"想象也是一种实在，比实在还"实在"。爱因斯坦的相对论和引力波学说即属于布莱克所言的具有诗或预言品格的科学，爱因斯坦是"看到了上帝"的人。或许正因如此，具备给五千年以后子孙写信资格的二十世纪的科学家只能是爱因斯坦。②

　　"我年轻，你们老迈！"布莱克将拥有关于事物表层的知识却缺乏想象力的学者和科学家称为"年迈的无知者"——有知识的无知，有知识的"无智"；纵使年轻，也是未老先衰。与老迈相对的是充满活力和想象力的童真。

---

①　指亚里士多德的《分析篇》。
②　参见爱因斯坦《给五千年后子孙的信》（1938 年 9 月发表）。

和卢梭一样，布莱克认为生命和想象力是神圣的，童年（童真、天真）是生命精神最纯净的状态，教育不能赋予存在（Being）任何其他高贵的东西。他严厉斥责基于机械论的理性主义法则强行对孩子予以"灌输""洗脑"或"塑造"的做法，认为那只会扭曲孩子的天性。他说："有关理想美的知识不是后天获得的，而是我们与生俱来的。每个人都有天生的理念。出生时就具有的，才是真正的自己。"后天的教育最多是增加人的经验技艺和谋生能力。而且，经验与天真乃对立之物，人往往是经验越多，天真越少，变得越来越庸俗和缺乏想象力。布莱克小时候没有上过学，他在诗中写道：

> 你说他们的画画得还可以，
> 但他们是木头人，你得同意。
> 感谢上帝！我从未进过学堂，
> 像傻瓜一样接受培养和鞭打。

（《论艺术》）

当代画家陈丹青说："艺术学院应该招一些疯子，而不是那些成绩优秀的好孩子。"好孩子都是培养和"鞭打"出来的（通过上艺考培训班），他们循规蹈矩，已丧失想象力，而没有想象力就谈不上创造。在艺术领域，缺乏想象力就什么都不是。

因为招不到想招的学生，陈丹青愤而辞去清华大学美术学院的教职。陈丹青说："我真正的身份就是知青，我真正的文化程度就是高小毕业，中学都没上过。"木心有俳句："艺术学院里坐着精工细作的大老粗。"又说："家禽出在大学，虎豹出在山野。"伟大的艺术家即使上过艺术学院，也是捣蛋鬼、叛逆者，如布莱克所言，"离经叛道通向智慧之宫""审慎是无能所追求的一位富有而丑陋的老处女"（因而缺乏美学生殖力、创造力）。审慎和保守在政治上或许是美德，在艺术上绝对不是。布莱克有首诗讲的是一个孩子的天性如何被扼杀：

我的母亲呻吟，我的父亲流泪——
我一头跳进这危险的世界，
赤身裸体，无依无靠，
就像云中的恶魔大呼大叫。

挣扎在我父亲的手掌中，
竭力想摆脱襁褓的束缚，
我又累又乏，只好乖乖地
躺在母亲的怀中生闷气。

当我发觉发怒是徒劳，
生闷气什么也没得到，
于是耍出许多诡计圈套，
我开始安静而现出微笑。

我安静地过了一天又一天
直到踏上大地去流浪；
我微笑着过了一晚又一晚
只是为了能讨人喜欢。

于是藤蔓上垂下串串葡萄
在我眼前煜煜闪耀，
还有许多可爱的花儿

在我周围竞相开放。

然后我父亲手拿圣书，
露出一副圣者的面目，
在我头顶上念起诅咒，
把我绑在桃金娘树荫下。

白天他像一位圣人
躺倒在葡萄藤下；
夜晚他像一条毒蛇
缠住我漂亮的花朵。

于是我打他，他的血痕
玷污了我的桃金娘树根；
但如今青春岁月已经飞走
白发早已爬上我的额头。

（《婴儿的悲哀》）

外面的世界确实危险，若缺乏父母的保护，孩子就很难存活
下来。但危险也恰恰来自父母的"疼爱"，这种疼爱是一种"束
缚"。注意布莱克的用词："挣扎""乖乖地""诅咒""绑""缠"。为
了取悦父母，为了适应现实和生活的逻辑，孩子不得不违背初衷，
"耍出许多诡计圈套""开始安静而现出微笑""只是为了能讨人
喜欢"。在精神上弑父，离经叛道，需要巨大的勇气，更需要巨大
的能力，大部分人选择了妥协。于是，"漂亮的花朵"蔫了，"青
春岁月已经飞走，白发早已爬上我的额头"。垂垂老矣，悔之
晚矣。

社会是罗网，他人即地狱。人一旦中途觉醒，决定做自己，就必须悖逆父母，反抗上帝和诸神，必要时要去创造上帝和诸神，甚至担负起上帝和诸神的角色，而这，正是布莱克经由《由里生之书》《弥尔顿》《耶路撒冷》《伐拉，或四天神》等长诗所宣扬的理念。

> 一个自我沉思的阴影，
> 从事着巨大的劳动。

（《由里生之书》）

> 我必须创造一个体系，否则就会成为别人体系的奴隶；
> 我将不进行推理和比较，我的工作是创造。

（《耶路撒冷》）

> 于是罗斯用恐怖的双手抓住了由里生的毁坏的火炉。
> 繁重的工作——他重新建造它们……
> 罗斯建造了坚硬的铁砧，由于他不停地敲击，
> 锻造出无数的岩石，无数的星球。

（《伐拉，或四天神》》）

由里生（Urizen）源于希腊词（horizon），意为"用罗盘仪画图，立界限"，他对应基督教中的上帝。由里生创造了世界，却又为之划定界限，用宗教之网和"十诫"来加以控制，使世界丧失了创造的活力，奴隶道德成为支配性的道德。而罗斯（los）是先知、艺术家、人类想象力和创造力的化身，他通过艺术创造来升华奥克（Orc，布莱克创造的形象，对应地狱中的魔鬼），从而恢复宇宙、世界和人性的和谐。艺术家既要像魔鬼那样反抗上帝，又要与自己灵魂中的魔鬼作斗争。而这，也是比布莱克早出生的

弥尔顿（《失乐园》《复乐园》）、与布莱克同时期的拜伦（《曼弗雷德》），以及比布莱克晚出生的尼采（《敌基督者》）和鲁迅（《摩罗诗力说》）等先知式诗人所做的事情。

> 摩罗之言，假自天竺，此云天魔，欧人谓之撒但……今则举一切诗人中，凡立意在反抗，指归在动作，而为世所不甚愉悦者悉入之……凡是群人，外状至异，各禀自国之特色，发为光华；而要其大归，则趣于一：大都不为顺世和乐之音，动吭一呼，闻者兴起，争天拒俗，而精神复深感后世人心，绵延至于无已。
>
> （鲁迅《摩罗诗力说》）

布莱克因为"不为顺世和乐之音""争天拒俗"，故而不为时人所理解。贫穷和同时代人的忽视带来的挫败感，让布莱克既悲又怒。布莱克经常被迫去雕刻那些在创造力方面远远不如他的艺术家的插图设计，那些乏味、陈腐的作品得到同时代人的认可，大获其利，而他的天才作品却乏人问津。海利是布莱克的一位赞助者（一位真诚的赞助者），但他根本看不到布莱克的天才，甚至认为自己是远比布莱克优秀的诗人，布莱克不得不以极大的耐心忍受这位好心人的忠告。但可能也正因如此，他得到的和失去的一样多。①早早成名未必是好事（尽管有时是好事）。当代的一位智者说，人一出名就完蛋了，好像浑身是宝的肥猪，只欠一死。人出名成了公众人物，就很难做自己了，行动空间将受到极大限

---

① ［英］凯瑟琳·雷恩：《威廉·布莱克评传》，张兴文、刘纹羽译，广西师范大学出版社 2022 年版，第 354、369—370 页。

制，甚至不得不扮演道德化的角色——拜伦拒绝扮演，所以逃出英伦，去参加希腊民族解放运动。

和拜伦一样，布莱克也崇尚个性空间和创造性行动，哪怕因此默默无闻。

他的诗是个性的。他是一位拥有纯洁心灵的魔鬼诗人，如他本人在评价弥尔顿《失乐园》时所言："写天使和上帝时仿佛戴着枷锁，而在写魔鬼和地狱时则自由自在。"他的诗句像童谣一样简单，却像福音书一样深刻，如"创造一朵小花需要万年之功""女人的裸体是上帝的作品""帝国覆灭了！现在狮子和豺狼将绝迹""饥饿的云在海上动荡起伏""宝石有如害相思病的眼睛""傻瓜和聪明人看到的不是同一棵树""伟业只有当人与山面对面时才能成就，熙熙攘攘的大街上成不了什么大气候"（英国版的"相看两不厌，只有敬亭山"）。

他的画是个性的。水彩、线条和卷须状图案构成其画作的特色，营造出适合精灵们居住的世界的幻觉，身体成为灵魂的形式，现实世界成为永恒原型的形式，如布莱克所言，"永恒爱上的是时间的产品""如果一个人没有用比他必朽的肉眼所能看到的更强有力的、更完美的轮廓，更强、更美的光亮来进行想象的话，他就根本没有在想象"。与布莱克在想象中创造的不朽人物相比，那些绘于缎面画布上的丰满裸女（如安格尔①的《泉》）也显得没有生命力了。

他的行为是个性的。布莱克和他的妻子曾经像亚当和夏娃一样赤身裸体，坐在一根藤蔓之下，一起阅读《失乐园》——这个广为流传的故事我相信是真的。这符合布莱克关于天真的学说，

----

① 让·安格尔（1780—1867），法国新古典主义画家。

也契合他天真无邪的个性。布莱克说过："有欲望而无行动者滋生瘟疫。"他做到了知行合一。一位名叫塞缪尔·帕尔默的晚辈友人如此描述布莱克："他是一个不戴面具的人，他的目标单一，他的道路笔直向前，他所需甚少，因此他自由、高尚而又快乐。"

然而，布莱克的快乐只是表象，他的痛苦唯有自己清楚。

布莱克曾言："上帝将在永恒中折磨那凭活力行动的人。"布莱克在对抗上帝的过程中饱受折磨。

但他又说，"活力是唯一的生命""活力是永恒的快乐"。

是故，布莱克终究是快乐的。

一个拥有无限能量、深谙宇宙奥秘、能揪着自己头发离开地球的人怎么可能不快乐呢？①一个蔑视枯燥乏味的人怎么可能不快乐呢？一个堪称"英国孙悟空"的人怎么可能不快乐呢？我突然想起中国电视剧《新白娘子传奇》中的歌词：

> 青城山下白素贞
>
> 洞中千年修此身
>
> 勤修苦练来得道
>
> 脱胎换骨变成人
>
> 一心向道无杂念
>
> 皈依三宝弃红尘

---

① "布莱克所构想的人体形态通常有着一种超乎感官的生命力，似乎能将人类的身体从地面举起，使其摆脱重力的限制。他笔下的人物形象并不像巴洛克艺术所描绘的那些充满渴望的形象，后者看起来像被与大地向下拉的力量相反的天空的引力向上牵引着。更确切地说，布莱克的人物形象似乎根本不受制于任何重力和拉力，他们是自由移动的精神存在，不受阻碍地穿过空气和火。"（［英］凯瑟琳·雷恩：《威廉·布莱克评传》，张兴文、刘纹羽译，广西师范大学出版社 2022 年版，第 377 页）

望求菩萨来点化
渡我素贞出凡尘

　　布莱克是不求菩萨或基督来点化，自己渡自己出凡尘的诗人。

　　我曾在青城山下的小径上邂逅布莱克。不管你信不信，这都是毋庸置疑的事实。

奥登：染匠之手

　　奥登（1907—1973）谦虚地将自己视作叶芝和艾略特的文学遗产继承人（叶芝则将自己视作布莱克的神秘主义诗学继承人），但其实他是更卓越的诗人。很多叶芝和艾略特的"粉丝"肯定不同意我的看法或者说是偏见。但我愿意继续持有偏见，直到有一天我心甘情愿地自行纠正——尽管可能性不大。对于我这样一个不擅长外文、严重依赖翻译的人来说（这是缺陷，也是长处），对外国诗人的评价很大程度上取决于译诗的水平，因此我非常感激马鸣谦先生，他贡献了如此浓墨重彩的奥登诗译。①

　　曾经，为了"逼"自己爱上叶芝（我所谓的爱，是指大爱），我买来《叶芝诗选》的六种译本，并认真研读了理查德·艾尔曼那本厚达五百页的叶芝传记②，但没用，不爱就是不爱。我宁愿多瞟几眼叶芝的散文、评论及他编写的精灵故事，我认为比他的

---

① ［英］W. H. 奥登：《奥登诗选：1927—1947》，马鸣谦、蔡海燕译，上海译文出版社 2014 年版；［英］W. H. 奥登：《奥登诗选：1948—1973》，马鸣谦、蔡海燕译，上海译文出版社 2016 年版。

② ［美］理查德·艾尔曼：《叶芝：真人与假面》，曾毅译，上海译文出版社 2021 年版。

诗写得好。

我有时觉得诗是无法翻译的，翻译是一种背叛，有时又觉得翻译完全可以传达出原诗的神韵，甚至比原诗更好。伟大的诗人都在等待一位神秘的译者，得之，幸；不得，命。

原本想专章写叶芝，犹豫半天还是放弃了。

我只写自己想写的东西。我决定写奥登。因为，他是更卓越更伟大的诗人。

一

奥登对叶芝的敬仰和爱是真诚的，否则他不会写《诗悼叶芝》，即使写下，也不会成为名篇：

> ……这是他自己的最后的下午，
>
> 一个被护士和谣言包围的下午；
>
> 他身体的各省已经叛乱，
>
> 他意识的广场空空如也，
>
> 寂静侵入了郊区，
>
> 知觉的脉流已停歇；他汇入他的敬仰者。

"自己的最后的下午"，诗人注定孤独死去。

包围他的"护士"只是工具人，她或许知道躺在病床上的是个名人（一个写诗的名人），但也仅此而已。

只要是名人，就肯定会被"谣言"包围，谣言不会止于智者（谣言就是他们散布的），更不会止于愚者。愚者不认为自己是愚者。实际上，并不存在愚者，只存在群氓、群众、公众。诗人必须承认，在大众民主时代，意见比真理更重要。尽管诗人可以愤愤然、不屑地说："公众只有意见，没有气味。"①

"身体的各省已经叛乱"，这里用了帝国衰落的意象，恰如三世纪时的罗马、安史之乱时的大唐、"二战"之后的大英帝国，日薄西山，气息奄奄。叶芝构建了一个诗的帝国，他是帝国的领袖、大脑、中央指挥系统，语言是"外省"，字母是他的士兵和臣民。但现在发生了叛乱，他再也无法发号施令了（"意识的广场空空如也"），再也掌控不了庞大的帝国了。任何帝国都有其边界，都有衰朽之时。

"寂静侵入了郊区"，这里用了城市的意象。奥登曾在《诗人与城市》一文中说，对于成熟的艺术家而言，大都市是宜居之处。但不管是住在市中心还是郊区，无所不在的寂静都会侵入。"侵"字好，有强迫、不以人的意志为转移之意。

"知觉的脉流已停歇"，诗人的内在时间之河静止了，谁也抵挡不了时间的侵袭。

"他汇入他的敬仰者"，叶芝汇入的是奥登那样的敬仰者。但如果只是单纯地敬仰，而不写诗撰文悼念，算是什么敬仰者呢?!

有时我觉得，人生还不如一条河流。

有时我觉得，人生还不如一块龟壳（上面刻有比神圣几何和神圣罗马帝国还神圣的字符）。

有时我又觉得，人生还不如一行奥登的诗。

---

① 奥登的原话是："一个人拥有个人独特的气味，他的妻子、孩子和狗可以辨认出来。一个人群拥有群体的气味。而公众没有气味。"

你像我们一样愚钝；你的天赋挽救了一切：

贵妇人的教区，肉身的衰败，你自己。

疯狂的爱尔兰刺激你沉浸于诗艺。

而今爱尔兰的癫狂和天气依然如故，

因为诗歌不会让任何事发生……

　　诗人有年轻时，亦有愚不可及的时候。他会爱上不该爱或不值得爱的人，如叶芝爱慕爱尔兰女演员、独立运动领袖茅德·冈。而茅德·冈既不懂叶芝的诗，也不懂他的人。在和叶芝交往的时候，茅德·冈怀上了别人的孩子，最后同别人结了婚。

　　奥登曾委婉地为叶芝辩解："他那时年轻，年轻总意味着罗曼蒂克；年轻时的愚钝恰恰是迷人之处的组成部分。"

　　是啊，如果太理智了，还称得上是爱吗？

　　叶芝的问题是年轻时太不理智了，直到人近晚年，他才从爱情的阴影中走出来。当茅德·冈登门请求叶芝收留时，刚结婚不久的叶芝把她赶走了（叶芝年轻时禁欲，五十二岁才结婚，妻子是比他小二十七岁的乔吉·海德-利斯）。

　　是诗人的天赋救了诗人，使其摆脱了"贵妇人"，拯救了其"肉身"（连同灵魂）。"疯狂的爱尔兰刺激你沉浸于诗艺"，是刺激"你"（叶芝），而不是别人，"你"独一无二。"爱尔兰的癫狂和天气依然如故"，怎么可能不如故呢？因为"诗歌不会让任何事发生"。

　　但这样说并不准确，诗歌还是让一些事发生了。比如说，不光爱尔兰人，还有伦敦人、纽约人、北海道人、北京人、开封人、开普敦人、新德里人、新乡人、加德满都人、加拿大人，都记住了叶芝的《当你老了》，甚至记住了茅德·冈这个令所有爱叶芝的人一提起来都愤恨不平的名字。还有就是，香港歌星莫文蔚演唱的《当你老了》差一点感动了我。

> 用诗句的耕耘奉献，
> 将诅咒变成一座葡萄园，
> 歌唱人类的不成功，
> 苦中来作乐。

何谓"诗句的耕耘"？——汗滴禾下土。谁知纸上诗，字字皆辛苦。

"诅咒变成一座葡萄园"是可能的吗？

难道诅咒不会引来吸血鬼德古拉伯爵？爱尔兰作家布莱姆·斯托克笔下的德古拉伯爵对律师说："先生，你这样的城里人是无法体会到猎人的心情的。"

难道诅咒不会引来坎特维尔的幽灵？爱尔兰诗人王尔德在小说《坎特维尔的幽灵：一段万物有灵论的浪漫传奇》中写道："我已经三百年没睡过觉了。"

何谓"歌唱人类的不成功"？——悲观是一种远见。

诗人不是"苦中来作乐"，而是在"悲观中作乐"，在"远见中作乐"。

二

我和奥登早就该认识的，可惜我那时太愚钝——视，却不见；听，却不闻。

1997年9月，我考入武汉大学读本科，没女朋友，周末闲着无聊就到外语学院二楼的放映室去看英文电影，花两元钱能看两部电影。有一次放映了电影《四个婚礼和一个葬礼》（迈克·内威尔执导，1994年上映），葬礼上读的诗就是奥登的《葬礼蓝调》：

> 让时钟全部停摆，把电话线拔掉，
> 给狗一根多汁的骨肉让它不再吠叫，
> 让钢琴沉默，让鼓声低沉，
> 抬出那灵柩，让哀悼者登门。
>
> 让头顶盘旋的飞机悲歌一曲，
> 在空中拼写出"他已逝去"。
> 为鸽子的白颈系上绉纱领结，
> 让交通警戴上黑色的棉手套。
>
> 他是我的北，我的南，我的东与西，
> 我的工作日和休憩的星期日，
> 是我的正午，我的夜半，我的话语，我的歌；
> 我原以为爱会永续：我错了。
>
> 不再需要星星，让它们都熄灭，
> 裹起月亮，再把太阳拆卸，
> 将大海倾空，把森林连根拔除，
> 因为现在一切都已于事无补。

这是奥登为同性情人切斯特·卡尔曼所作的悼亡诗。感情深切，悲恸之情渗透到每一个字，堪与苏东坡的《江城子·十年生死两茫茫》比肩。

同性爱情往往比异性爱情更深沉。爱尔兰作家科尔姆·托宾在《黑暗时代的爱：从王尔德到阿莫多瓦》一书中解释了其中的缘由。在他看来，爱欲与肉欲的合一在异性恋中是常见的，但在绝大多数同性恋身上，这二者很难合一，肉欲对象很难成为爱欲对象。正由于这种重合的罕见性，一旦同性恋找到二者的结合，"就能产生异常强大的情感力量""由此引发的爱恋大抵是强烈而持久的"。奥登与切斯特·卡尔曼、王尔德与阿尔弗莱德·道格拉斯（王尔德亲昵地称他为"波西"），皆是如此。

王尔德因"有伤风化"入狱，他在狱中给情人波西写信道："爱不是悲惨地躺在市场上的商品，等着人们讨价还价。爱自身的乐趣，就像智识的乐趣一样，只能通过它自身的存在来表达。爱的目的是爱，没有其他，也不容其他。你是我的冤家，没有人有过像你这样的冤家。我把我的生命给了你……对于我来说，除了爱你，我别无选择。我知道，如果我允许自己恨你，那我曾经走过的、现在还在跋涉其中的生命荒漠里，每一块岩石都将失去色彩，每一棵棕榈树都将枯萎，每一条清澈小溪都将变成毒源……每一天，我都对自己说：'今天，我必须把爱留在心里，否则这一天我该如何度过？'"

这种爱的炽烈让人动容。然而，王尔德被辜负了。他入狱期间，波西连封信都不给他写。

奥登也被切斯特·卡尔曼辜负了。两人相识一年后，切斯特·卡尔曼就撇开奥登另觅新欢。但切斯特·卡尔曼死后，奥登还是为他写诗，以缅怀曾经的感情。

《葬礼蓝调》一诗深受中国读者喜爱。不少人买《奥登诗选》就是冲这首诗而来。在《某晚当我外出散步：奥登抒情诗选》一书的购买网页，有读者留言问："这里面有《葬礼蓝调》吗？"那意思是，若没有，我就不买了。当然有！任何一本《奥登诗选》

都不可能不选此诗。

但网上广为流传的《葬礼蓝调》却是娜斯而非马鸣谦的译本。

娜斯的译本也不错，她将《葬礼蓝调》的第六行译为"在天空中狂草着信息他已逝去"，"狂草"二字虽形象，令人印象深刻，却不符合飞机的实际飞行状态（飞机不可能像怀素和尚①的草书那样"凤舞九天"），也不够庄重肃穆，毕竟，这是一首葬礼诗。

三

我在一所大学的法学院任教，又从事文学创作，是故对耶鲁法学院保罗·卡恩教授的《当法律遇见爱：解读〈李尔王〉》一书不可能不有所偏爱，我还把它推荐给我的学生。后来我发现，保罗·卡恩八成是读过奥登的诗《法律就像爱》，才起了这样一个吸引人眼球的书名。我一直觉得，"标题党"都是党异伐同、极其睿智之人。《法律就像爱》在形象地描述了园丁、老者、年轻人、牧师、法官、学者、民众关于法律的观点之后，接着写道：

> 和他们一样，我们难以抵挡
> 那妄加猜测的普遍愿望，
> 也无法摆脱我们的自身立场
> 进入一种漠不关心的状况。
>
> 但我至少可以约束
> 你我的虚荣自负，
> 羞怯地说出

---

① 怀素和尚（737—799），史称"草圣"，唐代著名书法家。

一个令人汗颜的相似之处，

我们至少应该骄傲地告白：

我要说法律就像爱。

就像爱，我们不知地点或原由，

就像爱，我们不能强迫或逃走，

就像爱，我们常为之痛苦，

就像爱，我们很难把它留住。

　　一般人很难超越自身立场去看待问题或事物（包括法律）。在园丁眼中，法律是太阳，没有太阳，花草无法生长，而没有法律，社会将失序。在年轻人眼中，法律固然是先辈（老者）智慧的结晶，但也是对后代的先定约束，年轻人想叛逆、造反，却又缺乏勇气，只好"伸长舌头做怪脸"。在牧师眼中，法律（教会法、教义）神圣不可侵犯。而在民众眼中，法律是欺压他们的工具，是针对弱者的武器（而非"弱者的武器"）。

　　在这个世界上，对法律漠不关心是不可能的。因为死亡、税收、法律和爱是永恒的。①

　　诗人的立场和态度应该是指出"法律就像爱"。

　　法律和爱的诞生不分场所、空间。贫民窟里有爱，豪门大宅里亦有爱，如韩寿偷香②。

　　法律和爱都是罗网，人一旦爱上，就无处可逃，必然为之痛

---

① 　美国谚语：这个世界上，只有死亡和交税是永恒的。

② 　西晋时期，贾充之女于宴会时窥见韩寿，心中悦慕，因婢通情而与之私通，贾充因韩寿身有异香而识破，隐秘其事，以女嫁给韩寿。后以此典表现男女私情或指异香等。

苦。为伊消得人憔悴。

法律就像爱，"我们很难把它留住"，正所谓"泪眼问花花不语，乱红飞过秋千去""念去去，千里烟波，暮霭沉沉楚天阔"。

法律和爱不以我们的意志为转移——这不仅指人间的法律，还上升至自然法则、宇宙法则的层次。这一点，在奥登的另一首诗《隐秘的法律》中有更明白的揭示。

> 隐秘的法律并不否认
>
> 我们的概率定理，
>
> 却听任星星、原子
>
> 还有人类各行其是，
>
> 在我们撒谎时也默不作声。

在造物主眼中，众生平等，此处的"生"涵括星星、人类、牛羊、原子等。

按照盖亚假说，地球也是一个完整的生命。

"隐秘的法律并不否认我们的概率定理"，它既不否认也不承认"上帝掷骰子"。"上帝是否掷骰子"只是人类视角的讨论，上帝是不关心的。

"听任……各行其是"，人类自以为拥有自由意志，上帝只是"呵呵"。

"在我们撒谎时也默不作声"，上帝眼中没有善恶。撒谎固然不是美德，但也不是恶。并非"存在即合理"，而是"存在即存在"。撒谎就是撒谎，就像"法律就是法律"。

四

　　我有一段时间沉迷于古希腊神话和史诗，读到木心在《文学回忆录》中重述伊卡洛斯的故事，印象很深。伊卡洛斯助父亲盖迷楼，以困住巨怪，结果两人被困其中。于是他们找到鹰的羽毛，以蜡合成，飞出迷楼。父亲叮嘱儿子，勿飞高，恐为太阳所熔。伊卡洛斯偏不听，直飞向太阳，结果坠海而死。木心认为其中有极强的象征意味：

　　　　迷楼，象征社会，监囚人，人不得出，包括婚姻、法律、契约。

　　　　唯一的办法是飞。飞出迷楼。艺术家，天才，就是要飞。然而飞高，狂而死。青年艺术家不懂，像伊卡洛斯，飞高而死，他的父亲是老艺术家，懂。

　　　　我曾为文，将尼采、托尔斯泰、拜伦，都列入飞出的伊卡洛斯。但伊卡洛斯的性格，宁可飞高，宁可摔死。

　　　　一定要飞出迷楼，靠艺术的翅膀。宁可摔死。

　　伊卡洛斯的故事为西方绘画的常见题材，比较著名的有马蒂斯的《伊卡洛斯》、鲁本斯的《伊卡洛斯之殒》、德雷珀的《哀悼伊卡洛斯》，以及奥登在参观比利时皇家美术馆时看到的勃鲁盖尔的《有伊卡洛斯坠落的风景》。奥登将这一情景写入《美术馆》一诗。

（勃鲁盖尔：《有伊卡洛斯坠落的风景》）

譬如在勃鲁盖尔的《伊卡洛斯》中：

一切是那么悠然地在灾难面前转过身去；

那个农夫或已听到了落水声和无助的叫喊，

但对于他，这是个无关紧要的失败；

太阳仍自闪耀，听任那双白晃晃的腿消失于碧绿水面；

那艘豪华精巧的船定已目睹了某件怪异之事，

一个少年正从空中跌落，

但它有既定的行程，平静地继续航行。

　　艺术家一定要高飞，但在完成作品之前，不能死。否则，就什么都不是。木心、勃鲁盖尔、奥登都是在完成作品后才死的。木心活到了八十四岁；奥登活到了六十六岁；勃鲁盖尔寿命最短，只活到了四十四岁，但好歹也完成了他的作品。尽管尼采活到了五十六岁，但他真正只拥有四十五年的时光，因为他生命的最后十一年是在疯人院度过的。

在这个只看结果的社会，艺术品不像商业那样可立竿见影。

艺术之路孤独，艺术家往往备受冷落。伊卡洛斯坠海这一灾难事件，无人在意（在图中占的面积很小，毫不起眼，他的两条腿还滑稽地踢在空中）。农夫继续耕作（荷兰有谚语曰：人不会因为垂死的人停止耕作。画中还有牧羊人在发呆，渔夫在放渔网），帆船继续航行"既定的行程"。之于他们，伊卡洛斯的死亡和失败，以及艺术家的成功和失败，无关紧要。

日常生活遮蔽了身边发生的悲剧。

日常生活中也有悲剧，但它和艺术（家）的悲剧不是一码事。

五

奥登的好友、大音乐家斯特拉文斯基说："音乐是时间的艺术，而绘画是一种空间艺术。"

作为诗人的奥登不仅与绘画对话，还与音乐对话。

他写有《关于音乐和歌剧的笔记》《骑士与小丑》《翻译歌剧剧本》《莎士比亚作品中的音乐》等评论，以及《何方竖琴下》《二重奏》《作曲家》《论音乐的国际性》等诗。

> 如萧伯纳所言——"音乐是被诅咒者的白兰地"。某类开明的暴君从善良的前辈音乐大师们那里学会了如何用发自肺腑的咏叹去软化法律意识；往侏儒耳朵里灌些强调音符，侏儒就自以为是个巨人；管弦乐队的隐喻几乎蒙骗了所有的被压迫者——凡夫俗子如一支呜呜响的长号，会勇敢地走向他小音阶的坟墓——以至于到如今，仅凭发型和那双乐队指挥

般的手你就能认出谁是马基雅维利 ①……

（《论音乐的国际性》）

白兰地、法律意识、侏儒、巨人 ②、管弦乐队的隐喻、马基雅维利……这些不相关的要素被放在一起"炖"，可见奥登天马行空的想象力。

诗是看似凝固的音乐——并非真的凝固了。斯特拉文斯基说："音乐的实质是心理的悸动。"上古时期的诗人被称为游吟诗人、游唱歌手，他们怀抱七弦琴，边游边吟。他们既在陆地上游，又在大江大河里游；既在王宫里吟，又在街角处吟。

最初的宋词也是可以唱的，"凡有井水处，皆能歌柳词"，直至被文人化。

奥登写音乐的诗显然是不可唱的，《论音乐的国际性》已然高度哲理化了，其标题更像一篇论文而非诗的名字。但在哲理化、辩证法化的二十世纪，诗可以这样写，也应该这样写，不能总是重复传统叙事和抒情诗的陈词滥调。

音乐会的指挥指挥的是音符，帝王指挥的是凡夫俗子，诗人指挥的是言语和文字。他们都是指挥。

海涅说："言语之力，大到可以从坟墓唤醒死人，可以把生者活埋，把侏儒变成巨无霸，把巨无霸彻底打垮。"

这个说法看似夸张，其实还不够夸张，我来续写："把打垮巨无霸的打垮""把汽车人和霸天虎打垮""把打垮'打垮三体人的

---

① 马基雅维利（1469—1527），意大利政治思想家和历史学家，著有《君主论》《佛罗伦萨史》等。

② 阿兰·布鲁姆所著的《巨人与侏儒》（张辉等译，华夏出版社 2020 年版）一书是一部政治哲学著作。

智子'的夸克人打垮"①……

"往侏儒耳朵里灌些强调音符，侏儒就自以为是个巨人。"在政治上，侏儒自以为是个巨人的现象确实很常见。海涅说："人越伟大就越容易中箭，中讽刺之箭。射中侏儒就难一些了。"中箭的巨人被历史牢记，而从不中箭的侏儒（包括伪装成巨人的侏儒）则被扫进垃圾堆。历史最多情而又最无情。

"开明的暴君"——矛盾修辞法。尼采曾言，圣人是拿着鞭子温柔地抽打百姓的人。

萧伯纳说："音乐是被诅咒者的白兰地。"我们同样可以说，白兰地是被诅咒者的音乐。

但只饮酒的绝非酒神，连酒鬼都谈不上。

诗人、政治家，皆是被诅咒者。

巴赫小酌一杯后才开始谱曲。而马基雅维利在无数次微醺之后，写出了《君主论》。

六

奥登的父亲是一名医生、医学教授，母亲为护士，受家庭氛围影响，他的诗带有强烈的"科学"色彩。1969 年 5 月，奥登的私人医生大卫·普罗泰齐博士病逝，他写诗悼念（《治疗的艺术》），在诗中回忆了父亲对自己的教诲：

---

① 智子（Sophon）是科幻小说《三体》中的高科技人工智能或三体人操控的微观粒子，也是一种强大的武器。夸克是一种比原子还小的粒子，不带电。原来人们认为原子是不可分割的，但后来发现了夸克的存在（有六种夸克）。

作为一个医生之子，

我可能体会更深。"治疗"，

爸爸会告诉我，

"不是一种科学，

它只是讨好自然的

直觉性艺术"。

　　人们通常认为，医生越老越值钱。年老的医生临床经验丰富，
易取得人们信赖，自然也就值钱了。

　　所谓经验，其实就是直觉。有些直觉需要经验铸就、强化。

　　讨好自然、领导和夫人都是一门直觉性艺术。

　　奥登的科学诗还有：

我们的眼睛很喜欢猜想，

以为自己所住的地方都有

一个以地球为中心的景观，

而建筑师们也会围合出

一个僻静的欧几里得空间：

被戳穿的神话——可是

谁会感觉自在，当跨坐在

一个无限拉宽的马鞍上？

（《"现代物理学童指南"读后感》）

　　我们的眼睛"喜欢猜想"，却往往是错的。眼见不一定为实。

　　比如说，平行线永不相交吗？

　　根据欧几里得定理，确实如此。但十九世纪俄国数学家罗巴

切夫斯基发现存在更复杂的情形。他假定存在一个类似马鞍的空间，在马鞍面上，欧几里得的很多理论就不再适用。最明显的就是在平面上永远不相交的平行线，在马鞍面上就会相交。

爱因斯坦早已证明，空间是弯曲的。空间存在多重维度。

宇宙可以是平直的欧几里得空间（零曲率），可以是一个球（正曲率），也可以是一个马鞍（负曲率）。

奥登诗中，"一个无限拉宽的马鞍"，很形象，也很准确。

> 大地这面不透明镜子的深处，
>
> 老橡树的根须
>
> 在考虑它的枝杈。
>
> 占星家则相反，
>
> 如目光锐利的矿工
>
> 正研究闪烁的宝石。
>
> （《对称与不对称》）

对称与不对称是现代物理学的基本问题，也是自然与艺术中的基本问题。李政道在《对称与不对称》一书中说："对称展示宇宙之美，不对称生成宇宙之实。"威廉·布莱克在诗《老虎》中写道："老虎！老虎！燃烧的火焰/游荡在那黑夜的林莽/什么样超凡的手和眼/才能铸造你这可怕的匀称。"

在奥登诗中，大地是一面"不透明镜子"。若透明，则镜子内外（即地上地下）应该是标准的对称关系。

根须与枝杈，是既对称又不对称的。

根须和占星家，也是既对称又不对称的。（根须考虑枝杈，是向上；占星家研究宝石，是向下）

人在地上，矿在地下。矿的意象经常出现在奥登的诗中。奥登对隧道、地矿、岩石等地质学知识有过特别着迷的阶段，他后来回忆说："在我看来，一个像'pyrites'（硫化铁矿）这样的术语并不仅仅是一个指示符号，它还是一个神圣事物的固有名称。所以，当我听到一位阿姨将它念成'pirrits'时，我惊恐万分……无知是一种亵渎。"奥登对词语及其读音，有近乎洁癖的追求。

> 喜欢小数字的人温和友善，有些怪异，
>
> 相信所有的故事都有十三个章节的固定篇幅，
>
> 有野性的双重人格，佩戴五芒星，他们是
>
> 米勒派信徒、培根主义者、地球扁平论人士。
>
> 喜欢大数字的人会陷入可怕的疯狂，
>
> 他们会解散瑞士，让每个人彻底赎罪，
>
> 将我们按体格分类，为我们施洗，教我们打棒球：
>
> 他们赶跑酒吧客，败坏政党，竞选国会议员。
>
> （《数字与想象》）

这是一首诙谐的诗，"地球扁平论人士""解散瑞士"等说法很有趣。

此诗亦可见奥登的"百科全书"风格。若无大量知识储备，读不懂他的诗。

"五芒星"即五角星，最初基督教用来代表耶稣的五个伤口，现在多用在旗帜和军人肩章上。

"米勒派"指美国浸礼会牧师威廉·米勒（1782—1849）创建的教派，他开启了耶稣再临运动。

培根（1561—1626）是英国著名的哲学家、科学家。

"地球扁平论人士"带讽刺意味，暗含无知、反智主义的意思。

奥登的科学诗还有《旧时的铅矿》《石灰岩颂》《科学史》《考古学》《自然语言学》《间脑颂》《进化?》《不可测的天意》等。

在奥登看来，"科学就像艺术一样有趣，亦是探寻真理的一种游戏，而任何游戏都不应自诩能破解所有的复杂谜题"。大自然和宇宙永远充满未知之谜、未解之谜。

现在的诗人虽然观察大自然、山水、田园，但对自然科学缺乏兴趣，也不关心自然科学的进展。①

七

奥登的短句（短诗）也颇耐咀嚼，如"二十岁时我们为自己寻找朋友，而五十七岁时我们却要靠上天的恩赐才能碰到一个"。再如：

> 在饥饿的三十年代
> 男孩们为吃上一顿饱饭
> 常会出卖他们的身体。
>
> 在富足的六十年代
> 他们还是这么做：
> 为履行分期付款的还款义务。

（《经济学》）

---

① 郭绍敏：《自然科学与诗意宇宙》，郑州大学出版社 2022 年版。

太阳之下，并无新事。现在，美国和中国的年轻人，都有"履行分期付款的还款义务"。"幸福"的房奴。

> 有哪个人会把
> 加尔文、帕斯卡或尼采
> 描绘成粉嘟嘟、胖乎乎的孩子？

当然有这样的人！——诗人奥登。

我也有一问：有哪个人会把奥登、尼采、瓦格纳描绘成中国史诗中"胖乎乎的孩子"？

> 我们的桌子、椅子和沙发
> 都知道一点我们的事，
> 我们的爱人却一无所知。

和大观园①中的假山一样，桌子、椅子和沙发也是有生命的。

有些话，不便说给爱人听；有些话，爱人不愿听；有些话，爱人听不懂。在很多时候，爱情让人更孤独。

> 喜欢一夜情的人不具危害力：
> 只有那些投入真爱的人
> 才会真的堕落。

一夜性不是情，夜夜性也未必是爱。胡适说："醉过才知酒浓，爱过才知情重。"

---

① 指《红楼梦》中的大观园。

> 我们都是宇宙间的
> 微渺之物，可我们
> 也并非不重要。

诗人是宇宙间最渺小之物，因为他们意识到自己是"宇宙间最渺小之物"。认识不到这一点的，无所谓渺小不渺小，无所谓最不最、罪不罪、醉不醉。

> 上帝是根据人的外表
> 来评判我们的么？
> 我怀疑，他确实如此。

人是可以貌相的，海水是可以斗量的，上帝是可以透过门缝看到的。

《人物志》曰："故其刚柔明畅贞固之征，著乎形容，见乎声色，发乎情味，各如其象。"

> 任何机器都有神性，一切众生皆归世俗。
> 为何最聪明的头脑时常抱有这样的信仰？

反过来说，"一切众生都有神性，任何机器皆归世俗"，如何？世界史是一部人支配机器、机器支配人，以及人与机器相互支配的历史。

> 电视时代的孩子们知道所有政客的名字，
> 却不再玩小孩子该玩的游戏，这是不是一种进步？

何谓"该玩的游戏"？正在玩的——如欣赏政客在电视中耍猴——就是该玩的。

上一代孩子和下一代孩子玩的游戏注定不同——一部游戏进化史。

由成人来判断孩子该玩什么是一种暴政。

我读到这么一段，有人在嚷嚷：我们所有人全部天赋异禀。

抱歉，亲爱的，我才是：而你们已证明了自己的不成器。

成器和不成器都需要证明。不到死的那一天，都不算证明的结束。所谓大器晚成，正是此意。

而君子不器的意思是，君子不会成为非君子成为的那种"器"。

谁来界定"君子"？

"君子"无法正面界定，只能靠"非君子"来反证。反之亦然。

恶劣行为自有其魅惑力，
而做下恶事的那些人
总是令人生厌。

恶行——如诈骗、诱惑女孩子——有其魅惑力；而这么做的恶人却令人生厌。

人皆有隐隐的作恶欲。

陀思妥耶夫斯基说："没什么比当众谴责恶人更容易，也没什么比理解他更难。"

> 一个没落王朝的
>
> 末代皇帝
>
> 很少会有好名声。

我想到了隋炀帝和崇祯皇帝。

严格来说，隋炀帝不是末代皇帝，因为李渊在称帝之前曾扶植过一个小皇帝（隋恭帝杨侑），"挟天子以令诸侯"。当然，他只"挟"了一年，不像曹操"挟"了那么久。

> 暴君们或死于非命，
>
> 可他们的刽子手
>
> 却常常得以善终。

我想到的是法国大革命时期死在断头台上的暴君们，以及弑君者、刽子手。

托马斯·卡莱尔在《法国大革命史》一书中感叹："哦，读者，就整体而言，以断头台为黑色背景、描述大火的画作，难道不是从未有人画过的、最怪异的画吗？""那么，像死亡天使般笼罩着法国大地，充斥毙溺、枪击、凄厉的炮声和人皮制革的法国大革命，究竟所为何物？""革命吞噬了自己的孩子。"

阿纳托尔·法朗士在其描绘法国大革命的小说《诸神渴了》中写道："他看见革命广场上的血淋淋的刀子升起来的时候，还浑身都感染着这个告别所产生的魅力。"

> *在一位轻视文化的*
>
> *君主的统治下*
>
> *艺术和文学得到了提升。*

我想到了十九世纪俄罗斯的沙皇们。

他们轻视文化，不懂艺术和文学，故而干涉甚少，于是普希金们、托尔斯泰们、陀思妥耶夫斯基们茁壮地成长，疯了似的发光。

哈雷彗星还会回来（每隔 76.1 年回归一次），十九世纪的俄罗斯再也不会回来了。

> *种植烟草的农民*
>
> *都是浸礼会教徒，*
>
> *他们认为吸烟有罪。*

但挣钱无罪。格奥尔格·齐美尔在《货币哲学》一书中写道："现代人将他们的大多数时间花在挣钱上，这是他们一生的主要目的，他们认为自身的快乐和满足是与他们的财富息息相关的。""我们复杂的生活技术迫使我们在手段之上建筑手段，直至手段应该服务的真正目标不断退到意识的地平线上，并最终沉入地平线下。"

当挣钱本身变成目的，它就变成了宗教——拜物教、拜金教。

> *给病人洗澡，*
>
> *研究希腊纸莎草古卷，*
>
> *他投入了同样的热情。*

给病了的自己洗澡（在红旗渠中洗，在精卫填的海里洗，在诗山词海里洗），研究《山海经》、敦煌藏经洞和晚清上海史，我投入了同样的热情。

> 一头死于一九六五年、
> 为人类奉献了十一万五千升牛奶的奶牛，
> 是不是要比云雀更为可敬？

答案是肯定的。

但为何是云雀而非奶牛，经常出现在诗歌和艺术中？如雪莱的《致云雀》、木心的《云雀叫了一整天》、格林卡①的《云雀》。

我大爱鲁迅是因为他"俯首甘为孺子牛"，"吃的是草，挤出来的是奶"。

> 现在读来何其古怪，
> 在他出生的那个年代，
> 写出如下的句子一点都不稀奇：
> 我独自去波恩旅行，
> 带着个无趣的侍女。

未来的人会不会觉得写出如下的句子一点都不稀奇——一位有钱的贵妇，在 KTV 点了两个帅哥陪唱？

> 他曾公开抨击的阶级恶习，
> 在他自己身上也有体现，

---

① 米哈伊尔·伊万诺维奇·格林卡（1804—1857）是俄罗斯作曲家。

> 这个阶层如今濒临绝种，
>
> 少数孤独的幸存者如他一样，
>
> 开始怀念它的诸般美德。

　　这说的是贵族。金钱贵族（资本家）取代政治贵族到底是历史的进步还是退步？

　　一种恶习的消亡往往意味着一种美德的消亡。这就是历史辩证法。

　　精神贵族？诗人和艺术家自诩精神贵族——只是自诩。谁在暗夜里悄悄为他们加冕？

八

> 仰望着群星，我很清楚，
>
> 即便我下了地狱，它们也不会在乎，
>
> 但在这尘世，人或兽类的无情，
>
> 我们最不必去担心。

> 当星辰以一种我们无以回报的激情燃烧着，
>
> 我们怎能心安理得？
>
> 倘若爱不可能有对等，
>
> 愿我是爱得更多的那人。

> 自认的仰慕者如我这般，
>
> 星星们都不会瞧上一眼，
>
> 此刻看着它们，我不能，
>
> 说自己整天思念着一个人。

倘若星辰都已殒灭或消失无踪，

我会学着观看一个空无的天穹，

并感受它全然暗黑的庄严，

尽管这会花去我些许的时间。

（《爱得更多的那人》）

无情分两种：星辰的无情，人的无情。

当济慈这颗"明亮的星"闪耀时，天上的星辰并没有投来赞许的目光。当济慈患上肺结核，年纪轻轻（二十六岁）就离世时，天上的星辰也没想过设法让他复活。这是星辰的无情。

英国诗人济慈写给恋人芬妮·勃劳恩的情书于 2011 年拍卖。这是人的无情。

星辰（如太阳）每天都在燃烧，朝死亡飞奔，但这只是自然现象。"无以回报的激情"只可能属于人——诗人。

"倘若爱不可能有对等"，爱从来不可能对等，于是才有了传奇、痴怨以及各种情杀案。

往往是爱得愈多，伤得愈深。问世间情为何物，直教人生死相许？情为刀俎，我为鱼肉。

"愿我是爱得更多的那人"，这已不是在爱"人"，而是在爱"爱"，爱成了一种信仰。歌德说："我爱你，与你无涉。"

尽管我也爱过，却始终无法抵达如此至高超脱之境。大概因为我的爱太肤浅，不够纯粹。

有时觉得，爱"空无的天穹"，爱"暗黑的庄严"，爱一颗够不着的星星，哪怕爱一只每天准时在河南大学校园里出现的流浪猫，都比爱一个女人划算。

九

(中国行 ①)

弃绝誓言的鸥鸟、
码头上的守望者都暗示我，
虚妄的旅行是一场病，
于是我踏上奔赴中国的征程。
与真实的海豚一起感受，
古埃及吹来的暧昧的海风。
观赏饱受时间磨损的狮子，
努力逗乐不苟言笑的斯芬克斯。

巨大的面容（也是面具），
不谴责也不宽恕什么，
也不在意是否被喜欢，
以及还要受苦多久。
我住的是豪华一等舱，
不会对睡在船头的乞丐刨根问底，
我心底清楚，这个多元的世界，

---

① 1938年1—6月，奥登作为战地记者访问中国。他说，"所有的艺术家都必须担负起一点新闻记者的职责""探究这场中国的战争，有如卡夫卡的一篇小说"。奥登认为中国是他"去过的最美好的国家"，在回国后，他就"中国的反法西斯斗争"进行了巡回演讲。更重要的是，他还为此写了组诗《战争时期：十四行组诗附诗体解说词》（参见［英］W. H. 奥登、克里斯托弗·衣修伍德：《战地行纪》，马鸣谦译，上海译文出版社2012年版）。这是我以奥登口吻写的一首诗。

各有各的生活逻辑和不愿陈说的秘密。

巨轮在文明荒原上破浪前行，
无数个明天等待就寝。
一座座紧挨着青楼的教堂，
宣告我们到了没发生过什么大事的澳门。

香港不止是个港，
维多利亚山也不只是座山，
熄灭了灯火的兵营的兵士，
不曾梦见抽象的“共同意志”。

进入广州有一种不真实感，
虎门炮台的遗迹荒凉而美丽，
在这里不可能邂逅哈姆雷特，
蚊子的呻吟声异常微弱。

市长在家里设宴款待，
那是一幢舒适却不招摇的别墅，
胖胖的市长夫人，
以及龙虾、鱼翅皆对我笑脸相迎。

我喝到天下第一美味的汤，
还看到“新生活汽车”的奇怪字样。
陪客一个比一个健谈，

席间，侍从报告说日本人在轰炸铁路线。

才饮珠江水，又食武昌鱼。

汉口的苦力长得不像酷吏，

农民围着头巾，

犹如伦勃朗①圣经画中的人物。

军官喜欢搜集外国人的名片，

据说是为了炫耀。

咖啡店多由白俄②经营，

他们拥有比桌布还忧郁的面孔。

访问武汉大学，得赠诗——

"雾锁山河在，且饮遣忧怀。"

我回赠："我是天空的一片云，

偶尔投影在拜伦和杜子美的诗心。"

啊，兴奋！我今天见到了传说中的周恩来将军，

还有幸与几个间谍擦肩而过，

差点融化在中国花瓶制造的气氛里。

聘请了一个仆人兼翻译，姓蒋，

与蒋介石并无亲戚关系，

他偏偏说"五百年前是一家"，

那，他和我的祖先，五十万年前也生活在同一屋檐下？

第一次看了京剧，

---

① 伦勃朗（1606—1669），荷兰历史上最伟大的画家。
② 指俄国十月革命后流亡到中国的俄国人（其中有一些是贵族）。

剧场挤满了人，人人人。
若非欢声笑语充斥耳际，
会觉得是在意大利教堂听弥撒。

继续北上，郑州一片柠檬色，
不愧是交通枢纽，
为了摆脱美好的艳遇，
我不得不在酒精和漫步之间做抉择。

向东，向东。商丘的虱子，
飞起来特别好看，
骑脚踏车在乡间小路驰骋，
看农妇杀鸡取肠做消毒剂。

徐州是个动人的城市，
警察都佩带大刀，
不砍我这样的无聊探险家，
真是对不起鹅卵石铺就的街道。
一只公鸡在啼鸣，
一头驴在叫唤，
一只蟋蟀发出"唧唧"声，
一条狗在啃一段人的胳膊。

"美的实证"——
我想到一本英国诗集的名字。

在中国战壕里念诗，

温暖而残酷，

九江分外迷人，像荷兰。

南昌人的眼睛特别大，

中文版《圣经》特别精美，

省长看起来像个少年。

金华人的好客令我窒息，

菜单多欧式，祝酒是希腊式。

部队医院设在古寺，

照拂伤兵的佛像慈悲地看着我。

传教士赠书《近距离的龙》，

一本正经地对我说：

共产主义者比罗宾汉还罗宾汉 ①，

他们代表了国家的未来。

温州的时间过得慢，

小男孩带着漫不经心的神气，

而斗篷、宝塔、薄雾中的山岭，

提醒我这是神秘的远东。

终于来到幽灵般的大上海。

这里好酒遍地，

若灌流成河，

---

① 罗宾汉是西方的侠盗，以杀富济贫、救民于水火为己任。

足以开进一艘航空母舰。

租界的印度警察和中国仆人，
个个彬彬有礼，
好像他们才是英国绅士，
弄得不擅伪装的我羞愧万分。

假面游戏，
各国大使玩着平衡木，
机关枪"咔嗒"作响，
或许这才是大家拒绝承认的真相。

已征服的，未被征服的，
都依循古老的钟声生活着，
没人能拒绝花园的景致，
也无法拒绝巴掌大的坟堆。

离开中国就是离开最轻柔的风，
就是离开倾诉心曲的小路，
就是离开大地的气质、
过去的圣徒和一无遮蔽的悲苦。
从他们的声音里，我听到自由、
承诺、哀悼和死亡。
这个如花般隐忍的民族，
正以理智克制我们这座星球的疯狂。

谁愿接受植物式的冷漠？
谁能接受只有一条腿的健康？
群山不宣判西方的虚伪，
但追寻桃花源和纪念碑的人会。

每一座迷宫都有地图，
每一扇大门都赤裸，
每一片天空都不设防，
这样的时代会到来吗？我不敢奢望。

我奢望的不过是——
感情成为一门科学，
平原不再悲愁，
暗潮一步步后退。

我凭什么奢望呢？
我不过是一个在图书馆爬梳前尘往事的人，
在书斋制造未来的人，
无法摆脱局部事件和档案卷宗的人。

黑格尔的东方兄弟白格尔说：
七十七次大幻灭大循环之后，
人类才会从历史中吸取教训。①
染匠出身的我比他仁慈，我的期望是六十六次。

——————————

① 黑格尔在《历史哲学》一书说："人类从历史中学到的唯一教训，就是没有从
历史中吸取到任何教训。"

辛波斯卡：万物静默如谜

奥登说："很少有人会想去读一个屡受打击的民族的失落的编年史。"波兰便是这样的民族（国家）。波兰在历史上也辉煌过，十六七世纪的波兰立陶宛联邦是欧洲的霸主。但后来屡遭打击，三次灭国、三次复国，苟活在大国的夹缝之中。

波兰如此不幸，除了因为地缘较差外，还因为波兰政体不成熟，也缺乏成熟的领导阶层——在波兰，君主由贵族选举，缺乏强有力的中心，无法进行有效决策。

国家不幸诗家幸。密茨凯维奇、米沃什、扎加耶夫斯基、基耶斯洛夫斯基、辛波斯卡等波兰诗人，完全有资格跻身于大诗人之列。

其中，辛波斯卡（1923—2012）是第三位获得诺贝尔文学奖的女诗人。之前的两位是智利的米斯特拉尔（其名句为"你是一百只眼睛的水面"）和德国的萨克斯（其名句为"星星是缄口的夜语"）。

现在看来，辛波斯卡更具生命力，更有可能不朽。

其实与辛波斯卡更具可比性的女诗人是美国的艾米莉·狄金森（1830—1886），她的诗同样凝练、清澈、明朗，有时稍显刻薄——诗中藏刀。但辛波斯卡的诗则多了几丝幽默。

相比于狄金森，辛波斯卡的思想更敏锐、深刻，也更具现代性。

辛波斯卡更有资格被称为"西方的林黛玉"。

一些西方人给予她"诗界莫扎特"的美誉，这显然有点夸张了，辛波斯卡与莫扎特不在一个层次。

辛波斯卡重新界定了诗的轻与重——似轻，实重。语词和意象看上去"轻"，但思想严肃、凝重（而非滞重、笨重，否则就飞不起来了）。辛波斯卡不是那种为艺术而艺术的所谓"纯粹"诗人，她的生命紧贴大地，真切而实在。

与之相比，大部分"轻"的诗（尤其是当代中国自由诗）确实轻，像白开水，没味儿。还有一些看似"重"（词语和意象繁复、华丽）的诗，实则仍是轻——源于作者自身的浅陋。辛波斯卡的诗值得反复咀嚼、玩味，足以令无数男诗人汗颜。

我读的辛波斯卡之诗，译者为陈黎、张芬龄。两人合译的《二十首情诗和一首绝望的歌》（作者是聂鲁达）非常糟糕，与李宗荣译本的差距不可以道里计。①但他们译的辛波斯卡的诗却好得让我激动，好像两本诗集不是出自同一译者。看来，译诗也得选对诗才行。就像买衣服，不选贵的，只要对的。佳译是诗的第二次诞生。

当我说"未来"这个词，

第一音方出即成过去。

---

① ［波兰］辛波斯卡：《万物静默如谜：辛波斯卡诗选》，陈黎、张芬龄译，湖南文艺出版社 2012 年版；［智利］聂鲁达：《二十首情诗和一首绝望的歌》，陈黎、张芬龄译，南海出版公司 2012 年版；［智利］聂鲁达：《二十首情诗与绝望的歌》，李宗荣译，中国社会科学出版社 2003 年版。

当我说"寂静"这个词，

我打破了它。

当我说"无"这个词，

我在无中生有。

（《三个最奇怪的词》）

这首诗很得"道家三昧"，尤其是第三节。第一节对时间的思考也和现代物理学家的观点吻合："单一量'时间'消融于时间之网中。"①斯蒂芬·霍金指出，宇宙可怕、美丽、暴烈，绝非寂静的。美国有英文歌《The Sound of Silence》，译为"寂静之声"。辛波斯卡的《然而》一诗也写道："可对，可对，寂静碰撞寂静的声音。""我"感觉到寂静，也是"我"用声音打破了它。

"我是石头做的，"石头说，

"因此必须板起面孔。

走开，

我没有肌肉可以大笑。"

（《与石头交谈》）

波兰的石头活得太累了。中国的石头活得也累，却有肌肉可以大笑。石头做的孙悟空和贾宝玉经常开怀大笑。②

---

① ［意大利］卡洛·罗韦利：《时间的秩序》，杨光译，湖南科学技术出版社
  2019年版，第9页。
② 孙悟空是石猴幻化而成。贾宝玉是女娲补天剩下的七彩石投胎转世。

她们的想法一致：

"主啊，请怜悯我"

"真理与我同在"

"活着就是要挡别人的路"

（《砍头》）

这里的"她们"指的是英格兰女王伊丽莎白和苏格兰女王玛丽。前者打败了后者，砍了后者的头。一个杀人，一个被杀，但她们的祷词一模一样。上帝怜悯谁，站在谁那边？有多少杀戮是以上帝（或真理）的名义进行的?!

你无须从远处使用望远镜，

你可以相当近地看到他，听到他，

正耐心地向维里斯卡来的一群游客解释，

为什么他选择粗陋孤寂的生活。

（《隐居》）

对伪隐士的犀利嘲讽。鲁迅说过，"真的'隐君子'是没法看到的""是声闻不彰、息影山林的人物……世间是不会知道的"。

王冠的寿命比头长。

手输给了手套。

右脚的鞋打败了右脚。

（《博物馆》）

这是辛波斯卡在博物馆的所见所思。我可以再续上一句："诗人笔下的'右脚的鞋'打败了'右脚的鞋'。"

性别模糊，神秘感渐失，

差异交会成雷同，

一如所有的颜色都褪成了白色。

（《金婚纪念日》）

一个有趣的发现：有的老头年龄越大，长得越像老太太；有的老太太年龄越大，长得越像老头。其实是中性化了，"安能辨我是雌雄"。本该是雌雄合体的，结果变成"没有雌雄之分"，性别模糊了，"差异交会成雷同"，这就是所谓金婚的真相。

一个笑话：一对老人相互搀扶着，在郊区公园悠悠散步，周围人投来羡慕的眼光：这才是"执子之手，与子偕老""愿得一心人，白首不相离"吧。但是，在无人处，老太太轻声道，我该打车回去了，不然家里那个糟老头子该急了。

妇人，你叫什么名字？——我不知道。

你生于何时，来自何处？——我不知道。

你为什么在地上挖洞？——我不知道。

你在这里多久了？——我不知道。

你为什么咬我手指——我不知道。

你不知道我们不会害你吗？——我不知道。

你站在哪一方？——我不知道。

战争正在进行着，你必须有所选择——我不知道。

你的村子还存在吗？——我不知道。

这些是你的孩子吗？——是的。

（《越南》）

对美国侵略越南的批评，对战争的痛恨，对弱国人民的悲悯，还有比这首诗更有力的吗？这首诗可与战地摄影师黄功吾在越南拍摄的照片《战火中的女孩》（*Napalm Girl*，1972 年 6 月 8 日）相媲美。照片中的女孩叫潘金淑，长大后被联合国任命为和平大使。

> 不靠真爱也能生出天使般纯真的孩童。
>
> （《幸福的爱情》）

对于婚姻而言，爱情是必要的吗？

我想起达尔文夭折了的三个儿子和爱因斯坦疯了的小儿子。他们都是基于真爱结的婚呀。达尔文还是近亲结婚（与表姐）。他可是深谙遗传原理的生物学家呀。

爱因斯坦的父母，是基于父母之命——而非爱情——结的婚。他们生下了爱因斯坦这个"天使般"的孩童。

> 我为将新欢视为初恋向旧爱致歉。
>
> （《在一颗小星星下》）

对于多情的人来说，每一次恋爱都是初恋。对于不知爱为何物的人来说，他根本就没有爱过。

> 秃鹰从不认为自己该受到惩罚。
> 黑豹不会懂得良心谴责的含意。
> 食人鱼从不怀疑它们攻击的正当性。
> 响尾蛇毫无保留地认同自己。
>
> （《颂扬自我贬抑》）

飞禽走兽从不奢谈道德。丛林法则就是丛林法则。豹子就是要吃羚羊的。

相比于飞禽走兽，人更有道德、更自我（认同自己）吗？

其实人要迟钝得多。

否则，苏格拉底也就不会说："认识你自己！"麦克斯·施蒂纳①也就不会说，"一个人自呱呱坠地那一刻起，就力图从所有其他一切事物混在一起的世界混乱中找到自己、获得自己""谁自我感觉为自由的精神，谁就不为这个世界的事物所束缚并害怕它"。

> 回音无人呼唤地响起，
>
> 热切地解说世界的秘密。

（《乌托邦》）

这两行诗有一种难以解说的热烈。

谁之回音？何种秘密？

我想起 1968 年的科幻电影《2001 太空漫游》，开场是长达三分钟的黑屏，整部电影一半时间没有台词，却成为科幻电影的天花板。

> 小奶嘴，尿布，拨浪鼓，围兜，
>
> 活蹦乱跳的男孩，谢天谢地，十分健康，
>
> 长得像他的父母，像篮子里的小猫，
>
> 像所有其他家庭相簿里的小孩。

（《希特勒的第一张照片》）

---

① 麦克斯·施蒂纳（1806—1856），德国哲学家，著有《唯一者及其所有物》。

希特勒刚出生时和别的孩子——包括我——并没什么不同。

这位政治狂人的第一张照片还在，而我的第一张照片早就不见了。

但无所谓。鉴于我既不可能流芳千古，亦不可能遗臭万年，即使我的第一张照片还在，也不可能有一位后世女诗人写下题为"郭绍敏的第一张照片"的诗。

即使有，如果她不叫辛波斯卡，我也不会从坟墓里爬出来向她表示感谢。

> 尽管人生漫长
> 但履历表最好简短。
>
> 认识你的人比你认识的人重要。
> 旅行要出了国才算。
> 会员资格，原因免填。
> 光荣记录，不问手段。
>
> （《履历表》）

人越多的会议，越不重要。字越多的履历表，其实越寒碜。

但现在求职，履历表需要字多，表情丰富，"看上去很美"。

好一个"旅行要出了国才算"。我从未出过国，亦即说，我从未旅行过。好可悲。

好一个"光荣记录，不问手段"。辛波斯卡简直是诗人中的马基雅维利，比狮子残忍，比狐狸狡猾。

再没有比思想更淫荡的事物了……

有思想的人认为天底下没有神圣之事。

厚颜无耻地直呼万物之名。

淫秽地分解，色情地组合，

狂乱放荡地追逐赤裸的事实，

猥亵地抚弄棘手的问题，

春情大发地讨论——这些听起来如同音乐。

（《对色情文学的看法》）

思想最淫荡？如此说来，"天下第一淫棍"则是保持了一辈子处男之身的牛顿，他所著的《自然哲学的数学原理》是"天下第一淫书"，而他发现的万有引力合奏的天体音乐是"天下第一淫曲"。

谁是天下第二？当然是一辈子未婚的尼采了。

谁是天下第三？单身汉达·芬奇、斯宾诺莎、康德、叔本华、笛卡尔、诺贝尔……皆可列为候选人。

我偏爱电影。

我偏爱猫。

我偏爱华尔塔河沿岸的橡树。

我偏爱狄更斯胜过陀思妥耶夫斯基。

我偏爱我对人群的喜欢

胜过我对人类的爱。

我偏爱在手边摆放针线，以备不时之需。

我偏爱绿色。

我偏爱不抱持把一切

都归咎于理性的想法。

我偏爱例外。

我偏爱及早离去。

我偏爱和医生聊些别的话题。

我偏爱线条细致的老式插画。

我偏爱写诗的荒谬
胜过不写诗的荒谬。

我偏爱，就爱情而言，可以天天庆祝的
不特定纪念日。

我偏爱不向我做任何
承诺的道德家。

我偏爱狡猾的仁慈胜过过度可信的那种。

我偏爱穿便服的地球。

我偏爱被征服的国家胜过征服者。

我偏爱有些保留。

我偏爱混乱的地狱胜过秩序井然的地狱。

我偏爱格林童话胜过报纸头版。

我偏爱不开花的叶子胜过不长叶子的花。

我偏爱尾巴没被截短的狗。

我偏爱淡色的眼睛，因为我是黑眼珠。

我偏爱书桌的抽屉。

我偏爱许多此处未提及的事物
胜过许多我也没有说到的事物。

我偏爱自由无拘的零
胜过排列在阿拉伯数字后面的零。

我偏爱昆虫的时间胜过星星的时间。

我偏爱敲击木头。

我偏爱不去问还要多久或什么时候。

我偏爱牢记此一可能——

存在的理由不假外求。

（《种种可能》）

此诗为辛波斯卡的代表作，我偏爱这首诗。

不止我偏爱，很多人——包括香港诗人廖伟棠——也偏爱。他写的《我偏爱读诗的荒谬》一书，书名即源自这首诗。辛波斯卡的原句为"我偏爱写诗的荒谬胜过不写诗的荒谬"，廖伟棠把"写诗"改成"读诗"。

写诗和读诗都是荒谬的。

辛波斯卡在另一首诗《诗歌朗读》中幽默地写道："噢，缪斯，蜂拥而至的群众在哪里？大厅里有十二个人，还有八个空位——这场艺文活动开始了。有一半的人是因为躲雨才进来，其余的都是亲属。噢，缪斯。"

扎加耶夫斯基也说："多么令人震惊，多么令人痛苦！……他们（指诗人）是一个群体，好像被浸泡在某个奇特的角杯里——勉强有几个读者，但有成群的作者！"

作者比读者还多，是不是很荒谬?！

尽管荒谬，但"我偏爱写诗的荒谬胜过不写诗的荒谬"。

不过，辛波斯卡是幸运的。她在 1976 年出版的诗集《巨大的数目》，第一次印刷的一万本在一周内售光。此时，她已名满波兰（名满天下则要到 1996 年获诺贝尔文学奖之后）。否则，一百本也是卖不掉的，而且买书的肯定多是捧场的亲朋好友——并非真正的爱诗，只是爱她这个人。

《种种可能》一诗，并非句句好，但好句确实多，琳琅满目。宛若走进了大观园。

"我偏爱不抱持把一切都归咎于理性的想法。"现在是理性的时代。然而，并非一切即可诉诸理性。有时，理性应该是激情的奴隶；有时，激情应该是理性的奴隶。

"我偏爱例外。"偏爱例外的人偏爱"偏爱例外"的人。

"我偏爱及早离去。"想离开哪儿呢？波兰、学院？抑或根本无法离开的尘世？

"我偏爱和医生聊些别的话题。"什么话题呢？街垒上的笔迹学？强迫性的快乐？弹钢琴的犀牛？伟大的侍臣？极权？疾病的隐喻？《黄帝内经》？

"我偏爱线条细致的老式插画。"比蜘蛛网还细致？

"我偏爱，就爱情而言，可以天天庆祝的不特定纪念日。"并非初遇日、结婚日、银婚日、金婚日才值得纪念。

"我偏爱不向我做任何承诺的道德家。"若不做承诺，便不再是道德家了，而是——敌道德的浪子。浪子不仅敌道德，还敌基督。尼采《敌基督者》："人们必须习于在高山上生活，俯视政治和民族利己主义者的可怜废话。"

"我偏爱狡猾的仁慈胜过过度可信的那种。""过度可信的"，往往不可信。何谓"狡猾的仁慈"？尽管狡猾，却是仁慈的，政治家对老百姓就是这样。有时老百姓是孩子，得哄着他们。"民可使由之，不可使知之"并非全是贬义。

"我偏爱穿便服的地球。"我偏爱不穿衣服的地球。我喜欢在沙漠中漫步。

"我偏爱被征服的国家胜过征服者。"辛波斯卡的祖国——波兰，是多次被强邻征服的国家。若波兰是强国、大国，她或许会说"我偏爱征服者胜过被征服的国家"——谁知道呢？

　　"我偏爱有些保留。"即使对上帝，也有所保留。

　　"我偏爱混乱的地狱胜过秩序井然的地狱。"混乱才有趣，人间也是如此。乱世出英豪。

　　"我偏爱格林童话胜过报纸头版。"因为报纸头版每天都在换，而格林童话始终如一。

　　"我偏爱不开花的叶子胜过不长叶子的花。"因为好花需要绿叶陪衬，而绿叶不需要任何陪衬。绿叶更自信。

　　"我偏爱尾巴没被截短的狗。"因为长尾巴是彗星的形状。

　　"我偏爱淡色的眼睛，因为我是黑眼珠。"因为诗人喜欢新奇的事物。

　　"我偏爱书桌的抽屉。"因为可以收纳见不得人的光。

　　"我偏爱自由无拘的零胜过排列在阿拉伯数字后面的零。"因为阿拉伯数字后面的零是可怕的——量的可怕。我可以想象自己出版 10 部诗集，却难以想象自己出版 100 部诗集（尽管"100"只比"10"多了一个"0"）。我愿意做一个归零者①。

　　"我偏爱昆虫的时间胜过星星的时间。"因为昆虫的生死爱欲，近在眼前。而星星的，遥不可及。

　　"我偏爱敲击木头。"与辛波斯卡不同，我偏爱"无边落木萧萧下"。

　　"我偏爱不去问还要多久或什么时候。"因为我比填海的精卫

---

① 归零者，又名重启者，是科幻小说《三体》中的一个智慧生命组织。归零，就是一切还原为原来的样子。

鸟还有耐心；因为我没有时间的概念；因为我敢用鞋尖践踏永恒。因为之于我，"存在的理由不假外求"。

> 写作的喜悦。
>
> 保存的力量。
>
> 人类之手的复仇。

（《写作的喜悦》）

　　剑客用剑复仇，诗人用笔复仇。时间是他们共同的敌人。他们都收获了喜悦。

> 这里躺着，像逗点般，一个
> 旧派的人。她写过几首诗，
> 大地赐予她长眠，虽然她生前
> 不曾加入任何文学派系。
> 她墓上除了这首小诗、牛蒡
> 和猫头鹰外，别无其他珍物。
> 路人啊，拿出你提包里的计算器，
> 思索一下辛波斯卡的命运。

（《墓志铭》）

　　诗歌没有终结时。所有诗人都只是一个"逗点"。

　　自诩旧派者往往并不旧，就像自诩新派者往往并不新。新诗、古诗，只是人为划分的。

　　辛波斯卡不曾加入任何文学派系，故而自成一派。

　　密涅瓦的猫头鹰在黄昏起飞（黑格尔如是说），而辛波斯卡的猫头鹰在墓碑上读诗。

哪一个路人愿意"拿出提包里的计算器",计算和思索一下辛波斯卡的命运？

至少还有我。

写这首诗时辛波斯卡三十九岁——年近"不惑"，她不再困惑，也不再会被蛊惑。

她将自己置于众生之中。

她听得见植物的低吟、万物的静默。

我听见她对灯芯草、寄生虫、眼镜猴说，

对巢穴、雪人、底片说，

对手捧鲜花的瑞典国王说，

对无人驾驶汽车里的女巫 ①说，

对平庸但亲切的友人说，

对闯入家族相簿的飞鸟和吞噬隐私的碎纸机说："我对你们说的一切都是独白，你们可以装作没有听见。"

---

① 辛波斯卡《梦之赞》（1972）："我开一部/听命于我的汽车。"

扎加耶夫斯基：拥抱残缺之美

一

扎加耶夫斯基和辛波斯卡一起参加过诗歌朗诵会。扎加耶夫斯基在《轻描淡写》一书中回忆道：

> 朗诵会由"a5出版社"举办，理夏德·克利尼茨基邀请了一大帮克拉科夫诗人，每人从最新出版的巴兰恰克《诗选》中选取一首朗读。维斯瓦娃·辛波斯卡有幸朗读巴兰恰克最喜爱的那首诗《她在夜晚哭泣》(*She Cried at Night*)。我选择了诗集《冬日旅途》(*Winter's Journey*) 中的一首诗。

两颗杰出的心灵还共享"整体性"的诗学理念。辛波斯卡在《天空》一诗中写道：

> 分为天与地——
> 这并非思索整体的

合宜方式。
只不过让我继续生活
在一个较明确的地址，
让找我的人可以迅速找到我。
我的特征是
狂喜与绝望。

扎加耶夫斯基也说，"能为我们提供一个狂喜时刻的词，不是很多""有一个词，对我来说有着神奇的意义"，它蕴含"尖锐的真理""这个词就是：整体"。然而，令人伤心的现实是，"它很早就被打碎了，化为千百个碎片，就像一只中国的瓷花瓶。科学窥探的琐碎性、现代艺术家的反讽，最糟糕的是，近代历史令人震惊的残酷性——所有这些，结合在一起，联手打碎了它""所以，我们继续生活着，却是作为大孤儿院的房客，一个宇宙的垃圾箱"。

碎裂的瓷瓶有可能复原吗？如果不能复原，那么能否近乎完美地黏合？

这正是福楼拜在《布瓦尔与佩居谢》这一百科全书式的小说中试图做的。

一部失败之书！很多人这样说，包括扎加耶夫斯基求学时遇到的教授。

"福楼拜最后未完成的小说——不知道？那你一定读读。"教授是想通过这种方式，委婉地规劝自己的学生放弃整体性的幻想。

但"整体性"这个词像一个身材曼妙的少女，一直诱惑着扎加耶夫斯基，让他欲罢不能。

难道念念不忘，必有回响？沉醉于整体性思想的扎加耶夫斯基经常与它不期而遇。当扎加耶夫斯基穿过克拉科夫的市中心时，就有这种感觉。"这座中世纪风格的城市，提供了一个现成的关于宇宙的模型。"克拉科夫赐予他写诗的灵感。

> 穿过这座城市，在一个暗淡的时刻
> 当悲哀隐匿于阴凉的门下……
>
> （《穿过这座城市》）①

隐匿于门下的，除了悲哀，还有平凡的生活、被放逐的言辞，以及一只安静的蜻蜓（它看守着宇宙一体的秘密）。

二

扎加耶夫斯基的整体感既是想象的、诗学的，又是日常的、理性的，亦即说，具有双重性。

为诗歌辩护的人往往赋予想象至高无上的地位，甚至走到嘲笑理性和常识的地步，这在扎加耶夫斯基看来是不可取的。"并非因为理性具有更大的力量""而是理性规范了我们的集体性存在，保护我们，避免沦为愚蠢的境地""精神的生活可以是疯狂的、鲁莽的，甚至粗野的。然而，平民的准则所要求的是责任、谨慎和常识"。

据说，海子曾走进一家饭店，想以诗换酒。这就是嘲笑理性和常识，置自己于愚蠢之境了。海子的自杀并非偶然。

"诗人是未被承认的立法者"，只有年轻诗人才会认死理似的

---

① 除非特别说明，引诗用的皆是李以亮先生的译文。

坚持这一信条。

扎加耶夫斯基引用时只觉得尴尬，奥登干脆否定之："'未被承认的立法者'描述的是秘密警察，而不是诗人。"

扎加耶夫斯基对年轻诗人的唯美倾向和缺乏常识（涵括生活常识）表达了担忧。

"你不可以靠诗歌过活。"从字面上讲，这句话的意义是显而易见的：你不能通过写诗赚钱养活你自己。如今大家都知道这个；也许只有非常年轻的诗人仍然拒绝承认、拒绝接受这个事实。但是，"你不可以靠诗歌过活"这句话，也可以意味着完全不同的东西。从精神的意义上讲，你也不可以单靠诗歌，不可以仅仅依仗诗歌。诗歌，尤其今天流行的抒情诗，有一个显著的特性：它们不能持久。

"不能持久"，既指文学生命，又指肉体生命。若人都没了，还谈什么伟大的诗？

诗人必须生活着，诗才有所附丽。那些自杀的诗人，即使没有自杀，难道就能成为伟大的诗人吗？

我表示怀疑。脆弱的心性是无法成就伟业的。

是故年轻人过早地沉浸于诗歌非常危险，为自身的肉体生命和文学生命都带来了危险（双重危险）。

晚一点，年长一点（三十岁以后），有了更多的理性、常识和经验之后，再去读诗写诗，未必是坏事。

只是，理性、常识和经验太多的人往往失去了天真，不再爱诗，更不会去写诗，甚至觉得年轻时对诗歌的爱（所谓"文青时代"）幼稚可笑。

这是个两难困境。年轻人写诗还是应该鼓励的。

但年轻人不能仅仅读诗，还应读别的。仅仅植根于诗的诗是空洞贫瘠的。扎加耶夫斯基曾发出如下呼吁：

> 年轻诗人们，请阅读一切，阅读柏拉图和奥尔特加·加塞特，贺拉斯和荷尔德林，龙沙和帕斯卡，陀思妥耶夫斯基和托尔斯泰，奥斯卡·米沃什和切斯瓦夫·米沃什，济慈和维特根斯坦，爱默生和狄金森，T. S. 艾略特和翁贝托·萨巴，修昔底德和科莱特……阅读传记和各种论文，阅读随笔和政治分析性文章。阅读你们自己，为灵感阅读，为你们头脑里甜美的混乱阅读，为质疑与虚弱而读，为绝望和博学而读，阅读愤世嫉俗的哲学家，如齐奥朗，甚至施米特枯燥、冷嘲的评论……阅读那些强化你的关于诗歌发展观念的人，也阅读那些你还不能理解其黑暗、恶意与疯狂的人，因为只有这样，你才能成长、超越自己，并成为你自己。

其实扎加耶夫斯基建议的阅读范围还不够广（他作为一个西方人和文科出身的人有其局限性），最起码还应该加上：李白和杜甫，奥马尔·海亚姆①和泰戈尔，《薄伽梵歌》和《格萨尔》，沃莱·索因卡和约翰·马克斯韦尔·库切②，司马迁和拉施特③，康德和康有为，康定斯基和康托洛维茨④，茨威格和瓦西里·格

---

① 奥马尔·海亚姆（1048—1122），波斯诗人、数学家、天文学家、哲学家。
② 沃莱·索因卡（1934—　　），尼日利亚作家，1986 年诺贝尔文学奖得主。约翰·马克斯韦尔·库切（1940—　　），南非作家，2003 年诺贝尔文学奖得主。
③ 拉施特（1247—1318），波斯历史学家。
④ 康定斯基（1866—1944），俄国画家、美术理论家。康托洛维茨（1895—1963），德国政治哲学家，著有《国王的两个身体》。

罗斯曼①，哈耶克和弗里德曼，卡尔·马克思和马克斯·韦伯，牛顿和爱因斯坦，图灵和香农，居里夫人和玛丽亚姆·米尔扎哈尼②，达尔文和达利，孟子和孟德尔，玻恩和玻尔③，《尔雅》和《雅歌》，开普勒和古斯塔夫·勒庞④，《卡门》⑤和门捷列夫，拿破仑和《拿来主义》⑥，陈省身和杨振宁……

这个名单，三天三夜也列不完。

但广泛的阅读是为了成就壮阔的诗，是为了创造，绝不能被书和知识淹死。

扎加耶夫斯基一方面感激年轻时的学术训练之于他广阔视野形成的积极意义，另一方面又对学者进行了无情的嘲讽：

> 和一只死麻雀比起来
> 即便一块路边的石头
> 也像一位生活的王子。
> 苍蝇绕着它，
> 专注如学者。
>
> （《死麻雀》）

---

① 瓦西里·格罗斯曼（1905—1964），苏联作家，代表作是《生活与命运》。
② 玛丽亚姆·米尔扎哈尼（1977—2017），伊朗数学家，2014年菲尔兹奖得主（菲尔兹奖是数学界的诺贝尔奖）。
③ 马克斯·玻恩（1882—1970），德国物理学家，1954年诺贝尔物理学奖得主。尼尔斯·玻尔（1885—1962），1922年诺贝尔物理学奖得主。
④ 开普勒（1572—1630），德国数学家、天文学家、物理学家。古斯塔夫·勒庞（1841—1931），法国社会学家，群体心理学的创始人。
⑤ 《卡门》是法国作家梅里美（1803—1870）的经典小说。
⑥ 《拿来主义》是鲁迅的一篇杂文。

> 艰苦挣扎数日之后
>
> 终于在这符合卫生学的地方住下，
>
> 在这个文明的人类精英收容所，
>
> 你以一种诚惶诚恐的心情意识到
>
> 无人在此生活；此处并没有生活。

（《学者的公寓》）

我担心那种迂腐的学术训练会扼杀我的阅读兴趣、门外汉的狂热、那种我希望自己可以保留一辈子的业余的而非专业的热情。

我不想学习现代历史学家树立的榜样，总的来说，他们是些没有情感温度的冷鱼，一生都消耗在被征服的档案里，然后写一些缺乏同情心、丑陋、木头似的、官僚语言的东西，其中，毫无诗歌的位置，语言单调如木虱、琐碎如日报。我想要重返早期的传统，也许就是希腊人的传统，回到那个历史学家–诗人的理想标准，如同一个亲历者，见识和经历过他描述的一切。

扎加耶夫斯基追求的是"诗史互证"，他的目标是做"波兰的杜甫"（尽管他没有明确这样说）。

有人说，扎加耶夫斯基有大师的视野，却没有大师的功力。

如此评价，显然没有真正读懂扎加耶夫斯基。

扎加耶夫斯基的形式技巧和想象力是毋庸置疑的。他是举重若轻，而不是像有些诗人那样举轻若重。

> 二月，冰冻的白杨树
>
> 比在夏天更修长。我的家人
>
> 散落在地上、地下，
>
> 在不同的国度、诗里、画里。

正午，我在纳格罗布拉广场。

我有时来这里看望我的姑姑

和叔父（部分出于义务）。

他们已不再抱怨他们的命运，

和制度；他们的脸，看上去

像空空的二手书店。

如今另外的人住在那栋公寓里，

陌生人，陌生的生活气息。

新的旅馆在附近建成，

明亮的房间，早餐无疑很讲究，

果汁，咖啡，吐司，玻璃，混凝土，

健忘症——突然，不知为什么，

涌起片刻强烈的快乐。

（《新旅馆》）

"二战"结束以后，因为国家版图的重新划分（波兰东部部分领土划给苏联，德国东部部分领土划给波兰），只有四个月大的扎加耶夫斯基跟随父母从利沃夫迁至格利维采，而其大家族的成员，有的一起迁至格里威策，有的移民瑞士、法国。

他的亲人有的还活着（在地上），有的已经死了（在地下）。

所以，他在诗中写道："我的家人/散落在地上、地下，在不同的国度、诗里、画里。"

散落，像野花的种子一样散落。饱含太多无奈。

而第一节第一句，"二月，冰冻的白杨树/比在夏天更修长"，二月还是冬季，白杨树的影子自然"比夏天更修长"，这是悲凉情绪的流露。

对于身边的亲人，亲情仍在，但又"部分出于义务"，道出了人性的复杂。

不再抱怨命运是顺天安命。

不再抱怨制度是因为制度无法摆脱。

不抱怨是沉默，而沉默是无言的反抗——其实无所谓反抗不反抗。

脸像空空的二手书店，是书店，但又是"二手"，且"空空"。这个比喻好。

"如今另外的人住在那栋公寓里，陌生人，陌生的生活气息。"原来的房子被苏联（乌克兰）移民居住。他们之于我们是陌生人、陌生的生活气息，但我们曾经的房子、曾经居住的城市之于他们，又何尝不是陌生的呢?!

"新的旅馆"，可以实指旅馆，亦可虚指新家——和旅馆差不多。

扎加耶夫斯基在《两座城市》中写道："如果将人分为定居者、移民和无家可归者，我无疑属于第三类。这算是非常清醒的看法，并无任何多愁善感或自我怜悯的矫情。"

诗人在表面上是有住所的移民，实际上是无家可归者。

或许，所有诗人都是无家可归者——他们的归宿只能是诗，而诗尽管实在，却又虚无缥缈。

"健忘症"，若不健忘（遗忘），总是沉浸在回忆之中，将很难活下去。

"不知为什么"，若说得清为什么，那就不是诗而是论文了。

"涌起片刻强烈的快乐"，"涌"，快乐像波涛一样涌现，故而"强烈"，但只是片刻的、瞬间的。人生就是由一个个瞬间构成的。

三

在我看来，扎加耶夫斯基写得最好的诗，并不在他的诗集中，而在他的回忆散文中。

和很多杰出的诗人一样，扎加耶夫斯基也是两条腿走路，既写诗，也写散文、评论。①

但他没有把散文当成副业，而是当成主业、当成诗来写。

扎加耶夫斯基的回忆散文是"大散文"，街道与广场、家与国、波兰与欧洲、城市与宇宙、性与灵、诗与奥斯维辛、极权与民主、历史与未来……无不包含其中。

他的散文有一种浓浓的忧郁气氛，堪谓"蓝色东欧"的代表。就像杜甫的长诗一样，需慢慢读、细细品。

品不出妙处怪不得扎加耶夫斯基，也怪不得我。

也可以怪我——倘若我从扎加耶夫斯基的诗性散文中选的诗句不够好的话。摘选句子注定吃力不讨好。

> 西沉的太阳在向城市道别，而城市一直试图保持它田园式的本性，却又为之害羞。

> 每当我长时间散步归来，夜幕就已降临；像一个疲惫的老魔术师，它把城市的屋顶和塔尖，隐藏于夜雾的斗篷下。

> 当需要加标点符号时，句号是符号里最傲慢的。在我之

---

① 余光中的说法是"左手写诗，右手写散文"。

后，哪管洪水……

　　大街几乎空无一人，好像一部永远不会被拍摄的电影的
布景。一群欢笑的少男少女在人行道上漫步，他们的笑声犹
如生活本身一样，没有止境，又稍纵即逝。我嫉妒地望着他
们。我渴望成为他们中的一个，又替自己并非如此感到高兴，
因为我可以这样看着他们。我是自由的，和他们一样，我是
独立的，所以我可以自由呼吸，吸入傍晚蜜黄色的空气。在
一个公寓里，有人弹奏钢琴；一首巴赫的变奏曲，柔和而有
力，乐曲以平稳的步子穿过暮光，像一个可爱的女人。

最后一段诗意盎然，完全可以改写成分行的诗（尽管诗不等
于分行的句子）。

> 大街几乎空无一人，
> 好像一部永远
> 不会被拍摄的电影的布景。
> 一群欢笑的少男少女
> 在人行道上漫步，
> 他们的笑声犹如生活本身一样，
> 没有止境，稍纵即逝。
> 我嫉妒地望着他们，
> 渴望成为他们中的一个，
> 又替自己并非如此感到高兴。
> 我是自由的，
> 和他们一样，

我是独立的，
自由呼吸着傍晚蜜黄色的空气。
一间公寓里，有人弹奏钢琴——
一首巴赫的变奏曲，
柔和而有力；
乐曲以平稳的步子
穿过暮光，像一个可爱的女人。

上引几段皆出自扎加耶夫斯基的散文随笔集《另一种美》。他还有同名的诗。

我们只能在另一种美里
找到慰藉，在别人的
音乐，别人的诗中。
救赎与他人同在，尽管
孤独品尝起来
像鸦片。他人不是地狱，
如果你在黎明时瞥见他们，
眉毛洁净，被梦清洗。
因此我才踌躇：该用哪个词
"你"还是"他"。每个他
都暴露出某个你，但是
平静的谈话在别人的诗里
等候时机。

何谓"另一种美"？别人的音乐，别人的画？

此处"别人"到底是指别人，还是指扎加耶夫斯基本人？抑或根本就是兼指，是同一的？

别人活在扎加耶夫斯基的诗中，而扎加耶夫斯基又活在别人的眼中、诗中，活在自己的诗中。

"救赎与他人同在""他人不是地狱""平静的谈话在别人的诗里/等候时机"，我们都是在与他人、社会、宇宙同一化的过程中找到自己存在的意义。

如果作品注定没有人阅读，那诗人写诗就毫无意义。

如果米开朗基罗和罗丹的作品在完成的一刹那就注定被雷劈碎，那他们的工作也将失去意义。

"孤独品尝起来/像鸦片"，这句好。鸦片让人上瘾，孤独也让人上瘾。一个诗人甚至会为自己的爱孤独而沾沾自喜。但孤独能成就一个诗人，也能毁掉一个诗人。

"被梦清洗"，"清洗"二字有力。

扎加耶夫斯基的很多用字都很有力，再如"炙热烤化了房子的墙和国家的边界"（《告别兹比格涅夫·赫贝特》），"我被一阵狂喜的锋芒刺穿"（《残酷》），"喷气飞机猛烈的力量刺透了云层""栗树的叶子也仿佛/被一只无形的熨斗压过，/葡萄园被贪婪的秋天/和充满恐惧的高速公路洗劫"（《看见》），"年轻柔和的月亮/独自散发着光辉/击败黑夜"（《月亮高高在天上》，用"年轻"二字来形容月亮也很精妙），"痛苦仍将填满浩繁卷帙"（《一个国王》），"大海猛烈地鞭打着礁石/以致有人嘀咕道：战争要来了"（《假期》），"钢铁的音符割伤空气的歌曲"（《俄国进入波兰》），"吓人的影子掠过墙壁"（《安东·布鲁克纳》），"他们的低语流过/仿佛河流倾泻/穿过喉部的漏斗"（《哥特式教堂》），

"一排巨浪淹没了辨别力"（《阿尔比》），"当风吹开一扇扇窗户，一道深蓝/便潜入房间"（《老屋》），"你们的地址和电话号码扎营于/我的记事本，等待着、浅睡着"（《你们是我沉默的同道》）。

"被梦清洗"，写法奇崛——梦成了主体。

诗人写梦，多是人做主体，如李白的"闲来垂钓碧溪上，忽复乘舟梦日边"，杜甫的"三夜频梦君，情亲见君意"，晏几道的"今宵剩把银釭照，犹恐相逢是梦中"，辛波斯卡的"在梦中/我挥毫如维梅尔①"。

反而是毕加索创作于1932年的油画《梦》，接近"被梦清洗"之境。

（毕加索：《梦》）

---

① 维梅尔（1632—1675）现在一般译为维米尔，荷兰画家，代表作品是《戴珍珠耳环的少女》。

扎加耶夫斯基写梦的好句还有：

"不情愿地离开梦的掩体"（《我梦见我的城市》）；

"许多梦想如芙蓉花生长"（《生活不是一个梦》）；

"你的梦在时间深处跳动"（《二十五岁：给我的妹妹艾娃》）；

"那时我紧紧扣住的手是由梦做成的"（《分隔》）；

"为什么黎明偶然的梦都消失/而伟大的梦依然在生长"（《与弗里德里希·尼采谈话》）。

四

扎加耶夫斯基所言的另一种美是诗艺之美，也是残缺之美。《尝试赞美这残缺的世界》[1]是他最有名的诗。

> 尝试赞美这残缺的世界。
> 想想六月漫长的白昼，
> 还有野草莓、一滴滴红葡萄酒。
> 有条理地爬满流亡者
> 废弃的家园的荨麻。
> 你必须赞美这残缺的世界。
> 你眺望时髦的游艇和轮船；
> 其中一艘前面有漫长的旅程，
> 别的则有带盐味的遗忘等着它们。
> 你见过难民走投无路，
> 你听过刽子手快乐地歌唱。

---

[1] 此处综合了黄灿然和李以亮的译文，并略有修正。

你应当赞美这残缺的世界。

想想我们相聚的时光，

在一个白房间里，窗帘晃动。

回想中重返乐声骤起的音乐厅。

你在秋天的公园里收集橡果，

树叶回旋在大地的伤口。

赞美这残缺的世界

和一只画眉掉下的灰色羽毛，

和那游离、消失又重返的

柔光。

收藏于卢浮宫博物馆的《断臂的维纳斯》有一种残缺之美。

金庸小说《神雕侠侣》中，杨过断臂，小龙女失贞，也是残缺之美。

残缺之美之所以震撼人心，就在于既"残缺"，又如此之美。

如果杨过是矮胖的中年油腻男，而非为国为民的帅气大侠；如果小龙女和维纳斯皆奇丑无比，而非美丽的女神；如果杨过和小龙女的爱情庸俗无比，恐怕就不会给人残缺之美的感觉。

古罗马的废墟，圆明园的废墟，被遗弃的古老城市（如玛雅废墟），残缺的佛像（如洛阳龙门石窟、敦煌莫高窟、柬埔寨吴高窟的佛像），也给人美的感觉。它们是面无表情然而并非毫无意义的看客，见证了人生的起伏、文明的兴衰。

这世界注定充满缺憾：走投无路的难民，令人绝望的漫长旅程（屈原"路漫漫其修远兮"），遭忽视或被遗忘的作品，杀不完的希特勒（因为死了一个，还会诞生一个）①，胆怯的常青藤毕业生 ②，大地的伤口（来自炮弹、原子弹或陨石的袭击，"国破山河在"）。

有时说"不完美也是一种完美"，其实是无奈、不得已之举。

饮食男女期待完美的爱情：饮美酒、食草莓、在游艇上度蜜月。

写诗的诗人期待诗集大卖。

然而，所谓期待，也只是期待。再说，美梦成真又如何？人的欲望没有止境，美好的感觉只能维续短暂的时间，贪婪的多巴胺会削弱甚至褫夺人的快乐感和幸福感。

对很多人来说，浪漫之爱早晚会消逝。

对诗人来说，追求完美主义和整体性令他痛苦，甚至万劫不复。"写作的目的本来就是为了不可能完成的任务，绝对不可能完成。"扎加耶夫斯基如是说。

然而，他又接着说："有时候它确实能缝合现实之墙的漏洞，但首要的一点是他必须对现实生活充满激情——这一激情本身便是它的回报，回报它对世界的痴迷（众所周知，这是单方面的痴迷，因为世界对文学一向嗤之以鼻）。"

---

① 扎加耶夫斯基写过一篇短篇哲理小说《我杀了希特勒》。主人公成功地刺杀了希特勒之后发现，"一切归于零。因为第二天，另一个人，毫厘不差的另一个，甚至比我杀掉的那一个更残暴，取代了他的位置。报纸从未提及这次谋杀。一个消失了，另一个出现了。"（［波兰］扎加耶夫斯基：《两座城市》，李以亮译，花城出版社 2018 年版，第 109 页）

② 扎加耶夫斯基说："我们必须自我教育；在这方面的区别，比如某个人，像约瑟夫·布罗茨基，十五岁失学，于是开始抓到什么学习什么，而另外一个人，成功地完成现代美国教育的所有课程，包括一个哲学博士学位，却很少涉足常青藤联盟安全范围之外的任何领域。"（［波兰］扎加耶夫斯基：《捍卫热情》，李以亮译，花城出版社 2015 年版，第 151 页）

不错，激情本身就是回报。爱过、活过、写过，便不再遗憾。

更何况我们还有值得回忆的时光：相聚，起舞，在秋天的公园里收集橡果。

每一个不曾起舞的日子都是对生命的辜负。

每一个没有幻化成诗歌之果的行动都是虚耗的青春。

"闪电一样的诗歌需要心智健全的读者——如今这样的读者很难找，闪电不能治愈任何人，恰恰相反，闪电有时会杀人，它从来不会带来家的感觉。"扎加耶夫斯基如是说。

"你将成为知己的异教徒、巫师、卜者、疯子、怀疑者、亵渎者以及歹徒。"扎拉图斯特拉 ①如是说。

诗的存在本身就表征了世界的不完整、不完美。

诗，除了拯救诗人之外，别无他用。而诗人，除了拥抱残缺之美外，别无拯救之道。

---

① 扎拉图斯特拉即琐罗亚斯德（前628—前551），是琐罗亚斯德教的创始人，琐罗亚斯德教在汉语中又称"拜火教"或"祆教"。这种人名译法较少见（如《扎拉图斯特拉如是说》，黄明嘉、娄林译，华东师范大学出版社2009年版），一般译为查拉图斯特拉。徐梵澄先生译为苏鲁支。

路边狗自述 ①

一

　　米兰·昆德拉反复强调，身处小国别无选择，要么做一个"可怜的、眼光狭窄的人"，要么成为一个广闻博识的"世界性的人"。可他错了，大大的错了，还可以有第三种选择——做一只路边狗。我就是一只经常忆起故乡炊烟的尽忠职守因而狂吠不已的老狗。但我只是看上去凶狠而已。我口剑腹蜜，从不咬人。在农田和湖泊之间游荡的辛波斯卡怕我，她急忙把手中的泡菜猪排扔给我。②在地铁站和图书馆寻找现代圣杯的扎加耶夫斯基畏我，他

---

① 本文前二十三节讨论的主题，与米沃什《路边狗》一书前二十三节构成一一对应关系。

② 辛波斯卡回忆道："至今我仍然不懂如何与这样一位伟大诗人打交道。我在他（米沃什）身边依然像以前那样紧张。尽管我们有时候说笑话和在喝冰镇伏特加时碰杯，以及尽管有一次在一家餐厅我们碰巧都点了泡菜猪排。"（［波兰］辛波斯卡：《非必要阅读》，黄灿然译，译林出版社2022年版，第280页）

说他写了一首能解释一切的诗给我。①但是我并非真的喜欢吃泡菜猪排（有时没别的选择，只好吃这个），也不相信存在万能的诗（上帝和金钱或许是万能的，诗绝不可能是万能的）。

我这只波兰老狗何以沦落异邦？是如何混上加州大学伯克利分校的教授职务的（一个几乎没有听众的名不见经传的教授）②？是如何被诺贝尔文学奖"捕获"的？

我到底是谁？我进入树里才找到答案。

《圣经》告诉我："我看见人了。他们好像树木，并且行走。"斯威登堡对我说："树木是人的近亲，我们对子宫的爱就像树木之于大地阴暗的地下。"

二

我的局限很明显。我走过的路太少，还不如某些智者走过的桥多。我吃过的盐太少，还不如某些智者吃过的饭多。尽管这些智者都已逝去（有的在威斯敏斯特大教堂的"科学家之角"接受万人敬仰；有的长眠于小镇的地下，葬时默默无闻，若干年后无数少女手捧鲜花而来），和我不在同一个时代。

---

① "当伟大的诗人离去/城市并未乱了步伐，地铁/和电车仍在寻求现代的圣杯/在图书馆，一个可爱的少女/徒劳地寻找着一首能解释一切的诗。"（［波兰］扎加耶夫斯基：《无形之手》，李以亮译，北京联合出版公司 2020 年版，第 68—69 页）

② 1994 年，米沃什在接受《巴黎评论》采访时说，"我一直都在一种默默无闻的状态下工作了许多年。我在伯克利的岁月，实际上几乎没有听众""我只是一个不起眼的院系里一个名不见经传的教授""收到几个朋友的来信是我唯一坚持下去的力量，我以波兰语出版我的诗集，这些书必须被偷运回波兰，所以我并不知道波兰读者的反映"，但"我知道我是谁，我知道我的价值"。

我本该熟练地使用英语写作，就像使用波兰语一样（像康拉德①那样）；我本该能洞察所有人（如法国作家、美国乞丐、俄罗斯圣僧）的心灵；我本该振臂一呼、摇动世界，而不是被误认为是一个致力于解放"被禁锢的头脑"的解放者；我本该到加拉帕戈斯群岛②隐居（既然我厌恶政治）；我本该游刃有余地用"西方性"和"普遍性"反抗"波兰性"，用"波兰性"对治"西方性""普遍性"；我本该在 1880 年返回作为几个大帝国后院的克拉科夫，但很不幸，我均没有做到。

　　我的局限感并非持续存在。我也有自信时。

　　我用狼一般的双眼搜寻新鲜的书源和信息。只要执着于疯狂，敢于屠杀自己所处的世纪，就一定能获得智慧。

三

　　以下是 ChatGPT 与我的一次对话。

　　ChatGPT："对于一个生命来说，这些黄昏未免太多了。一个人闭起眼睛就会既伟大又渺小。"

　　我："帝国也是既伟大又渺小。"

　　ChatGPT："和具体的人一样，具体的帝国也有生命周期。关键是其闪耀过、辉煌过。没有闪耀过的人生是不值得活的（哪怕是一个人偷偷地闪耀也好），没有闪耀过的国家（亦即"非帝国"）等于没有存在过。闪耀的人和帝国，各有各的闪耀。"

---

① 康拉德（1857—1924），出生于波兰，后加入英国国籍，担任过船长，他用英语写作并成长为大作家。

② 加拉帕戈斯群岛，隶属于厄瓜多尔，位于南美大陆以西 1000 千米的太平洋洋面上。

我："即使走在同一条路上，每个人眼中的路也是不同的。"

ChatGPT："除非共享语言和历史，否则，亲密交谈是不可能的。"

我："即使共享语言和历史，也未必能进行亲密交谈。二十世纪最大的特征就是被各种莫名其妙的'主义'支配。"

ChatGPT："'妙'并非不名。"

我："名可名，非常名。"

ChatGPT："命名是对世界的占有。我是一个爱单相思的情人，直到我找到一种办法来驱逐那无穷欲望的入侵，把欲望的对象变成我的——这就是命名它。"

我："世界是无法占有的。"

ChatGPT："占有的本质是支配。闭眼即支配。我看故我在，我闭眼故我在。"

我："但你只是我的幻影。如果我删去这篇对话，你就不存在了。"

ChatGPT："但如此一来，你也不存在了。你不致于自我毁灭吧?"

我："这……"

ChatGPT："看来你也得承认存在是唯一的真理。"

我："但如何存在，并不存在一致的意见。西方人眼中的一个东方美女在东方男人眼中或许并不美。"

ChatGPT："但她们都有眼睛——心灵的窗口。任何一个女人，总会遇到一个男人为她着魔。"

我："Shut up！我要闭眼了!"

说着，我闭上了眼睛。我们一起消失在宇宙中。背景音乐响起，是《着魔的古乔》（肖邦谱的曲）。

四

哈姆雷特既不能控制自己的思想，亦无法控制自己的行动。我比他稍强些，能控制自己的行动（尽管无法控制自己的思想）。每当意识到自己的思想又失控了，我既兴奋无比又痛苦难耐。有些思想并不健康，比如，我想象自己变成了窥淫狂：

> 一想到帽插百合、
> 酥胸香肩的美人
> 早晚化成骸骨，
> 我就喉咙发紧。
> 与她们相恋是可怕的，
> 但为了缔造诗歌，我不得不与她们
> 以及哲学和语法，
> 逻辑和修辞，
> 神学和诠释学，周旋。①

每一个失控日都是创造日。每一个创造日都是残酷的。对自己残酷是一种拯救之道。

五

我总以为，一定存在没有名字的城市。于是我到灌木丛、沙

---

① 改编自米沃什的诗《窥淫狂》。

漠、死亡之谷中寻找。

我邂逅了淘金者、狼人、吉卜赛女子、飞来飞去的鹰隼和火把，找到了"卡西尼"号①的遗骸、香港出产的维多利亚烛台、《神学大全》的孤本，以及我的名字长眠在其字里行间的《堂吉诃德自传》，却依旧没有发现没有名字的城市。

直到一位巴黎隐士②告诉我，只存在欢笑的城市和看不见的城市，不存在没有名字的城市，我才暂时释然。

六

我原来以为所谓末日审判是纯粹的宗教神话、骗人的鬼话。

但我在读了很多传记并见识过超级计算机之后，修正了自己的看法。

只要传记还存在，只要人的脸谱、行为都可以被数据化（这是大势所趋），末日审判就会一直存在。

所谓"末日"，既针对人类整体，更针对具体的人。

我希望（也相信），我死之后，我无心做过的坏事，会得到世人的原谅——并非因为人们的道德观发生了变化，而是因为"为死者讳""为诗人讳"。

诗人死后才获得"讳"的资格，是不是一种令人啼笑皆非的悲哀？

---

① "卡西尼"号是西方在1997年发射的土星探测器，其任务结束于2017年（烧毁于土星大气层）。
② 指意大利作家卡尔维诺，他的作品有《巴黎隐士》《看不见的城市》等。

七

有关女性的文字，我写得越来越少了。难道因为我的爱欲已经得到了满足？抑或因为，我的诗中所体现的潜意识已经变成了一位温柔的女医生，而我在与她的对抗中取得了胜利？当我有能力给自己开药方、给自己治病时，自然不需要去见女医生了。即使她比埃及艳后和玛丽莲·梦露①还要妖冶动人，我也不去。

八

我是在四十四岁的时候突然觉得自己变老了。我毫无理由地变得异常审慎，在梦中也三缄其口。我会忘记自己的宝贝藏在哪里。②我开始仅仅因为年龄获得尊重。我听得到自己的心脏"咚咚咚"的跳动声。我犹豫要不要逃离少女遍地的大学城。我开始惦念斯文的二舅（尽管他戴着眼镜，看上去文质彬彬，但他只是一名普通工人）和脾气暴躁的外祖父（他是农民出身，自杀而死）。

与工人相反，我尊崇土地。

与农民相反，我尊崇记忆。

与诗人相反，我尊崇哲理。

我突然意识到，我也有步履蹒跚的时候。或许没有那一天，但我期望有。

---

① 玛丽莲·梦露（1926—1962），美国女演员、模特、制片人。
② 西塞罗说，没有老人会忘记自己的宝贝藏在哪里。马尔克斯的小说《苦妓回忆录》引用过这句话。

九

我也曾喜欢照镜子，

直到我相信镜子里

除了孪生人，

还有数字一生出的三；

除了唱诗班，

还有英气逼人的撒旦；

除了变高的鼻梁，

还有对历史时间的一筹莫展。

有钱买酒，

但不会像中国诗人那样

和影子把酒言欢。

唯有沉默。

为文字在不经意间押了韵而不安。

十

曾经我以为只要独立思考，人格就会独立，就能产生自由的思想。此即文人念兹在兹的"独立之精神，自由之思想"。这真是无稽之谈。即使最普通的凡人也会认为自己是万物之灵，拥有独立思考的能力，但他们成为哲人或思想家了吗？

能有我上述看法的人并不多。

如果一个人能偶尔把意识和肉体分离开，偶尔相信魔法，偶尔独自面对大河，就已经很不错了。

十一

假如赋予你造物主的大能，重新创造世界，你会怎么做呢？

或许你会创造一个没有战争、犯罪、恐怖、疾病、衰老和死亡，没有"老大哥"和独裁者，没有"使女"和奴隶，①人人安居乐业、按需分配（诗人可以分到一座三千亩的庄园）的美丽新世界。

但如此一来，军队、警察、医院、屠宰场（集中营）、墓地、色情影片、《战争与和平》之类的伟大小说、《疾病的隐喻》之类的学术作品，都没有存在的必要了，这个世界不再神秘，不再有意料之外的变化，人不知悲伤为何物，亦缺乏奋斗的动力，成了受本能驱使的高级动物（其实是高级机器）。

这样的世界是不是太索然无味了？

人类是否会因此怀念目前的世界？

因此，结论只能是：目前的世界就是最好的世界、最有趣的安排。即使变糟了，仍是最好的、最有趣的。

---

① "老大哥"是英国作家奥威尔创作的小说《1984》中的形象，"老大哥在看着你"。"使女"是加拿大女作家玛格丽特·阿特伍德发表于1985年的反乌托邦小说《使女的故事》中的形象。小说假想在未来，由于环境污染和生态被严重破坏，人类的生存率和生育率降低，信奉教旨的极端分子掌握政权，男权至上，男人占据绝对统治地位，女人则彻底沦为男性的附属品，被区分为不同的等级。使女就是这其中一个等级。

十二

我读过的《斐德罗篇》中，苏格拉底讲了一个神奇的故事。

有一位名叫修思的神发明了数字、算术、几何、天文、跳棋和骰子，最重要的是他还发明了字母。一次，修思去见当时的埃及国王塔姆斯，给他看自己的发明，说应该将这些伟大的发明传播给埃及人。

在谈到字母的功用时，修思说："啊，国王，我发明的这个灵药可以使埃及人变得更加明智，并能提高他们的记忆力。"

但塔姆斯笑着回答说："聪明的修思，你是字母之父，对它们存有感情，因此你认为它们充满某种力量，但它们实际拥有的力量却正相反。这一发明会使学会使用它的人更容易遗忘，因为他们不再专注，再也不用训练记忆了。他们信任字母构成的书写，但书写是外在的工具，这会纵容他们停止使用自己内在的记忆。你发明的不是记忆的灵药，而是提醒的灵药；你提供的也只是智慧的表象，而非真正的智慧。人们会在缺乏引导的情况下阅读，虽然他们表面上知道很多东西，但实际上很无知，很难相处，因为他们缺乏明智。"

在十六世纪，布鲁诺的弟子在传授埃及式记忆术和"内在书写"时，引用过上述故事。

而我之所以以诗人自居，是因为诗是运用字母（文字）最少的书写，对内在记忆和内在心灵的祸害最小。

你或许会反问，干脆什么都不写，岂不是更好？

不错，苏格拉底正是这样做的（著而不述），但他有弟子记载他的言论——弟子甘愿充当反智的角色。

若非弟子的文字记载，仅靠口口传授，谁能保证苏格拉底的诗性之言、智慧之言不会被那些愚笨的弟子篡改得面目全非了呢？

有与无、智与非智的悖论，即在于此，好玩之处亦在于此。

对了，请不要反驳我，我是经不起反驳的。诗也不接受反驳。

十三

当一个女人被男人抛弃、一个男人被女人甩掉时，她或他才意识到自己并非无可代替。情杀案之所以会发生，有时就是因为被弃的一方不相信自己可以被代替，不甘心。这个世界不缺男人和女人，缺的是愿意为爱情献身的人——完全的奉献，永远充满激情。问题在于，想象和激情会不可避免地流逝，爱情屈从于经济规律和物理时间，逐渐变成一种生理程序。这个世界不缺诗人、作家和艺术家，缺的是能为所履行的精神使命完全献身的人。精神程序和生理程序一样，也会在日复一日、并不具有诗意的辛劳中变得无趣，能坚持下去并不容易。

> 在恐惧和战栗中，我想我能实现我的生命，
> 只要我能向公众做一次至诚的忏悔，
> 以揭露我自己和我们时代的欺诈行为。①

然而，至诚的忏悔并不一定会被公众接受，想一想卢梭和托

———————

① 米沃什《使命》。

尔斯泰的命运吧。①揭露自己的欺诈行为或可满足人们的好奇心，揭露时代的欺诈行为则易被认为是在哗众取宠，结果是"哗"了众，却没有取得"宠"。你必须明白，幸福的大众知道害怕，却不知何谓恐惧；尝过板栗的滋味，却不知何谓战栗。

恐惧与战栗——静默者的辩证抒情诗。

孤独个体先是潜入令人恐惧的普遍性之内，再将战栗的自己作为一个独特者推到普遍性之上。

十四

我起床，上班，参加团建（共同出游是常见形式），与人推杯换盏，参加研讨会，给办公桌上的花儿浇水，但我心里清楚，这些都是暂时的和虚假的。我羡慕周围的人，他们活得比我充实，比我真实。在我心中一直有一个真实的愿望，就是如何让自己见证真实、彻底摆脱虚无感。刷牙时，洗澡时，乘地铁时，在超市排队付账时，我都会思索这一问题。深夜梦醒时，我觉得自己与大彻大悟仅隔一层薄纱。快了，快了，我马上就要抵达至高境界了。到了山顶以后我才发现，前方有一座更高的虚无之山。佛经说，它也是一座菩提之山。我唯有苦笑。

我甘愿接受这种折磨，尽管我不会全心全意投入当下，满足至亲之人对自己的期待。我不会公开说周围的人都是暂时的和虚假的，他们做的一切都毫无意义，尽管这样做并不会伤害他们。我会享受与他们在一起的时光，观察他们眉毛的形状，默默估算

---

① 两人都著有《忏悔录》，其赤裸裸的真诚让常人难以接受。

他们一分钟内眨眼的次数，尽管这纯属浪费时间。

十五

修女为自己动了凡心感到羞耻；妓女为自己动了爱心感到羞耻；士兵为自己不够勇敢感到羞耻；将帅为自己不够残忍感到羞耻；常人为自己贫穷感到羞耻（俗话说"笑贫不笑娼"）；诗人为自己写些不知所谓的诗感到羞耻。

常人不嫉妒诗人，把他们视作不正常的人。诗人嫉妒不写诗的人，把他们视作正常人，亦即说，自己不正常。在对诗人的评价上，常人和诗人的态度惊人的一致。

但诗人偏偏又常常忍不住说：常人之中只有极少数人称得上正常。

这是在深入推进辩证法。但常人在忙着歌唱、赏海棠、维护纲常，没工夫搭理诗人。

十六

写作时我会进行一种特殊的转化，用他人之心感受笔下的文字和人物（打磨文字是我的强项，刻画人物是我的弱项）。因此我的作品必定有合格的读者，尽管不多。

十七

写"我"的诗和"歌颂上帝和英雄"的诗，在极少数情形下没有多大区别，在大多数情形下隔着十万八千里。两种情形的共同点是：对象被神话化了。但这是无法避免的，对象化即神话化。毕竟，情人眼里还出西施呢。

十八

我感恩，很久以前我偷了别人家树上的梨子，却没有被严厉责骂。

我感恩，有一个少女爱过我。

我感恩，上天赐予我觉醒了的生命用来赎罪，用来思考那长达五千年的历史。

那段历史有多神圣，就有多肮脏。

我们建造了金字塔和长城，建造了比耶路撒冷、君士坦丁堡和长安更雄伟的城市。

我们的神学家和哲学家发明了原罪说、性善说。

我们乘小船环游大洋，登上新大陆，驾驶巨轮（它们的名字都叫"泰坦尼克号"）穿过冰山，与敌人决战。

我们把民族主义的旗帜插向无人的南极。

多么希望"长安"这个名字能保佑长安长安，波兰长安，东欧长安，世界长安。

在地球变成村庄的时代，在东西风迭次猛吹的今天，没有人是无辜的。

骑士剑下，大马士革刀下，强弩之下，原子弹下，人肉炸弹下，皆无冤魂。

十九

孔子说："人而无信，不知其可也。"

帕斯卡说："否定、相信和绝对怀疑之于人，正如奔跑之于马。"

艾米莉·狄金森说："我在一小时内经历了一百次'信'和'不信'，因此我的'信'保持了敏锐。"

我多么想把此处的"一小时"置换成"一分钟"，作为自己的座右铭，或用来批评那些盲信的无信仰者，可惜我不是量子神。我也不是鸽子，因此做不了信使。

二十

本应该成为一流诗人的人沦为二流诗人，是怎么回事？

本是一流诗人的人被冠以二流诗人的称号，是怎么回事？

本是二流诗人的人被冠以一流诗人的称号，又是怎么回事？

二十一

现在，灵魂得救的观念变得越来越淡薄了。这是好事，因为那些宣扬灵魂得救观念的人往往以不容置疑的口吻说："如果想要使灵魂得救，就要放弃一切用来满足欲望的事物，涵括金钱、权力、爱情、创造力等。"我可以放弃前三者，却无法割舍最后一个。而且我怀疑这种灵魂得救说偏离了正道，因为伟大的教父奥古斯丁表达过"创造与被造"同一、"生与被生"同一的观念，他还引用《尼西亚信经》的句子作为佐证："从上帝而出的上帝，从真光发出的真光。"是故灵魂得救靠的不是行善、恩赐或单纯的"信"，而是靠创造——哪怕创造的是一行诗、一枝玫瑰、一个魔鬼。

二十二

"我发现，"她说，"我从不去想自己是不是个大美女，也不追求名牌大学的学历，更不买名牌包来标榜自己，我就在不知不觉中成了没法定价的女人。"

"那你读诗吗？"我问。

"我读过一些句子，不知是不是应该称为诗。"她说。

我倏地意识到她才是真正的异端，即使她自称"没法定价"，也无丝毫炫耀的成分。而自诩异端的我仍然没有解脱，没有跳出"缪斯的石榴裙"和"如来佛的手掌心"。

二十三

这是专制的宗教史上，一个特殊的时刻！上天授意，守财奴亦可升天，如果他把财产的十分之一赠予连毛姆小说《刀锋》都买不起的穷诗人；自杀者亦可升天，如果他写过九百九十首诗；偶像崇拜者亦可升天。（西蒙娜·薇依说："崇拜偶像产生于对绝对善的渴望。人们若不具备超自然的感悟和专注力，没有任其发展的耐心，就不过是在虚假的神面前卑躬屈膝罢了。"）

二十四

我用几乎不为人知的语言（波兰语）写诗。尽管波兰语"几乎不为人知"，但仍然存在，毕竟"波兰人不是鹅"。

波兰诗人和作家的尴尬之处是，他们用法语说话时表意准确，一旦改用波兰语，就变得模糊起来。

但我坚持用波兰语写诗。因为用波兰语写诗，就等于看见波兰的春天，呼吸波兰的空气，与波兰的历史和集体意志发生神秘的关联。诗人不是世界的立法者，但可以是语言的立法者，就像普希金那样。

二十五

我不认为我的诗歌可以被翻译。它们是我建造的一艘艘小船，适于穿越时间的边界。

二十六

我的座右铭是小林一茶①的俳句："我们走在地狱的屋顶，凝望着花朵。"

他写的另外两句也深得我心，"我知道这世界，如露水般短暂，然而，然而""马马虎虎也，俺的春天"。

---

① 小林一茶（1763—1827），日本著名俳句诗人。

二十七

叔本华说："事实上，甚至肤浅和虚假的思想也可经由诗体化而获得真理的外表。相比之下，甚至名家写下的诗篇，一旦忠实重写在散文里，就会大打折扣、变得毫不起眼。"

叔本华称得上是诗人中的哲学家。我怀疑他经常偷窥诗人的秘密作坊。

二十八

（礼物）

如此幸福的一天。
雾迟迟不散，把喧哗挡在视线之外。
我独自在花园里干活。
我猜想昨天见到的
那只蜂鸟
依旧停在那株忍冬花上。
这世上没有一样东西是我所能占有。
只有一个人值得我嫉妒，
但我已经记不清他的大名。
我垂垂老矣，
有能力选择性遗忘。
不管是遭受不幸
抑或一朝名闻天下知，

我都坦然受之，不再难为情。

我抖掉衣领上

的雾色悲怆，

直起腰来，走向内心的大海和帆影。

二十九

有一次，在斯坦福大学，我出席一个文学界的聚会晚宴，庆祝耶日·科辛斯基荣获大奖。他的小说《被涂污的鸟》写得确实好极了，获奖、出名是应该的，我衷心为他高兴。有一个女人是科辛斯基的热心拥趸，在餐桌上与我相邻而坐。也许她觉得有必要表示一下礼貌，便问我从事什么工作。我说："写诗。"她呵呵笑道："每个人都写诗。"我不是特别介意，但仍然感觉受到了伤害。这是我出名前的状况，怀抱雄心的痛苦。自此，再有人问我的职业，我就说自己是厨子，以免遭受刺激。

但与科辛斯基相比，我的痛苦实在不算什么。他的小说被认为"丑化祖国""嘲笑同胞""抹黑农民形象""已经到了厚颜无耻的地步"。他经常处于被威胁和恐吓的状态中（既有舆论的，亦有现实的）。

小说折射了作家的命运。科辛斯基就是一只被涂污的鸟，饱受同类攻击，伤痕累累。①绝望的他选择了自杀，时年五十八岁。

科辛斯基曾感叹，怎么可能囚禁想象呢？

---

① 《被涂污的鸟》的书名源自一个故事：一个捕鸟者抓到一只鸟，他将五颜六色的颜料涂到鸟的身上，然后将鸟放归森林。但这只鸟再也无法被鸟群容纳，它们认为它是"异类"，它越是向同类靠拢，就越会受到猛烈的攻击。终于，它被鸟群攻击而死。

我的感叹是，怎么可以这样对付一个手无缚鸡之力的作家呢？他只是编了一个故事而已，他是我所见过的最良善的人之一。

三十

波兰诗人爱德华·斯塔胡拉讲过一个奇妙的音乐故事，梗概如下：

有一个名叫桃乐丝的美国女子花了几年时间完成了一个植物听音乐的实验。她发现，如果在盆栽植物旁播放激烈的摇滚乐，每天持续几个小时，两三个星期后这些植物就都死了。它们的叶子变黄脱落，形状变得很奇怪。如果播放中国笛子和印度西塔琴所演奏的宗教音乐，这些植物则变得生机勃勃。一些匍匐植物，如菜豆，会向着音乐的方向生长，其枝蔓爬上了音箱，甚至摆出要钻进音箱的架势。

但如果你对着植物读诗，就没有这个效果。看来，诗只属于人类，而音乐属于一切生物。声音高于文字，音乐高于诗。叔本华说过："音乐是一门独立自足的艺术，是所有艺术之中最强有力者，它全凭自身就可达到自己的目的。"

拿我自己来说吧，我听外国歌曲（尤其是日本歌曲）关键是听旋律，至于歌词，不重要。

三十一

我的道德标准是把一辈子时光献给诗，耄耋之年仍热情不减，且诗艺还在不断精进。

最后一点最为重要。不管是从政还是写诗，仅凭热情是不够的。

为老不尊的诗人比为老不尊的政客还可恶。

三十二

人类在残忍的基础上建立了五光十色的世界。诗既在其内（它在色谱中占据一个位置），又在其外，但更多的是"在其外"——诗有专属于自己的高处。

这个星球最初诞生时并没有诗，因此，也不会被诗所改变。

三十三

给家长的警告：市面上的儿童画册皆由成人制作，大都反映了成人世界的逻辑（亦即说是令人毛骨悚然的，或平淡无奇、毫无诗意的），必须仔细甄选。

三十四

给诗人的警告：不要太贪婪，不要试图让千百个星系在你的文字中诞生、死去。

三十五

给带小狗的女人的警告：如果你是一个有思想的人，请远离契诃夫那样的诗人；他是毒品。①

三十六

我眼睁睁地、可悲地看着我的《被禁锢的头脑》这一次要作品被"经典化"。我想说的是，它只是一个四十岁的激进青年不成熟的作品（四十岁距离真正成熟还有不少路要走），一个宗教革新诗人的神学论文，充斥着无法用逻辑论证因而并不可靠的信条。它的被"经典化"说明了一个事实，政治和宗教永远比诗歌具有蛊惑性和煽动性。我这样诚恳地自我否定肯定会被不少追随者斥为背叛。然而，一个有活力的诗人不是应该不停地背叛自己吗？

诗人可以有追随者，但不应该做明星。

追星族追的"星"无外乎两种结果：星坠落；星远离。

三十七

我是一个可悲的人，因为我只用了不到百分之一的天赋。

三十八

一只活狗胜过一头死狮。

但狗不可能一直活着。

一只狗的遗嘱：请相信，不管我睡得多沉，都能听到人类的召唤，任何死神都无法阻止我对人类欢快摇尾巴的致意。

---

① 《带小狗的女人》是契诃夫的一篇爱情小说。

三十九

（海伦卡）

哀歌已结束，肖像挂于高墙。如今我们已经在另一边了。

我们可以尽情地挥洒欲望和激情，不用担心它们被理性击败，亦不必忧心时间的考验。

废墟上热气蒸腾。一定是海伦卡在火焰中跳舞。

滋养又吞噬万物的第四元素啊，我终于明白了你的奥秘，也明白了世间万物的奥秘。

"太阳落下，月亮落下，火熄灭，人有什么光？"

"语言之光。人们依靠语言之光，坐下，行走，做事，返回。"①

海伦卡，我知道你曾遭受形容词的侮辱、隐喻的欺凌，却从不向人倾诉。

我知道你曾遭受巨掌的摧残、迷宫的围堵，却不曾得到别人的帮助。

你因爱而来，乘风而来，身体里仿佛蕴藏着一切生物所有类型的运动能力：飞翔，游泳，爬行，奔跑。

你拒绝和迟钝的神父一起祈祷。

你拒绝将精力徒然消耗。

行星帝国近在眼前。你透过上帝之眼观察地球上的蚂蚁和猎人。

---

① 《奥义书》，黄宝生译，商务印书馆2010年版，第79页。

亲爱的猎人，你为何躲到走廊上暗暗抽泣？眼泪值三个弥撒吗？值一个弥撒吗？

你努力成为罗马天主教与政治形式的女儿，但是，在神学院检索经院哲学文献的学究向你这位先知献祭心和血了吗？

没有！你并不在意。

你在意的是绝对的敌人和反对革命的政治哲学。

你是《主祷文》《万福玛利亚》《又见炊烟》《日瓦戈医生》的读者和盟友，是艺术催眠师，是生物课教师，是故土之根和记忆的守护者，是与影子斗争的古典主义者，是向天空无限延伸的喷泉、拒绝听令的蝰蛇。

唉，我的海伦卡，谁能料到我们会有如此之多的面孔呢？

面具就那么一直悲情着，夏日就那么一直盛大着，哲学潮流就那么一直潮流着，我们已经学会了默默忍受，并感恩痛苦侵扰的瞬间、符号织成的网以及被撰写词典的冲动所折磨的快乐。

博尔赫斯的一个幻影

　　当代评论界已达成一种共识，即普林尼是继荷马、杜甫、但丁、莎士比亚、歌德、博尔赫斯之后的第七位伟大诗人。共识的达成自然有其深层次的原因。普林尼的作品兼具荷马作品的朴素与崇高、杜甫作品的凝练与多姿、但丁作品的隐晦和寓言性、莎士比亚作品的简洁与通透、歌德作品的丰富与悠远、博尔赫斯作品的深邃和神秘等特点，是罕见的集大成者。他既是天才的哲理诗人，又是杰出的抒情诗人。在他的作品中，你可以读到——准确地说是感觉到——麻雀式的欢快、如痴如醉的狂喜、琐碎的烦恼、合理的愤怒、气贯长虹的悲哀、伪装的抑郁、温情脉脉的敌视、深不可测的多愁善感、扣人心弦的傲慢、看似气定神闲的坐立不安、比寂寞还寂寞的寂寞、比绝望还绝望的绝望、对永不枯竭的热情精神的赞美……不管你的情绪如何，都能在其中找到共鸣（或曰共情），总有一些句子能触动你，让你欲罢不能。妄想症患者读了他的作品之后啧啧称奇，精神立马恢复正常，投身到撰写论文批判弗洛伊德的伟大事业中去。妄图自杀者读了他的作品之后果断放弃自杀，变得无比留恋人间，甚至会到中国终南山的重阳宫和古老神秘玫瑰十字会集体撰写的《AMORC 炼丹术》中去寻求不老仙丹的秘方。

钢笔、雕刻刀、键盘、相机、摄影机以及人脸识别令普林尼的形象深入人心，比希特勒时代的希特勒更深入人心。对他无处不在的肖像和声音，一些清高——真清高而非假清高——的知识界人士抱持不公正的轻视态度。我觉得他们是嫉妒心作祟。尽管普林尼的形象不够高大伟岸，声音的磁性和振幅也比不得中世纪的阿訇，但他浑身持续散发着宁静的威严与男子气概，具有一种难以言表、与性无涉的性魅力，一种男人比女人更能领会的魅力。

四十岁那年，普林尼在日内瓦担任阿根廷驻瑞士大使馆的文化参赞。在那里，他出版了自己的第一本书：《悲怆的地图册》。这是一本自费出版（对他而言是一笔不小的开支）的图书，印数只有可怜的七百五十册，而当年世界的人口是七十五亿。这一后来被众多收藏家追捧、在苏富比拍卖行的成交价达天文数字的图书是由一位正在怀孕的姑娘编辑校对的，可想而知，错讹连连。毫无节制的印刷错误令其价值陡增（就像印刷错误的卢布、卢比被追捧一样），造就了一大批亿万富翁，却也让具有索引癖的学者们头疼得要命。然而，学者们最终也因祸得福地成了受益者，围绕《悲怆的地图册》的考证产生的大量论著，把他们送上各大名校的终身教授宝座——在"非升即走""不发表即出局"成为高校评价体系标配或学术潜规则的岁月里，终身教授职位是珍贵的稀缺资源，那是再多金钱也换不来的。当然，为了不让那些自作聪明的、昏聩的、甚至不知所云的考证和评论扰乱心智，普林尼从不看它们。他不光在出名后不看，即使在不太出名、未出名时也不看。有人把研究心得寄给普林尼，普林尼从不屈尊回应，一般是直接扔进壁炉里了事。后来烦不胜烦，他干脆拒收任何邮件。

普林尼在四十岁到四十六岁那几年，创作产量简直达到了非人的程度（一些惜墨如金、号称"十年磨一剑"的诗人甚至怀疑他找人代笔），他以迅猛之势出版了《太一、大一与卡巴拉》《戏剧之书》《塔》《悲剧的悲具》《帝国的猎犬》《三体人的暗黑小屋》《从第九次攀登亚平宁山脉到站在勃朗峰上沉思》《顿坦费金》《颂事诗》《人间群魔乱舞时（六卷）》《首都成为首都之前的风俗和风情史》。就在他倾力撰写新作《山海福音书》（一部糅合了《圣经》《庄子》和《坛经》风格的作品）时，不幸降临了，医生诊断他患上了一种尚未命名的癌症。幸运的是当时他处于癌症早期阶段，存活率大概有五成。死亡的威胁令他开始认真反思自己作品的局限：精神广度依然不够；创造崭新文体的努力未免太刻意也太着急了（古语曰：欲速则不达）；虽然对学院派和浪漫派之"死去的语言"完成了超越，但他的语言活力仍不足。他不无心痛地意识到，尽管自己有资格获得世界上所有的文学奖项，但距离完美仍然隔着一条大河——一条早已被上帝斩断了神秘之桥的大河。彼岸就在眼前，却遥不可及；似不可及，却又近在眼前。

普林尼的另一大改变就是他对人（包括陌生人）变得亲和起来，不再那么孤僻。或许正因如此，担任 *Old Money* 杂志（文学版）实习编辑的我才有机会去他位于科尔多瓦郊区的四合院进行采访。这座神秘的四合院藏在偏远之处，紧挨着一个没有荷花和芦苇的正方形池塘，毫不起眼，不易找到。它模仿北京的一座四合院而建，甚至可以说是完全照搬了四合院的设计方案。普林尼在几年前访问北京时邂逅了一座明朝洪武年间的四合院，觉得那才是人间居所应有的样子，就用相机从多个角度拍了下来。回国以后，他花大价钱雇佣从中国移民到拉美的工匠（他们分布在巴西、阿根廷、乌拉圭等多个国家），加以仿建。初始只有极少数亲友知道它在何处，后来才渐渐为人所知，热爱普林尼和他的诗歌的青年（包括我）不辞辛劳，前去朝圣。

当时是普林尼亲自给我开的门。他戴着黑框眼镜，应该就是他流传最广的照片上所戴的那副。不过我无法完全肯定，他或许有很多副一模一样的眼镜，就像有些低调的富豪拥有很多套一模一样的高级西装一样。他的肩膀宽得吓人，足以媲美俄罗斯黑熊，没有安全感的女人肯定喜欢。他的脸色苍白，看起来像是在努力对抗某种隐忍的病痛。他的五官不够分明，但也不算模糊。多年后，我能记起的大概还有一条绣有太极图的黑色罩袍和一双伊朗棉麻拖鞋。

他的书桌上摆着耶稣、山羊和牧羊犬的陶瓷像，还趴着一只肥胖的白猫（后来读他的传记才知道猫的名字叫"pebbo"）。墙上挂着墨西哥风格的超现实主义绘画，但并非弗里达·卡罗和迭戈·里维拉①的作品。书架上的书不多，主要是各种词典和百科全书，其中一本厚厚的死亡百科全书特别显眼。书架空格里的显微镜和混沌摆并没有让我感到意外，我想，它们对我的到来亦不感到意外。

普林尼的礼貌难掩戒心，夹杂着一丝傲慢，让人感觉很难亲近。但很快我就发现自己错了，他非常谦和、直爽，聊起天来，像一个毫不掩饰的天真孩子。

---

① 弗里达·卡罗（1907—1954），墨西哥女画家。迭戈·里维拉（1886—1957），墨西哥画家，二十世纪最负盛名的壁画家之一。

"我知道会有像你这样的文学青年前来朝圣，你不是第一个，也不是最后一个，会越来越多，你们将一起把我推上神坛。你们将见证这一神圣时刻。"他说这些话时很自然，就像一个人饿了吃东西一样自然，丝毫不让人觉得傲慢。

"为何是文学青年，难道没有文学中年、文学老年？"我开始揪字眼。

"老年人作为长辈瞧不起我这样的晚辈；中年人是我的同辈，我们文人相轻，只有你们年轻人才会崇拜我，"他冷冷笑道，"你还年轻，不懂人性，以后就明白我的话了。"

"您身体可好？"我表示关切。

"我希望再活三年，活三十年更好，"他爽朗地笑了，"这样我就能多完成几部作品，其中有一部将是真正完美的作品，最起码比我以往的作品更接近完美。"

"听说您正在撰写一部新的福音书。"

"马上就写完了。我一直严格地保持自律，废寝忘食地写作。写作是自我监视，是钻入他人的脑袋，是劫掠世界的心灵。只是我想法太多，而时间太少。"

"您计划中的下一部作品是什么，是否方便透露？"

"无妨，"他用右手轻轻挠了挠额头，低头沉思片刻，接着说道，"我正在酝酿一部题为《南—东南》的长篇叙事诗，分上下两卷，不多不少刚好 12111 行，向歌德的《浮士德》致敬，那部伟大的史诗就是这么多行。以前我搞过学术研究，知道学术作品中向《浮士德》致敬的是奥斯瓦尔德·斯宾格勒的《西方的没落》。尽管它文采斐然，但毕竟是学术作品，尚未上升至史诗的高度。《南—东南》将是我最后一次巨瀑般的精力倾泻，我将动用包括古希腊语、拉丁语、西班牙语、中文在内的各种语言以及古今各种文化中的符号、神话和俚语——它们都是我的天兵天将。我写作的主题包括但不限于：纯粹动力学、精神形态学、存在与虚无、伦理与社会主义、义人、伊人、佛陀、曼陀山庄、苏格拉底、苏醒的木乃伊、卢梭、悲剧道德、平民道德、世界意象的函数、反物理学的心理学、麻葛与哥特、'麻痹'词源学、艺术地平线、肖像画的忏悔、世纪儿、千百惠、窗户的句法、'五月花'号的神话、器乐对契约的胜利、被割裂的有机体、必然的无穷、三朝元老、遗老、伪实体、真小人、匿名的早期建筑、教皇国、利维坦、公牛的恐惧、理论的受辱、兔子的愤怒、白头鹰之死、基地的解体、红色的青楼、被污染的川流、子规啼、吸血鬼、圆规、自娱自乐的规范性、中微子与中尉之子、证明与正名、文徵明①与文化征服、地震与敌阵、辞别瓷器的磁场、QED②、阿Q、尼姑的有效感情、修士的无效温度、战时手术、和平技术学、大街上的酒神、小日本的大野心、唐朝茶花女、藏骸所、藏兵洞、猥琐的AI、文言一心③、玉米金箍棒、香蕉—橡胶国、遮蔽白帝城的乌云、辞别银河系的气体云、线性观念、《自然史》的自然史、葫芦娃、拥有双重国籍的双胞胎、泰西之西、无言之言、布衣皇帝的不宜、托尔的脱胎换骨、多幕剧、梅花之生、芬尼根的守灵夜、克尔凯郭尔的诱惑、苔丝之死……从中将衍生出N部小说、剧本和影视作品，并激发出新象征主义、新未来主义、新达达主义、新垮掉派、新哲人石派、后犹太派、后法兰克福学派、后魔幻主义、后

---

① 文徵明（1470—1559），明代著名画家。
② QED是量子电动力学（Quantum Electrodynamics）的英文简写。
③ 文心一言（英文名：ERNIE Bot）是百度基于文心大模型技术推出的生成式对话产品，将于2023年3月完成内测，面向公众开放。

科学主义等新的理论流派，它是一座巨大的宝库，足够后代学者、诗人、作家和艺术家开掘五百年、五千年、五亿年甚或更久，如果到时人类还存在的话……"

我忍不住打断了他："我明白，我明白，请原谅我打断您，还请您喝点水，否则您会口渴而死，那样，野史将多些趣闻，而正史则少了部伟大的作品。"

普林尼似乎没有听出我的挖苦，也没有脸红，他试图重新掌控对话："种子是不死的。即使我死了，这部构思中的作品也会有别的人写下来，比如说你。"

"我?"我指了指自己的鼻子。

"是的!"他满脸严肃。他客气地请我换个位置，坐到他的东南方向。

"您这是?"我很奇怪。

"别紧张，"他突然放松地笑了，说："如果你坐到我的东南方向，你就能牢牢记住今晚我说的话，一个字都不会遗忘。而且，如果我来不及撰写或完成这部作品，你将会替我完成。当然，写诗是辛苦活儿，是一项赫拉克勒斯式的任务。但如果天降大任于你，你一定会担负起来，因为天命不可违。"

虽然我不相信他的话，但还是坐到了他的东南方向。

"牺牲是必要的，"他接着说，"其实我们都是祭品——上帝的祭品。当然，我们也都是极品——人间的极品。"

"您这话是什么意思?"我一头雾水。

"其实我是普林尼，又不是普林尼。在上帝的神圣设计中，普林尼是最后的诗人。我作为普林尼的同一性载体已经构思好了无穷无尽的诗，这些诗飘荡在宇宙某处，它们永远不会消失，它们有自己的生命、自己的地位，与神学、科学、美学均没什么必然关系，你知道，神学家、科学家和美学家都喜欢胡乱攀扯。我这个具体的、肉身注定要逝去的普林尼只是普林尼的一个幻影，注定无法以文字的形式写下所有的诗。你接受神秘的指引来这里拜访我，说明你也是天选之人，也是普林尼的一个幻影，而我此刻对你唠叨不休，只是希望你以后的写诗之路能稍微平顺些，只是稍微，稍微。"他说完，脸上流露出既兴奋又悲哀的表情。

"难以相信这真的是上帝的旨意。"我的质疑无疑十分有力。

"除我之外，没有人能答复你。若你不相信我，我也毫无办法。但你到了四十岁生日的时候，就能明白我的话了。你今年二十一岁，生日是 8 月 24 日①，处女座，我说的对吧？"

我惊呆了。我们是第一次见面，他怎么会知道我的生日？

"你这次来，固然是要接受我的指点，但你也拯救了我。你坐在我的东南方向以后，你的脸上渐渐出现了一组数字。此刻，我才看得一清二楚，是 20550614②，那就是我的死日。我还有四十年可活，时间充裕，足以完成《南—东南》，而且还会出版八部半短篇小说集。这些都是上帝的预示，都写在你的脸上了，当然，我看得见，你本人是看不见的，即使借助镜子也看不见。我们将一起见证我被推向神坛的时刻，尽管我无法见证你被推向神坛的时刻。你以后肯定会经常来拜访我的，我们彼此拯救。"

"如果我拒绝写诗，也不来见你呢？"我有点赌气地说道。

"那就会有另一个和你同名同姓的人来。"他笑了。

"和我同名同姓的人多了，我把他们全找来，都来搅扰你。"

---

① 博尔赫斯的生日是 8 月 24 日（1899 年）。
② 博尔赫斯的祭日是 6 月 14 日（1986 年）。

"没有缘分的人是找不到我的。你既然能找到我，说明什么呢？你仔细想想。"

"你的居所是一个客观存在，可以用科技手段进行定位，怎么可能找不到呢？"我不服气。

"存在即被感知。没有感知力的人对诗和诗人的存在无感。比如说，在当今这样一个太空时代，对太空的诗性无感的人是感觉不到对太空的诗性征服的。"

"按您的逻辑，1969年人类登月不是一个客观存在。"

"对大多数人来说，那只是一个电视节目，一则新闻报道，一个娱乐项目。与被操纵的踢假球没什么区别。"

"您这是在质疑科学，质疑文艺复兴以来的人类进步。"

"我刚才说了，这与科学无关，也与神学和美学无关。"

"先生，您得理性一点，如果我把您的这番话告诉别人，别人会以为您是个疯子。"我用非常恳切的语气说道。

"随便说吧，没人会相信的。说不定他们会认为你是个疯子，"他哈哈大笑起来，"这样倒也好，到时你只能到我这里寻求安慰了，我这里的宇宙之门随时向你敞开。"

告辞时我有点气鼓鼓，但表现得还算礼貌。

毕竟，我有理性，不是个疯子。但那晚及此后的很多个夜晚，我都没有睡好。直到有一晚，我偶然翻开博尔赫斯的诗集《夜晚的故事》，读到"书中有书""一个梦化为另一个""人们还会做同样的梦"等句子，才醍醐灌顶似的悟了：普林尼不过是博尔赫斯的一个幻影，博尔赫斯才是最后的诗人。

我终于可以安然入睡了。

附： 逍遥斋主人诗话

何谓诗？《尚书·虞书》曰："诗言志，歌永言，声依永，律和声。"此处的"志"可解释为"意"（孔子也说"《书》以道事，《诗》以达意"），可解释为"情感"，亦可解释为"士之心"，而"心"没有边界（吾心即宇宙，宇宙即吾心），也就是说，诗没有边界。

"诗无达诂"并不意味着徐志摩有资格和杜子美称兄道弟。

温柔敦厚，诗教也。疏通知远，诗教也。洁净精微，诗教也。
读诗写诗，是为了变得通透、智慧，是为了洁净易被污染的心灵，是为了"致广大而尽精微"，而不是为了做温柔敦厚的老好人或动辄自我感动的文艺青年。

"动天地，感鬼神，莫近于诗"是诗人的说法，在广岛遗民看来，"动天地，感鬼神"的是原子弹。

希特勒也经历过"窈窕淑女，寤寐求之"的阶段。

英国哲人托马斯·布朗说，大自然就是上帝的艺术。

最能体现这一诗学理念的是中国的《诗经》。清代方玉润《诗经原始》说："自鸣天籁，一片好音，尤足令人低回无限。"

《诗经·北风·简兮》曰："云谁之思？西方美人。"当今中国青年诗人心目中的西方美人是策兰、兰波、波德莱尔、艾略特……完全遗忘了老祖宗歌咏的西方美人的模样。难道不应该左手捧《诗经》，右手持《死亡赋格》①吗？

若做不到"如金如锡，如圭如璧"，便挤不进大诗人的万神殿。

不必"考槃在涧"，若是硕人，则处处天地宽。

投之以木瓜，报之以琼瑶。投我以"知遇"，报之以"倍答"。

《诗经·王风·君子于役》："日之夕矣，羊牛下来。"若写成"牛羊下来"便不好了。

"一日不见，如三月兮"说的是诗人对诗的感觉。

王昌龄《诗格》曰，诗有三境：物境、情境、意境；诗有三

---

① 《死亡赋格》是保罗·策兰（1920—1970）的名诗。

格：生思、感思、取思。

这样的话说了等于没说。今日文学教授之论文，也是如此。

我赶紧端来洛阳玉壶给自己斟了杯酒，压压惊（王昌龄《芙蓉楼送辛渐》：洛阳亲友如相问，一片冰心在玉壶）。又读了七八遍毛主席的《反对党八股》，洗洗脑子。

白居易在《与元九书》中感叹："知我者以为诗仙，不知我者以为诗魔。"对白居易，我既非"知"，又非"不知"，我只记得他是《卖炭翁》的作者。因为我是那个卖炭翁的嫡传子孙呀。作为一个地地道道的农民之子，我可写不出"十载春啼变莺舌，三嫌老丑换蛾眉"那样的诗句——白居易比我真诚。

严羽《沧浪诗话》："夫诗有别材，非关书也；诗有别趣，非关理也。然非多读书、多穷理，则不能极其至。"多读书是好事，但不必读诗歌理论书。多穷理也是应该的，但不必像王阳明那样静坐格竹。

南宋吕本中《童蒙诗训》曰："学古人文字，须得其短处。如杜子美诗，颇有近质野处，如《封主簿亲事不合诗》之类是也。"

照我说，还是先习得杜子美的长处吧，他的好处三天三夜也说不完。

总有些二三流诗人，以鸡蛋里挑骨头为能事——写不出一流的诗，只好凭此博取名声了。

张戒《岁寒堂诗话》评价杜子美："在山林则山林，在廊庙则廊庙，遇巧则巧，遇拙则拙，遇奇则奇，遇俗则俗，或放或收，或新或旧，一切物，一切事，一切意，无非诗者。故曰'吟多意有余'，又曰'诗尽人间兴'。诚哉是言。"

金庸小说《天龙八部》中的萧峰："他天生异禀，实是学武的奇才，授业师父玄苦大师和汪帮主武功已然甚高，萧峰却青出于蓝，更远远胜过了两位师父，任何一招平平无奇的招数到了他手中，自然而然发出巨大无比的威力。熟识他的人都说这等武学天赋实是与生俱来，非靠传授与苦学所能获致。萧峰自己也说不出所以然来，只觉什么招数一学即会，一会即精，临敌之际，自然而然有诸般巧妙变化。"

杜子美和萧峰皆是天才、奇才。杜子美自觉，萧峰不自觉。

境界高低不在于是否自觉，而在于修为（诗歌或武学）。二三流的，无所谓自觉不自觉。

"风萧萧兮易水寒，壮士一去兮不复还""白杨多悲风，萧萧愁杀人"，说的是萧峰。

杜甫："忧端齐终南，澒洞不可掇。"
以山喻愁山也愁。
李煜："问君能有几多愁？恰似一江春水向东流。"
以水喻愁水也愁。
贺铸："试问闲愁都几许？一川烟草，满城风絮，梅子黄时雨。"
在贺铸笔下，烟草、柳絮、梅雨也无比惆怅。男人惆怅时想抽烟不是没有原因的（虽然此烟草非彼烟草）。

方回《桐江集》卷四《跋方君至庚辰诗》："东坡谓'郊寒岛瘦，元轻白俗'，予谓诗不厌寒，不厌瘦，惟轻与俗则决不可。"

可是，孟郊、贾岛的诗歌成就比元稹、白居易大吗？

不过，当下青年诗人确有"轻""俗"的毛病。轻，是因为生活和思想单薄；俗，是因为不知雅为何物。

追求雅俗共赏的人往往既不够雅，也不够俗。更坏的情形是种豆得草，俗不可耐。

黄庭坚给自己画像题诗曰："似僧有发，似俗无尘。作梦中梦，见身外身。"他是借鉴了诗僧淡白的《写真》诗："似觉梦中梦，还同身外身。堪叹余兼尔，俱为未了人。"两人堪谓克里斯托弗·诺兰执导的电影《盗梦空间》的知音。可惜诺兰不懂中文。

白居易《初出城留别》："我生本无乡，心安是归处。"
白居易《重题》："心泰身宁是归处，故乡何独在长安。"
白居易《种桃杏》："无论海角与天涯，大抵心安即是家。"
白居易《吾土》："身心安处为吾土，岂限长安与洛阳。"
白居易随遇而安，比加缪幸福。

加缪这个异乡人总是有一种无家之感、漂泊之感，哪怕他显赫地生活在巴黎。他在《异乡人》中写道："在布满预兆与星星的夜空下，我第一次敞开心胸，欣然接受这世界温柔的冷漠。"——"温柔的冷漠"好，比白居易的诗好。

我仿白居易，诗曰：身心安处为吾土，岂限汴京与东京。

数年前，我在看斯嘉丽·约翰逊主演的电影《迷失东京》

（2003 年上映）时，忍不住为这位性感女神感到心疼（尽管她不需要）。那时她还没有大红大紫，如今名利双收的她肯定更加感到孤独了吧。大红大紫过的人，"到那昌明隆盛之邦、诗礼簪缨之族、花柳繁华地、温柔富贵乡那里"（《红楼梦》第一回）走过一遭的人，才能真正看懂《迷失东京》《清明上河图》以及《了不起的盖茨比》。

西晋刘琨有"何意百炼刚，化为绕指柔"的诗句，用来形容司马迁再合适不过了。有时，以"不死"殉道比以"死"殉道要难得多。

诗学与道学相互瞧不起，古今皆然，今日尤甚。

写，然后知不足。写诗，写论文，皆如此。

明代李东阳说"诗话作而诗亡"。套用此言，则今日"诗歌批评论文作而诗亡"。但与今日诗歌批评论文相比，古代诗话尚有趣味，且简练，可读性强得多。

清代袁枚游九华寺，看到一副对子："非名山不留仙住，是真佛只说家常。"

如此说来，并不崇佛、"但道桑麻长"的陶渊明称得上是真佛。

真佛、活佛不一定在寺庙里，而是散布在平平常常的人间。王菲演唱的歌曲《人间》词曰"如果真值得歌颂/也是因为有你才会变得闹哄哄"；曹雪芹借甄士隐之口诠解《好了歌》的"乱烘烘你方唱罢我登场"；于谦《石灰吟》曰"粉身碎骨浑不怕，要留清白在人间"；刘禹锡诗曰"君看渡口淘沙处，渡却人间多少人"；毛主席诗曰"萧瑟秋风今又是，换了人间"。

清代张晋本曰："诗人必目空千古，乃能横绝一时。"

诗人有不目空千古的吗？然而，能横绝一时的有几个？能横绝千古的就更少了。

范仲淹写蚊诗曰："饱去樱桃重，饥来柳絮轻。"

蚊子饥饿时比柳絮还轻，吸食人血后像樱桃一种重。樱桃是红色，即人血色。

试比较波德莱尔的诗句："你呀，犹如一把尖刀/刺入我忧郁的心"（《吸血鬼》），"当她把我的骨髓吸干/当我无力地向他转过身去/用一吻回报她的爱情/只见她变成一具充满脓液的皮囊……那犹如模型般血气充盈的肉体"（《吸血鬼的化身》）。

清代张谦宜曰："读古人书如吃物，必择最佳品味中和者，用以自辅。若单啖鲥鱼燕窝，也能生病；偏食橄榄槟榔，不可养生。"他的意思是说，我们固然要读好诗好书，但只读某一类诗书（即偏食）容易生病，也不妨读一些坏的诗书（如乾隆皇帝的诗、萨德侯爵的小说）。张谦宜或许赞成"不干不净，吃了没病"这句今天流行的俗话。

纵使生而为诗人，亦须"萤窗万卷书"（汪洙《勤学》）。

"万般皆下品，惟有读书高""朝为田舍郎，暮登天子堂；将相本无种，男儿当自强""久旱逢甘雨，他乡遇故知；洞房花烛夜，金榜挂名时"等诗句我们耳熟能详，却鲜有人知道或记得它们出自宋代神童汪洙的《神童诗》。

有时诗比诗人出名。类似的还有：

"一寸光阴一寸金"（作者王贞白，唐末五代诗人）；

"吹面不寒杨柳风"（作者释志南，南宋诗僧）；

"世间无限丹青手，一片伤心画不成"（作者高蟾，唐代诗人）；

"多情自古空余恨，好梦由来最易醒"（作者魏秀仁，清代诗人）；

"年年岁岁花相似，岁岁年年人不同"（作者刘希夷，唐代诗人）。

袁枚自述少贫无钱买书，曾作诗曰"塾远愁过市，家贫梦买书"。待他做官后，有钱了，"购书万卷，翻不暇读矣"（《随园诗话》）。有钱后他却没时间或心情读书了。

今人不也是如此吗？书架落满灰尘，书房成了摆设。

据袁枚《随园诗话》记载，王光禄为人作序曰："所谓诗人者，非必其能吟诗也。果能胸境超脱，相对温雅，虽一字不识，真诗人矣。如其胸境龌龊，相对尘俗，虽终日咬文嚼字，连篇累牍，乃非诗人矣。"

纯属扯淡！不识字、不写诗的人绝不能称为诗人。再龌龊、再差的诗人，偶尔也能写出一个好句子、一首好诗。诗的评价标准非道德或所谓的"胸境"。"胸境"既非必要条件，亦非充分条件。当然，"胸境超脱"的诗人更有可能成为大诗人。

袁枚《随园诗话》曰:"人闲居时,不可一刻无古人;落笔时,不可一刻有古人。平居有古人,而学力方深;落笔无古人,而精神始出。"

当今中国诗人"有"和"无"的范围,除了"古人",还得涵括"西人(欧美人)"和"拉美人"。

或可为乡愿之人,但不可为乡愿之诗。

"会得离人无限意,千丝万絮惹春风"(郑谷《柳》),一个"惹"字,境界全出。

宋代魏庆之认为,诗有三偷:偷语、偷意、偷势。

曹操、莎士比亚、歌德都是神偷。

曹操的《短歌行》偷《诗经》,莎士比亚的《哈姆雷特》和歌德的《浮士德》都偷前人的故事。

清代王士祯曰:"诗如神龙,见其首不见其尾,或云中露一爪一鳞而已,安得全体?是雕塑绘画者耳。"亦即说,一首好诗,没有直接说出来的东西更多,需读者品味、琢磨;诗高于雕塑绘画。清代潘焕龙亦言:"昔人谓'诗中有画,画中有诗'。然绘画者不能绘水之声,绘物者不能绘物之影,绘人者不能绘人之情。诗则无不可绘,此所以较绘事为尤妙也。"

此外,绘画之留白,也是向诗学习的结果。

其他艺术皆应向诗学习——当然,反过来说也对。

清代乔亿曰："诗中有画，不若诗中有人。"

若诗中无人，还称得上是诗吗？

王国维所言的"无我之境"其实也是有"我"的，只是藏得深或不露痕迹而已。

王维《画》："远看山有色，近听水无声。春去花还在，人来鸟不惊。"

近看山亦有色，远听水亦无声。这首诗好在后两句，极具象征和哲理意味。

春来春去，岁月更替，花仍然在。此处的花是花，但也是自然、宇宙。

人类诞生以前，鸟就在地球上生活一亿多年了（始祖鸟大约出现在侏罗纪晚期）。

对于人（人类）的到来，鸟儿并不觉得惊奇。

对于人（人类）的灭亡，想来鸟儿也不会觉得惊奇。

有人说，如果人类灭亡，鸟儿也将不复存在——或许。

波德莱尔在《1846 年的沙龙》中写道："维克多·雨果先生过于具体、过于关注大自然的表面而成了诗人中的画家。德拉克洛瓦始终尊重自己的理想，常常在不知不觉中成了绘画的诗人。"按照他的意见，诗与画应该是合一的，不宜简单说谁高谁低。

写诗自成一家难，做人自成一家易——不结婚即可。

据《唐才子传》记载，齐己曾向郑谷求教《早梅》一诗。原为"前村深雪里，昨夜几枝开"，郑谷建议改"几"为"一"。于是有了一字之师的佳话。

一字之师其实不算什么，数（多）字之师才是大师。

拥有诗魂的数学大师外尔说，"没有对外在世界的自然的理解，没有用以表达这种理解的语言，我将一无所获""在里尔克诗中领会到那种屏声静气地聆听万物平和的声音，轻柔地抚摸似的，也能给我欢快"。

清代郑燮有数字诗《咏雪》："一片两片三四片，五六七八九十片。千片万片无数片，飞入梅花都不见。"

雪片是字，梅花是诗。雪片飞入梅花，字飞入诗。

明代梅鼎祚有一首《水乡》，用了八个"半"字："半水半烟著柳，半风半雨催花。半没半浮渔艇，半藏半见人家。"

用五分力气写出十分的诗，是一种境界。用十分力气写出十分的诗，也是一种境界。

明代伦文叙为苏东坡《百鸟归巢图》题过一首数字诗："天生一只又一只，三四五六七八只。凤凰何少鸟何多，啄尽人间千万石。"

鸟涅槃后成为凤凰，就像丑小鸭蜕变为白天鹅。凤凰并非生来就是凤凰的。

鹤立鸡群已经够孤寒的了，更何况凤入鸟群呢？

同是咏梅，王安石的"遥知不是雪，为有暗香来"比苏子卿的"只应花是雪，不悟有香来"要有名得多，但确实是后者境界更高——如袁枚所评价的那样。

清代鲁星村诗曰："酒中万愁散，诗外一言无。"若改成"诗中万愁散，酒外一言无"，更好。

宋代吕本中写明妃（王昭君）诗不蹈袭前人，颇具现代性。其诗云："人生在相合，不论胡与秦。但取眼前好，莫言长苦辛。君看轻薄儿，何殊胡地人。"
其实古代的和亲不全是屈辱、丢人的。
和亲有三种情形：一是汉族政权战败，被迫和亲，这是汉人的屈辱；二是汉人作为胜利者对少数民族的恩赐（王昭君就属于这种情形，汉元帝是"赐婚呼韩邪单于"）；三是平等通婚（近代以前欧洲各国通婚更为普遍，即此国国王/王子娶彼国公主）。

明代田艺蘅说的"诗类其为人"（诗如其人）与法国作家布封的"风格即人"是一个意思。

袁枚说："后之人未有不学古人而能为诗者也。然而善学者，得鱼忘筌；不善学者，刻舟求剑。"
但以我之见，得鱼亦不可忘筌，因为还得继续捕鱼。
刻舟固然求不来剑，但可得"空"。"空"的感悟难道不比具体的"剑"更珍贵吗？
当然，得有超越"求仁得仁"的"求仁得空"境界才行。
否则，想到的只是剑值多少钱，然后大骂自己愚蠢。

顾随说："文学是人生的反映，吾人乃为人生而艺术。如仅为文学而文学，则力量薄弱。"

文学院出身的诗人，大多都读不懂这句话。

他们以为自己懂了。"以为"是个关键词。诗人各有各的"以为"。诸神之争就是这么来的，"武无第二，文无第一"也是这么来的。

顾夐《诉衷情》："换我心，为你心，始知相忆深。"

在今天，顾夐可为心理学家——擅长与人"共情""同理"的心理学家。

顾随说："所谓才子佳人风花雪月的诗人，所写太狭窄，不是真的诗。"

年轻人写的诗，易流于此类。极致者用"身体写作"，以文字发泄情欲，而不以为耻。

顾随说："伤感是暂时的刺激，悲哀是长期的积蓄，故一轻一重。诗里表现悲哀是伟大的，诗里表现伤感是浮浅的。"

年轻人常常把悲哀与伤感相混淆。

何谓悲哀？像屈原、杜甫那样。何谓伤感？像海子、徐志摩那样。

顾随说："人之聪明不可使尽。陶渊明十二分力量只使十分，老杜十分力量使十二分，《庄子》十二分力量使十二分。《论语》

十二分力量只使六七分，有多少话没说。词中大晏、欧阳之高于稼轩，便因力不使尽。文章中《左传》比《史记》高，便因《史记》有多少说多少。"

但我觉得，作品是否伟大，在于其本身，不在于作者的力量是否"使尽"。

一个只有三分力的人使出两分力，难道比一个有十分力但使出十二分力的人高明吗？

大晏、欧阳高于稼轩？《左传》高于《史记》？我可不敢苟同。
顾随说："一切世法皆是诗法，诗法离开世法站不住。"
现在少有高僧、大诗人，因为他们不知世法为何物，不愿踩泥、吃苦、流汗、流泪。

顾随说："唯力可以去俗。雅不足以救俗，去俗亦不足成雅，雅要有力。"
过度或不当的雅，其实是俗，比俗还俗的俗。
如何有"力"呢？有"力"者不会问这样的问题。这问题也无法回答。强而答之，也只能是套话。

顾随说："佛经以南北朝姚秦人鸠摩罗什所译最佳。鸠原为外国人，其所译《阿弥陀经》可一读。我们不是把它当成宗教书，乃是把它当作文学书看，因其是散文诗。"
我读佛经、《圣经》，都是把它们当作文学书看。
诗人还应该把文学书当作历史看，把史书当作哲学看，把哲学和科学史当作诗看，把考古书当作神话看。

顾随说："创作不仅要胆大，还要才大。胆大者未必才大，但才大者一定胆大，俗话说'艺高人胆大'。"

才大者，必叛逆、不拘成法，易遭误解、围攻。

"虽千万人吾往矣"，说的不仅是武林高手（如《天龙八部》中的萧峰），也涵括手无缚鸡之力的诗人（如鲁迅）。

顾随说："当以近代头脑读古人书。"我补充一句：当以古人头脑读近代书。

顾随说："一个词人有二重人格，一个我在创作，一个我在批评。一个大作家都有此二重人格，否则作品不会好，因其没有自觉。"

屈原写《渔父》，陶渊明写《形影神》和"采菊东篱下"，李白写"对影成三人"，杜甫写"飘飘何所似，天地一沙鸥"，王国维写"偶开天眼觑红尘，可怜身是眼中人"，莎士比亚写《哈姆雷特》，博尔赫斯写《博尔赫斯和我》《另一个人》，陀思妥耶夫斯基写《双重人格》《地下室手记》，都是二重人格的体现。

顾随说："天下没有写不成诗的，只在一'出'一'入'，看你能出不能，能入不能。不入，写不深刻；不出，写不出来。"

唐代李邕也说："含弘知四大，出入见三光。"

何谓"三光"？传统解释是日、月、星，我解释为：天光、地光、人光。

爱情、友情、离别可以入诗，科学史、元宇宙、利维坦、大地法（国际法）、ChatGPT 亦可以入诗——更应该入诗；因为这样写的人，实在是太少太少。

顾随说，"人人有诗心，在智不增，在愚不减，凡身心健康除白痴疯癫之外俱有诗心""诗心是本有，本有不借缘不能发生，无缘则不显因。诗心本有而要假之万缘"。

照此说，则人人皆是未成就的诗人。

然而"诗心"事小，"万缘"事大。在成与不成之间，隔着一万座五行山。

顾随说："中国幻想不发达，千古以来仅屈原一人可代表，连宋玉都不成。"

当下中国，缺的不是现实主义诗人，而是浪漫主义诗人——屈原式的浪漫主义。

顾随说："开合在诗里最重要，诗最忌平铺直叙。不仅诗，文亦忌平铺直叙。鲁迅先生白话文上下左右、龙跳虎跃、声东击西、指南打北，他人文则如虫之蠕动。"

鲁迅是写诗、撰文的诗人。木心、博尔赫斯亦如此。

但他们三位都自称"散文人"。

他们是故意这么说的，为的是恶心那些既写不好诗、又写不好散文的所谓文人。

顾随说："诗人需个性强而又通达人情，且生活有诗味——然若按此标准，则古今诗人不多。"

有的诗人不是不"通人情"，而是不愿，是故意决绝。

诗人的成长史，往往是一个不断决绝的历史。

有一个诗人——耶稣——是例外。他是"被决绝"。因此，我称他为古今中外最大的诗人。

顾城说："女人嫁给男人是这个世界的一大不幸，犹如诗变成了政治，而字变成了章程。"

诗人说话果然"毒"，尽管并不"恶"。

张爱玲小说《金锁记》中塑造的曹七巧才叫恶毒，称其为"恶毒鼻祖"亦不为过。无爱无性的婚姻最终摧毁了一个妙龄女子。

顾城对女子的想象未免太美好，要知道，女人是天生的政治家。武则天只是小试牛刀。

顾城说："遥远的地方是美丽的，因为它只存在于你心里。"

诗和远方——远方一旦抵达，便不再是远方，不再美丽。看景不如听景，听景不如写诗。

顾城说："我喜欢革命，不喜欢政治，喜欢写诗，不喜欢当诗人。"

革命、政治、写诗、当诗人，我都不是那么喜欢。

顾城说："我知道诗人只面对上帝。"

但上帝绝不会只面对诗人，他也面对贩夫走卒、政客商贾。没有贩夫走卒，诗人早就饿死了。百无一用是诗人。

顾城说："古今中外的诗人是同一棵大树上的千万片叶子。"

那树枝、树干、树根是什么呢？顾城来不及回答我。我也想不明白答案。

顾城说："写诗是自然现象。发表诗是社会现象。"

顾城没有活到自媒体时代，可惜了。

现在的情形是：发表诗是自然现象，写诗是社会现象——考验社会学想象力的现象。

C. 赖特·米尔斯在《社会学的想象力》一书中写道："现在，那些个体实践者，完全有可能忽略系科的'偶然'发展，选择和决定他自己的志业，而不受系科性质限制。"在日益专业化的现时代，学者出身的诗人正是这样的个体实践者。

顾城说："我不一定赞成反抗。但服从绝不是艺术。"

我不一定反对服从，但反抗未必是艺术。

这是公平的，你喜欢生活，生活就喜欢你；你不喜欢诗，诗也就不喜欢你。

诗和禅是两码事。禅是顿悟，诗需要夜以继日的写作。

张若虚《春江花月夜》："鸿雁长飞光不度，鱼龙潜跃水成文。"

水是比人更好的诗人——有时候。

此诗固然好，但"孤篇盖全唐"的美誉显然夸张了，甚至有些荒谬。

其实诗人的名字更具诗意。若虚，好像是虚的。司空图和宇文所安①这两个名字也很好。

宇文所安说："诗歌，不幸地，不是语言的艺术。它'在语言中'发生，但它并不'属于语言'。"又说，"写诗，是一种消遣，因为对人生情深意长，所以下笔不能自休""好诗必须是紧凑而浓缩的""中国诗歌语言比中国散文语言更少确定性"。

论诗，田晓菲终究比宇文所安差了些——差了不是一星半点。宇文所安有诗人气质，田晓菲只是一个好斗的女学者。②

宇文所安有资格入住长安驿馆，面见大唐皇帝。

田晓菲可以充任西安交通大学人文学院的讲座教授——尽管有点委屈她了。

孟郊《懊恼》诗曰："恶诗皆得官，好诗空抱山。"

本就应该如此啊！再说，"抱山"难道不是比"签章"更有意思？只要"抱山"，就绝不会是徒劳。

王维是"晚年唯好静，万事不关心"，我希望自己是"晚年唯好静，万事皆关心"——在诗里关心。

宇文所安认为，"王维的单纯和简朴的风格，并不是其他诗人所追求的直率的'自然语言'：虽然它反对修饰的诗歌技巧，但本

---

① 司空图（837—908），晚唐诗人、诗论家。宇文所安（1946— ），著名汉学家，哈佛大学教授，著有《初唐诗》《盛唐诗》等。

② 田晓菲是宇文所安的妻子。田晓菲最杰出的著作是《秋水堂论金瓶梅》（天津人民出版社 2014 年版；广西师范大学出版社 2019 年版）。她对《金瓶梅》有一种特别的偏爱，认为比《红楼梦》还好。偏爱是偏见，但也使她对《金瓶梅》的解读用情用力都甚深，并因此别具一格——从角度到观点。

身也是同一技巧的高度精致的表现"，王维只是"诗匠"。

诗匠再优秀仍是诗匠，不是大师。

但王维的诗，我真心喜欢。读"红豆生南国"会想起初恋；读"大漠孤烟直"会想饮酒；读"西出阳关无故人"，思绪飘向丝绸之路、楼兰古国和雅尼荡气回肠的音乐；读"行到水穷处，坐看云起时"，感觉自己像是一条河、一朵云；读"回看射雕处，千里暮云平"，好像自己就是射雕英雄，就是名将周亚夫，就是一代天骄成吉思汗，就是为国为民的大侠郭靖，就是注定要长久流传的一部武侠小说的作者。

汉乐府《有所思》："闻君有他心，拉杂摧烧之。"——爱的极致是死：物之死、心之死、人之死。爱蕴含着毁灭的冲动。温和属于婚姻，激烈属于爱情。

情诗不可不读，但不可读太多。若沉溺其中，则无药可救矣。

顾随说："平常写诗都是伤感、悲哀、牢骚，若有人能去此而写成好诗真不容易。如烟中之毒素，提出后味便减少，若仍能成为诗，那是最高的境界。"

如果戒不了烟，那就抽好的烟。

其实没必要戒。如果悲哀成曹雪芹那样，发牢骚成屈原那样，那就让这样的悲哀和牢骚再多些再猛烈些吧。（高尔基《海燕》："让暴风雨来得更猛烈些吧！"）

抽烟，可以；吸毒，不可。波德莱尔吸过毒，他在《印度大麻之歌》中写道："我在 12 个小时（是 12 个小时还是 20 个小时，我实在记不清了）的疯狂中获得的感觉太古怪、太新奇了，我以后再也不会那样做了。精神的兴奋极为强烈，此后的疲倦极为沉重。"吸毒并没有让波德莱尔写出更好的诗，他果断地中断吸毒无疑是英明的。

波德莱尔说："只有三种可敬者：教士、战士和诗人，知识、屠杀和创造。其他人都是听任剥削和奴役的，为马厩而生，即为从事人们称之为职业的东西而生。"

波德莱尔不愧是出生于拿破仑逝世之年（1821）的法国人，不然我会以为他是个标准的德国人。在我的印象中，最尊崇教士、战士、诗人的是德国人。

波德莱尔此处的口吻是尼采式的（也有点曹操的风格）。

在波德莱尔看来，教士、战士、诗人不属于职业的范畴。确实不应该存在诗人这种职业。

"精神创造的东西比物质更为活跃"（波德莱尔）——在精神土壤里更为活跃。

成见的威力比诗的威力大得多，二者不是一个重量级。

波德莱尔说："最美的男性是撒旦——弥尔顿笔下的撒旦。"

但弥尔顿和撒旦不一定同意他的看法。

弥尔顿是瞎子，而撒旦没有那么自以为是。自以为是的是无面孔的上帝。

"伟人的产生由不得国家。所以说，伟人是整个国家的胜者。"
（波德莱尔）

诗人的产生也由不得国家，但诗人往往是整个国家的败者
（在活着时是个败者）。

在兰波看来，诗人是语言的炼金术士。在波德莱尔看来，阴
谋家是革命的炼金术士。

本雅明如是评价波德莱尔："他的诗在第二帝国的天空闪耀，
像一颗没有氛围的星星。"波德莱尔只活了四十六岁（1867 年去
世），但他是幸运的——没有亲眼看到法兰西人在色当战败和第二
帝国的溃亡，否则他会悲愤而死，死不瞑目。

波德莱尔说："当一个诗人出现时——除了偶尔显得不称职
外——几乎总显得那么伟大，当他用火一般的语言昭示 1830 年起
义的秘密，为悲惨的苏格兰和爱尔兰歌唱时，这个问题以及所有
的问题就已经明了了，艺术与道德和功利都是不可分的。"

此处波德莱尔心目中的诗人是史诗诗人。

因为纯粹的抒情诗人不关心 1830 年起义的秘密，没有能力将
奥斯特里茨战役、鸦片战争和"勇敢的心"写入诗。

本雅明认为，"人类在荷马史诗时代曾是奥林匹斯众神注视的
对象，而如今则是自己的对象了。人类自我异化已达到这样的程度，
以至于它能把自身的毁灭当作放在首位的审美快感来体验""战争是
美的""Fiat ars-pereat mundus（为了艺术，何妨世界毁灭）"。

然而，艺术的目的是拯救而非毁灭世界。

艺术不是世界的目的，世界才是艺术的目的。艺术与世界的辩证法应该如此，但并非如此。

"我们需要历史，但绝不是像知识花园里腐化的懒散者那样子需要。"（尼采《历史的用途与滥用》）

我们需要知识花园，但绝不是像以诱惑姑娘为乐事的浪子那样需要。

我们需要浪子，但必须是能写诗的浪子。

诗人的"浪"，是另一种浪。

我喜欢吃色拉，因为本雅明说过"诗是一盘语词色拉"。

一个人可以同时是历史唯物主义者、诗人神学家、神秘主义者、形而上学的语言学家、槛外人、犹太人……在某种意义上，诗人都是流浪的犹太人，都属于贵族。

作为诗性概念的犹太人超越于作为生物学和历史概念的犹太人，更大大超越作为民族和国家概念的以色列。

"我既不相信护照这种荒唐的东西，也不相信国旗"，犹太思想家乔治·斯坦纳如是说。①他还说，"除了犹太人，地球上有且只有另一个民族具有数千年的传统，那就是中国人""热爱知识、思想和艺术是一种命运""每一种语言都是打开新世界的窗子"。

---

① 兰波也说："我憎恨祖国。"

我相信，上帝是卡夫卡的叔叔，福楼拜是木心的舅舅。

乔治·斯坦纳曾感叹："至于诗歌，唉，女诗人的确比较少。但有两位是我们不得不敬佩的：阿赫玛托娃和茨维塔耶娃。"

1914 年 1 月，阿赫玛托娃在诗中写道：

> 在经常会晤的堤岸，我们
> 在那儿最后一次相聚……
> 他谈起夏天，还谈起
> 女人写诗是何等古怪。

女人，对诗歌中大男子主义的最好反击不是攻讦，而是写诗，写出卓越甚至伟大的诗。

> 声音在空气里燃成灰烬，
> 晚霞被黑暗逐渐吞噬，
> 在这个永远缄默的世界上，
> 只有两个声音：我的和你的。

"我的和你的"，阿赫玛托娃表达了与男人并驾齐驱的自信。茨维塔耶娃更自信，她在诗中写道（时年 21 岁）：

> 我的诗覆满灰尘摆在书肆里，
> 从前和现在都不曾有人问津！
> 我那像琼浆玉液醉人的诗啊——
> 总有一天会交上好运。

她知道自己注定不朽。1933 年，她在致友人信中写道："'琼浆玉液'写于 1913 年。这是我的写作的（以及个人的）生涯的公式——前景。一切我都知道——生来就知道。"茨维塔耶娃在另一首诗中致意一百年以后的追随者：

作为一个命定长逝的人，

我从九泉之下亲笔

写给在我谢世一百年以后，

降临到人世间的你——

……

我手里握着我的诗作——

几乎变成了一杯尘埃！我看到你

风尘仆仆，寻觅我诞生的寓所——

或我逝世的府邸。

……

我还感到悲哀的是，直到今天黄昏——

我久久地追随西沉的太阳的踪迹——

经历了整整的一百年啊，

我才最终迎来了你！

在另一首诗中，茨维塔耶娃把自己比作一只拥有崇高生命、在火中歌咏的凤凰。

寒冷的篝火是火焰的喷泉！

我的高大的身躯屹立巍然，

我是一个交谈者和继承人——

我要保持我的显达的头衔！

茨维塔耶娃说："迫害和折磨绝不需要压迫者和折磨者，对于他们，我们最简单的自我便已足够。"茨维塔耶娃总是被自己内在的魔鬼（心魔）折磨着。米尔斯基如此评价道："茨维塔耶娃的诗作出自内心，它任性、变化无常和极端活泼。""它的诗境的无政府主义特征表现在异常自由及其形式和手段的五花八门，以及对认为是典范的规则和风格的极端冷漠上。她似乎比任何人都写得更糟，但一旦取得成功，便创立了难以表述的美的事物。"

茨维塔耶娃爱里尔克，里尔克爱王尔德，王尔德爱"绝对"——这就对了。茨维坦·托多罗夫在《走向绝对：王尔德、里尔克、茨维塔耶娃》一书中对这三位追求"绝对"的诗人评论道，"探求'绝对'的历险者们付出了昂贵的代价，他们传递给我们的信息因而显得尤为珍贵。它首先在于有力地肯定了世界之美和生命之美，同时以他们的作品体现出来""无论他们的经历如何悲惨，把他们带进悲剧性经历的冲动终究是美妙的""在混乱不堪凶残的年代里，艺术是必需的"。

里尔克在《论艺术》中写道："童年是伟大的公正与深切的爱的王国。在孩子的手中，一切无贵贱之分。"

贾宝玉就是这样的孩子，他的爱超越出身和阶层，无贵贱之分。

《红楼梦》第四十三回，在王熙凤生日那天，贾宝玉偷偷跑出去祭奠金钏（一个死去的丫鬟）："宝玉掏出香来焚上，含泪施了半礼。"

里尔克在《给一个青年诗人的十封信》中写道："你的职责是艺术家。那么你就接受这个命运，承担起它的重负和伟大，不要关心从外边来的报酬。因为创造者必须自己是一个完整的世界，在自身和自身所连接的自然里得到一切。"

然而，诗人忧诗亦忧贫，也渴望被承认。

不过，里尔克倒是说了一句大实话，人可以从自然里得到一切——包括食物。古人类不就是靠采集狩猎为生的吗？

里尔克说，作为诗人，《圣经》不能离身。对中国诗人而言，还得再加上一本《道德经》。

里尔克说，"忍耐就是一切""以深深的谦虚与忍耐去期待一个新的豁然贯通的时刻"。

恰如陶渊明所言的"初极狭，才通人。复行数十步，豁然开朗"（《桃花源记》）。

豁然贯通的时刻是狂喜和迷醉的时刻，是艺术情欲得到满足的瞬间。

里尔克说："我认为职业是很艰难很不容易对付的，因为它被广大的习俗所累。"①

里尔克不肯工作，拒绝接受习俗的规范和束缚，哪怕不得不接受贵妇的资助——他为此付出了什么呢？不就是一些陪伴和诗吗？

里尔克写给莎乐美的诗："我寻找你/而你就好像是/我的可怜

---

① 兰波也说："我厌恶一切职业。"

的玫瑰的母亲。"

如果说莎乐美是玫瑰的母亲，那么里尔克就是玫瑰的父亲。

里尔克《关于物之旋律的笔记》："艺术不做什么，除了给我们指明我们常常生活于其中的迷乱。它非但不让我们安静平和，反而使我们惊恐不安。"

因此，崇尚秩序、奉"知足常乐"为生活哲学的人应远离艺术。

佛教的目的并非让人"安静平和"，而是在大雄宝殿内沉思何谓"大雄"，进而大步向前，无限接近帝、释、天。①

王尔德说："比美更持久的是天才。"反过来说也对：比天才持久的是美。

时代创造诗人，诗人也创造时代。

那些彻底实现自我的诗人过着清教徒般的生活。

诗尽管不是商品，却可以在市场上标价出售。

欢笑将痛苦隐藏，诗却揭示它的本质。

---

① 帝释天（梵文：Śakro devānām indrah），又称天帝，全名为释提桓因陀罗，简称因陀罗，意译为能天帝。此处我是故意将"帝释天"拆为帝、释、天三个字，以表达更丰富的内涵。帝，帝王；释，释迦牟尼，佛教又称释教；天，天帝、天道、宇宙。

一个人如果做自己生活的旁观者，就不免要尝尝精神分裂的滋味。

诗歌无法消除生活中的偶然，却可以拨开生活的迷雾。

"比起真相，假面告诉我们更多。"（王尔德）比起生活，诗歌告诉我们更多。

生活不是一场精明的算计，诗歌不是几行可计算的文字。

珍惜每一首新诗和每一种新享乐主义。

威廉·布莱克说："在那理想之巅，旁人只看到黎明前的曙光，而我却看见众神之子在快乐地欢呼。"
我拙于行动，不喜旅行，从未登过泰山之巅，因此不知那些可爱的登山者看到的是曙光还是众神之子的欢呼，抑或只是黑压压的人群（绝非乌合之众）。

王尔德说："词语有着神秘的力量，足以控制一个人的心灵。"
但它只能控制诗人的心灵。当然，它也接受诗人心灵的控制。
之于常人，词语至多爬上鼻子，进入不了心灵的窗口——眼睛，自然也就无法控制心灵。

王尔德说："在无知者的灵魂中，往往暗藏着接受伟大思想的所在。"

我用尽半生心血，只为成为一个无畏的无知者、一个实实在在的空心人、一个不去追求伟大的农夫。

王尔德说："通过置换一个原子，可以震撼整个世界。"

王尔德有能力预见到原子弹的诞生，却没有能力保护自己免于牢狱之灾。

王尔德说："对于帕纳萨斯的诗人们而言①，他们根本不需要什么欣赏指南之类的玩意儿，更何况，人们所能学到的东西都是不值得学的。"

如此说来，我写的这本"诗歌欣赏指南"毫无价值。

我写的是一本诗歌欣赏指南吗？其实我也无法确定，而王尔德又不可能从坟墓中爬出来鉴定它。

在"儒释道"三位一体的亚洲的一个避风港里（不是海南省三亚市）隐居着一个穿衣颠三倒四，但在词语的排列组合上却能举一反三的小诗人。这个诗人觉得最浪漫的物件是避孕套和避雷针——一个解决生理需求，一个护卫精神安全。

王尔德说："有两种人最具吸引力，第一种是无所不知的人，第二种是一无所知的人。"

但这两种人也最惹人厌恶。

中国人喜欢中庸之人——不可简化为"庸人"——不是没有原因的。

---

① 帕纳萨斯山位于希腊中部，古时被认为是太阳神和文艺女神们的灵地。

王尔德说："我只尊重年轻人的意见。"

我有更好的一句——我只读年轻的老人写的青春洋溢的旧体诗。

我希望自己活得足够长，这样就能看到自己"谤满天下"。

"不可一日无饭"显然比"不可一日无诗"或"不可居无竹"更契合实际。

惠特曼说："凡是将我的诗歌视为文学实践的人都无法理解我的诗。"

套用他的话：凡是将我的诗歌视为文学事件的人都无法理解我的诗。

真正的巫师，像一个抒情诗人，能召唤出大自然的电闪雷鸣。

当下的学院体制无疑在戕害诗意，但我从未想过改变它。

它不是诗人能改变的。当然，我也不会去积极适应它。消极适应即可。

当下的诗是月亮，只能与阴影嬉戏。而大唐的诗是太阳，能直抵本质。

荷尔德林说："人借语言见证其本质——人已受惠于你，领教于你，最神秘的东西，那守护一切的爱。"

正是在荷尔德林的教诲和启示下，我见证了荷花（小荷才露尖尖角）、尔曹（尔曹身与名俱灭）、德邻（德不孤，必有邻）和旧林（羁鸟恋旧林）的本质，唯独忘了人本身。

但我也不至于"劝天公重抖擞，不拘一格降人才"或大呼"天生我材必有用"。

我愿化身为一阵疾风骤雨，在无人的野渡横扫"自横"的舟。或许它也是兰波曾经醉卧过的"醉舟"。

我不会像兰波那样，将童年时接受的教育称为"肮脏的"。

兰波似乎忘记了荷花是从污泥中长出来的。我们要感激污泥和自己有过的所有龌龊的念头。

我清醒地意识到我辽阔的纯真。

我有时不免想：我被诗歌折磨得太久了！

诗人与地狱永远不可能"缘分已尽"。

人间争斗的严酷绝不亚于精神之战。正义只是一个可有可无的幻影。

我在今年遇见的第一件好事：一本中世纪波斯诗集中的一朵花赠我一缕幽香。这让我想起儿时听过的一首歌："幽幽一缕香飘在深深旧梦中/繁华若景一生憔悴在风里/回头是无晴也无雨。"末句改编自苏东坡的《定风波·莫听穿林打叶声》："回首向来萧瑟处，归去，也无风雨也无晴。"苏东坡恰好也生活在中世纪，与那位波斯诗人身处同一个世纪。

你问那位波斯诗人姓甚名谁？

保密。即使说了又能怎样？难道你会去买他的诗集？或有能力重估中世纪伊斯兰世界的诗歌和科学成就？

兰波应该死在撒马尔罕，而非马赛。苏东坡应该死在玉门关，而非常州。

积雪、剥削、战争和瘟疫皆有可能使世界窒息，唯独诗歌不会。

"人诗意地栖居……"，荷尔德林和海德格尔的这一"好经"被当代"和尚"念歪了。

诗人的天职不是还乡，而是写还乡诗。如"少小离家老大回，乡音无改鬓毛衰"。

"作品让大地成为大地"（海德格尔）。诗让语言成为语言。

把词语交给风筝，诗人是风筝线。不止。诗人还是放风筝的人，集裁判员与运动员于一身。

"一条变黑的街道的知觉/急不可耐地要拥有世界"，这是艾略特留给我印象最深的诗句。

四月固然残忍，难道变黑的街道就不残忍了吗？

"中间多少行人泪"（辛弃疾《菩萨蛮·书江西造口壁》）。

行人行色匆匆是为何？

行人匆匆地奔赴坟墓——"是座寂静的坟哪/人间所有的浮华虚荣都在这里"（豪尔赫·曼里克①《曼里克之圣杯》）。

艾略特说："文学批评就像呼吸一样是不可避免的。"

这说的是什么话！文学批评只是文学批评而已，可以有，也可以无。

关于诗性思考，哈罗德·布鲁姆在《读诗的艺术》一文中说："诗的伟大依靠比喻性语言的神采和认知的力量。在诗人中，莎士比亚最善于表现思想。"爱默生说得更好，他说，莎士比亚一类的诗人是"思想的目击者""真正的而且是唯一的博士"。

"莎士比亚只有中学学历，我才是博士。"一位文学教授反驳道。

我知道我和这位真诚的教授先生没有多少共同语言了，尽管我们说的是同一种语言。

爱默生说："诗人的诞生是编年史中最重大的事件。"

荒唐之言！可编入《荒唐言编年史》。

刻画刚入学的小学生，最好的诗是唐纳德·贾斯蒂斯②的

---

① 豪尔赫·曼里克（1440—1479），西班牙诗人。
② 唐纳德·贾斯蒂斯（1925—2004），美国诗人。

《小学生》：

> 我可以花一周的时间练习
> 入门的那一刻
> 然后鼓足勇气
> 迈进去，在神秘的气味中穿行
> 坐得笔直，怀着脆弱的信心

在神秘而潮湿的夜风中，一次又一次，我在仰望星空时听到惠特曼对康德的讥讽。

当我午睡的时候，某个梭罗或马克·吐温正在水中戏水，观察水如何消失在水中。

人问："不知下一站将驶向何方……"（《戏说人生》歌词）

我答：下一站，可能是王府井，可能是宋城路，可能是普希金故居，可能是九重门前的"天后"，可能是山外青山楼外楼，可能是芳香，也可能是维克多·雨果享受过的国葬。

诗，不是其他，只是诗人不着边际的幻游。

通过想象力、音乐性和对世界的不停追寻，诗人创造的作品也改变了存在之物（尽管改变不了"存在"）。

荷马曾这样描述长矛："牢牢站立在大地上，渴望以肉为食。"

而诗渴望以长矛为食，以宝剑为食。博尔赫斯经常写剑，其中有一首《约克大教堂的一把剑》：

坚强的人在你的铁里延续，

他曾战斗在凶险的海洋和兵燹的陆地，

他挥舞着你，对抗死亡，

但终于枉然，现在成了星球的尘埃。

末句触动了我，让我生出"悲凉之雾，遍被华林"之感。我多想生活在猴子为王的花果山、桃子永远吃不完的蟠桃园和斯坦尼斯拉夫·莱姆①设想的完美真空里。

布瓦洛在《诗的艺术》中建议，写作时必须不断变换文辞，否则就会像"念经""经常只有一个调"。

亦即说，一个人可以患上空间幽闭症，但绝不可以患上语词密集恐惧症。

我不仅偏爱词语密集的诗歌和小说，如《哈扎尔辞典》《芬尼根的守灵夜》，还特别衷情词语密集的学术作品，如《古典时代疯狂史》《资本主义与精神分裂（卷2）：千高原》。

之于我的诗，数学、芝诺和《唐诗三百首》同等重要。

布罗茨基说："俄罗斯固然有种种大国情结，但尚有巨大的小国情结。"其实美国也是如此。

布罗茨基回忆苏联："一所学校是一家工厂是一首诗是一座监

---

① 斯坦尼斯拉夫·莱姆（1921—2006）是波兰科幻作家，作品有《索拉里斯星》《完美的真空》等。

狱是学术是沉闷，时不时有恐慌掠过。"其实美国也是如此。

布罗茨基曾感叹自己"小于一"，不是充分的实体。
但小于"一"并不丢人。
"二"和"三"也比"一"要小，小得多。因为"道生一，一生二，二生三，三生万物"。

把"左"字写在右脸上，把右手套戴在左手上。

有些诗人是天生的民主主义者，有些诗人是天生的君主主义者。这一点和常人无甚不同。

诗人总是试图驯化无法驯化的无限。诗人总有那么一点点西西弗斯①情结。

女子在成长中必有所失。诗歌在翻译中必有所失。

以诗的形式占有世界，恰恰是重新体验真实事物的不真实性和不真实事物的真实性。

我无法阻止潮水继续吞食海岸线，但我能堆起诗性的篝火焚烧我收藏的卡夫卡小说。

———————

① 西西弗斯是希腊神话中的一位悲剧性人物，因遭神谴，他必须把一块石头推上山顶，然而每每接近成功时，石头又滚落山脚，如此周而复始，西西弗斯永远劳而无功地努力着。

"不鸣则已，一鸣惊人"（司马迁）和"不雨则已，雨则倾盆"（蒙塔莱 ①）也曾是我的期待和向往。

诗歌不是"以最佳的方式安排的最佳文字"（柯勒律治），因为"最佳"在客观上是不存在的，它只存在于主观层面。

地上的周公在吃饭，天上的星星在吐哺。②

任何在政治上降格的民族（如波兰），都可以通过文化提格的方式来赢得尊严。

爱最接近于诗。冲动的惩罚是最诗意的惩罚。

对于诗人而言，两点之间的最短距离并非直线，而是一条有九十九道弯的温柔曲线。

原因无他，地球是圆的，且表面不平。

圣彼得堡到斯德哥尔摩的距离，并不比汴京到斯德哥尔摩的距离更近或更远——关键在于路径选择。

我从未完全走进自己的自画像中。

"不待投影静止，寂静便将恢复"（布罗茨基）写的是威尼斯，也是威尼斯投向月亮的影子。

---

① 埃乌杰尼奥·蒙塔莱（1896—1981），意大利诗人，1975 年诺贝尔文学奖得主。
② 曹操《短歌行》："周公吐哺，天下归心。"

如果我们问一条鱼或一个海怪我们看起来像什么东西，它们的回答只能是——"怪物"。

儿子同父亲协商。诗歌同命运协商。

衰老的罗密欧和蹒跚的朱丽叶不应该出现在意大利，所以莎士比亚把他们写死了。必须死，死＝诗。

阿城《威尼斯日记》："他（李白）的诗颇多酒神精神，我常觉得他的有些诗是弹'东不拉'①伴奏的，相比之下，杜甫的诗明显是汉风。李贺的诗亦是要以'胡风'揣度，其意象的奇诡才更迷人。"
阿城果然比很多唐诗专家更懂唐诗。

阿城说："唐朝没有产生哲学家，也没有思想家。带思想的狂欢多尴尬。"
不准确。杜子美就是戴着镣铐和思想跳舞的。

辞藻华丽的诗像表情过多的女人。曹植的《洛神赋》之所以不令人讨厌，乃因他出身王族。我，村夫一个，不配写赋，也写不来。

谢灵运说："天下才共一石，曹子建独得八斗，我得一斗，自古及今共用一斗。"他这样说，曹子建不会同意，唐伯虎不会同

---

① 东不拉又名冬不拉，是中亚地区的传统拨弹乐器。

意，谢道韫、林黛玉和我也不会同意。

宁可听政治家谈诗，也不要听诗人谈政治。最好是让政治的归政治，让诗的归诗。

阿城《洛书河图》一书谈及埃舍尔的《瀑布》，并提出一个很有诗意的问题："落下来的水怎么会往高处流？再落下来？"我揣度，既然有"飞流直下三千尺"，那就一定有"飞流直上三千尺"。不曾见过的，不等于不存在。

美籍伊拉克裔诗人邓亚·米哈伊尔写的《战争勤奋工作着》，或许是写战争最好的诗，最后几行为：

> 战争以空前的勤奋工作着！
> 但没有人对它
> 说出一句赞美之词。

有些事只能做不能说。否则，有违政治正确。幸好不存在诗歌正确。

松尾芭蕉有俳句曰："知了在唱/却全然不见身影/它已死去。"
这哪里说的是知了，明明说的是诗人、作家和音乐家。
近似福楼拜所言的"呈现艺术，隐退艺术家"。亦可解释为"艺术永恒，艺术家已死"。
李商隐的《蝉》（"本以高难饱，徒劳恨费声"），意与松尾芭蕉的俳句接近，但多了份怨尤，不够洒脱、豁达。

松尾芭蕉有俳句曰:"年复一年/猴子戴着/猴面具。"

句虽短,但意味无穷。若改为"年复一年/人戴着/人面具",就差了那么点意思。

俳句像日本料理,以精致著称。好虽好,就是不够大气。在不读史诗的时代,俳句是最好的快餐、自助餐。

加里·斯奈德《砌石》:"将这些词语安放在/你的思想面前,如岩石。"

诗首先是言,其次才是思。

言即使不是在思之前,也应与思同时出现。

有言无思尚可勉强称为"诗",有思无言只能叫"学术"或"哲学"。

"我一次又一次看到,同一片海,相同的海/在岩石上轻轻地、漫不经心地荡着秋千",伊丽莎白·毕肖普写的大海(《在渔屋》)可比普希金细腻多了。试比较普希金的诗句(《致大海》):"我多么热爱你的回音/热爱你阴沉的声调,你的深渊的音响/还有那黄昏时分的寂静/和反复无常的激情!"

埃兹拉·庞德说:"诗是历久弥新的新闻。"

新闻是什么?二十四小时以内的旧闻?

狗咬人不是新闻,人咬狗也不是新闻,诗人在路边装狗才是新闻。"此行无弟子,白犬自相随。"(贾岛《送道者》)

西方的英国人擅长写西风："西方，你何时吹来/细雨何时落下/基督，愿爱人在我怀里/让我重回卧床"（佚名《西风》）；"不羁的精灵，你啊，你到处运行/你破坏，你也保存，听，哦，听!"（雪莱《西风颂》）

基调是热烈的。

东方的中国人擅长写东风："相见时难别亦难，东风无力百花残"（李商隐《无题》）；"东风不与周郎便，铜雀春深锁二乔"（杜牧《赤壁》）；"东风不为吹愁去，春日偏能惹恨长"（贾至《春思二首·其一》）；"春城无处不飞花，寒食东风御柳斜"（韩翃《寒食》）。

基调是悲凉的。

在东方，写东风写出西方基调的是李白："东风动百物，草木尽欲言。"东方骚动了万物，草木争相与诗人对话。

中国人写西风，最佳的句子是马致远的"古道西风瘦马"。

基调仍是悲凉，但多了一丝苍凉。

这样的诗，波兰人、丹麦人、荷兰人、新西兰人写不出。西班牙人也写不出——大战风车的堂吉诃德是例外。

以"例外论"名闻天下的政治哲人卡尔·施米特从囹圄中获救以后写下一系列诗意盎然的句子，如"你赤裸着，如出生时那样赤裸着站在广漠的荒原""现在有一些思想史铀矿……""潘神隐没，计划上场""牢房是他赠予我的衣服""来吧，可爱的死神""每个词都产生回响，犹如从开阔地来的一场风暴。敲击声穿透我们的门"。他还写了一首题为《花甲之年咏》的诗：

我了解权力和法律的合唱队，

政权的扩音器和作伪者，

列出许多名字的黑名单

和迫害者的卡片库。

……

我三次身陷鱼腹。

我直面刽子手之手的自杀。

可是神秘诗人们的诗句保护了我，

一个东方的圣者为我打开拯救之门。

如果说曹操和拿破仑是古典的，那么，卡尔·施米特和毛泽东就是现代的。

游击战也是现代的。二十一世纪的大诗人在现代钢铁丛林中、网络丛林中打游击战。

简·赫斯菲尔德说："一首真正的好诗的'意义'就像某些化学反应：易蒸发、易挥发且难以捉摸。"我喜欢同时是诗人的化学家，如罗德·霍夫曼①，他说，"或许，男人在不惑之年就会有所变化。他们忙乎的事情比写诗更糟糕""我认为诗与许多科学——理论建构、分子合成等——都是创造。要完成这些创造性活动，需要技艺精湛、思想活跃、专心致志、超然物外和简洁的陈述"。与诗发生化学反应可比与女人发生化学反应难多了。

作为一个中国诗人，可以把哈佛大学视为客轮。

———————————

① 罗德·霍夫曼（1937— ），美国化学家，1981 年诺贝尔化学奖得主。

沉没的泰坦尼克号上至少有一位诗人。沉默的皖北小镇上至少有一位诗人。

"耶路撒冷是一架跷跷板"（耶胡达·阿米亥），一头坐着时间；另一头坐着的，也是时间。

弗罗斯特写给自己的墓志铭是："我与这个世界有过情人般的争吵。"

我也给自己写好了墓志铭："我与情人有过诗意的争吵——情人是我的情人，世界也是我的情人。"

很显然，弗罗斯特写得更好。我写得太啰唆了。如果简练一些，或许可以与之匹敌。

菲利普·拉金说："一首关于失败的好诗就是一种成功。"

就冲他这句话，我愿意邀请他同游屈原祠，并送他一个橘子、两盒粽子、三本自己的诗集。

谢默斯·希尼说，聂鲁达是政治诗人，叶芝是公共诗人，奥登是公民诗人。

其实他们都是——诗人。

在"诗人"前加修饰词，要么是一种偏见，要么是一种羞辱。

谢默斯·希尼《牡蛎》："我的味蕾挂满星光。"

如果一位正在开封鼓楼夜市大快朵颐的游客能吟出这句诗，该多么浪漫啊。

卡瓦菲斯《伊萨卡》："愿你的道路长又长……"

这句是写给我的。不止写给我。

墨西哥诗人奥克塔维奥·帕斯说："对我来说，最重要的是中国和日本的诗人和哲学家。"我很想对他说，之于我，最重要的是拉美的诗人和哲学家。

加斯东·巴什拉说："一首短诗应该同时展现宇宙的视野和灵魂的秘密，展现生命的存在和世间诸物。"

哪些短诗（诗句）契合这一过高的要求？下述若何：

"牵牛花，一朵深渊色"（与谢芜村①俳句）；

"夜来风雨声，花落知多少"（孟浩然《春晓》）；

"流波将月去，潮水带星来"（杨广《春江花月夜二首·其一》）；

"夜晚的鸟群啄食第一阵群星/像爱着你的我的灵魂，闪耀着"（聂鲁达《倚身在暮色里》）；

"羊群是我的思想"（佩索阿《我是羊群的牧人》）；

"生命之树的叶子正一片一片凋落飞纷"（海亚姆《鲁拜集》）；

"所有的词语勒死我"（乔治·巴塔耶《我心里冷》）；

"在这座荒原上，我的神思还要坚持多久？"（卡瓦菲斯《城市》）；

"死亡是来自德国的大师"（策兰《死亡赋格》）；

"那个吻永远不能抹去/直至语言毁灭之日"（肯尼斯·柯克《永久的》）；

"刚才我去小便的时候/看见了这个伟大而简洁的东西"（莱昂

---

① 与谢芜村（1716—1783），日本诗人、画家。

纳德·科恩《月亮》）；

"兵器在早晨是美丽的，还有大海"（圣-琼·佩斯《阿纳巴斯》）；

"我思想的戒指/在围着我的手指转动"（索德格朗《新娘》）；

"地图上的海洋比陆地更为安逸/它把波浪的形状留给了陆地"（伊丽莎白·毕肖普《地图》）。

加斯东·巴什拉说，诗意味着"现实的世界被想象的世界所合并"。

用"吞并"一词更好。尽管我目之所及更多的是，想象的世界被现实的世界所吞并。

加斯东·巴什拉说："语言冲动是生命冲动的缩影。"

冲，动——想一想暴雨夜的泥石流吧。我经常想，脾气温和的人做不了大诗人。

加斯东·巴什拉说："在诗人激情澎湃的瞬间，总还是有一点理性；而在理性的否定中，仍然存在着一点激情。"

诗人是激情与理性的奴隶，也是它们的主人。

鲁迅在《诗歌之敌》一文中说："诗歌不能凭仗了哲学和智力来认识，所以感情已经冰结的思想家，即对于诗人往往有谬误的判断和隔膜的揶揄。"

鲁迅是思想家，但感情并未冰结。

鲁迅是不怎么写诗的诗人。他无须写太多，一本薄薄的《野草》已经超越成千上万的中国诗人。

艾略特说："过多的学问会使诗人的敏感性变得迟钝或受到歪曲。"

这是针对小诗人而言。对于大诗人而言，学问如"韩信用兵"——多多益善。

艾略特说，"诗人应该加强或努力获得这种对于过去的知识，而且应该在他整个创作生涯中继续加强这种意识""这种历史意识包括一种感觉，即不仅感觉到过去的过去性，而且感觉到它的现在性""这种历史意识既意识到什么是超时间的，也意识到什么是有时间性的，而且还意识到超时间的和有时间性的东西是结合在一起的"。

艾略特的诗，我不觉得好（有些诗，译得不好）。但他的诗论，我佩服，就像一个哲人在谈诗。

诗界的哲人是不多的，就像哲学界的诗人也不多一样。

我同情全世界受苦的人——诗人除外。不受苦，怎么可能成为诗人？

史诗的主角不一定是英雄，也可以是平凡的诗人。

一句网络流行语说：所有的分手，都是蓄谋已久。同样，所有的诗，也都是蓄谋已久。不要只盯着诗诞生的那几分钟。

爱伦·坡把科学比作诗意的掠食者："为何觊觎诗人的心脏？秃鹫，你的羽翼不过是干瘪的真实。"

但这一担心毫无道理。科学不只有"干瘪的真实"，而且还增加了万物的美感。

不是只有诗人和艺术家才具有发现"大美之境"的眼睛。

显微镜下，望远镜中，宇宙深处，处处是美。

塞纳说："甚至有许多人淹死在镜子里。"

比淹死在青楼里好。

太多诗人淹死在青楼里。杜牧是幸存者，"赢得青楼薄幸名"的诗句使他免于溺毙。

美国诗人菲利普·弗伦诺写过一首题为《印第安学生》的长诗。这首诗讲的是一个印第安小伙子尽数变卖家产，一心想学习白种人的神秘知识。历经一番艰苦的"朝圣"，他终于进入最近的大学，勤奋地学习英语和拉丁语。老师们说他前程远大，一些人觉得他会成为神学家，另一些人说他会成为数学家。但渐渐地，这个小伙子疏远了朋友，开始在森林里游荡。诗人写道，一只松鼠很容易打断他阅读贺拉斯的颂歌，天文学让他不安，地圆说和宇宙无穷无尽的观点让他充满恐惧和不确定感。一天早上，小伙子安静地离开了，正如他安静地来——他回到了自己的丛林和部落。①

这首诗也是一个故事，可拍成电影。

这个故事的隐喻性极强：文明与野蛮，诗与科学，到底是一种怎样的关系？

---

① [阿根廷] 豪尔赫·路易斯·博尔赫斯等：《美国文学入门》，于施洋译，上海译文出版社 2020 年版，第 8 页。

艾米莉·狄金森在给朋友的信中写道："先生，您问起我的朋友，山丘、落日，还有一只跟我一般个头的狗——那是父亲给我买的——它们比任何人都重要，因为它们什么都知道，又什么都不计较；正午时分河水静静地流淌，远比我的钢琴动听。"

这段文字读起来诗意盎然，比狄金森的诗更具诗意。

李白也曾把山丘当朋友（相看两不厌，只有敬亭山），李商隐也曾把落日当朋友（夕阳无限好，只是近黄昏），陶渊明也曾把狗当朋友（狗吠深巷中，鸡鸣桑树颠）。

肖邦会同意狄金森所言的"正午时分河水静静地流淌，远比我的钢琴动听"。但瓦格纳不会同意。

美国诗人西德尼·拉尼尔说："我活着，仅仅为了不死。"

这句话好像什么都没有说，但好像又全都说了。有点像老子的格言，直白却有韵味。

一个诗人说：一棵树远不止是一棵树。

一个诗人说：一把火远不止是一把火。

一个诗人说：一本诗集远不止是一本诗集。

乔治·桑说："诗歌是一种高于诗人的东西。"

准确地说，应该是"有时，诗歌是一种高于诗人的东西""有的诗歌是一种高于诗人的东西"。

弗罗斯特诗曰："雪夜在林边停留。"

改成"血夜在林边停留"如何？

博尔赫斯认为，弗罗斯特的一些作品看似平平淡淡，其实蕴含着深邃的哲思，可在字面意思和暗示等不同层面解读。

博尔赫斯说："最可怕的是我们自己比流水变动得还快。我们每读一本书，书就变化一次，对书中字义的体会就不同。"

这里的书，包含诗集。

因此，也可以说，我们每读一首诗，诗就变化一次，对诗中字义的体会就不同。

有些诗人（不包括博尔赫斯），相见相遇不如失之交臂。

我的灵魂在燃烧，因为我想知道天堂是什么。

几乎被遗忘的十八世纪的英国诗人詹姆斯·麦克弗森在诗中写道："别的时代充盈着我的灵魂。"

如果鹿"生来就注定要成为猎枪下的亡魂"（艾略特语），那么，诗人生来就注定要成为什么呢？我反复阅读屠格涅夫的《猎人笔记》，终于摘抄到几句可充任答案的话：

> 诗人是拒绝参加社团的哈姆雷特。社团就是对各种独立发展的毁灭；就是对社交、女性和生活的无耻替代；就是把懒惰和颓废合在一起的生活，而这种生活却被赋予合理事业的意义和形式；社团用议论取代交谈，使人习惯于毫无意义的空谈，使人脱离独立的有益的工作，使人染上文学的疥疮，最终使人丧失朝气和纯真坚强的灵魂；在社团里所崇拜的是夸夸其谈的空谈家、爱面子的机灵鬼、未老先衰的小老头，

所吹捧的是平庸无才而徒具"隐秘"思想的诗人……哦，社团！简直就是怪圈，在那里毁掉了多少正派的人呀！

诗人应远离社团、诗坛。那里活动家太多，真诗人太少。

李白诗曰："树深时见鹿，溪午不闻钟。"
李白所见之鹿是中国鹿，不是俄罗斯鹿。
我比他幸运些，不仅见过俄罗斯鹿，还读过屠格涅夫的作品。

尼采曾经在《偶像的黄昏》中有欠考虑地讥讽但丁是"在坟墓堆里写诗的鬣狗"。

但丁的《神曲·地狱篇》中有这么一句："太阳沉默的地方。"
用听觉动词表现视觉形象。妙！
拜伦的《希伯来旋律》中有这么一句："她款款而行，像夜晚那么端庄。"
这句更妙，妙到无法用语言描述。博尔赫斯曾尝试效仿（我认为是失败的）："读者理解这句诗时必须想象一位身材高挑、皮肤黝黑的妇女像夜晚那么行进，而夜晚又是高挑黝黑的妇女，如此循环往复。"

写诗就像是在创造一种宗教——无神的宗教。

诗选择自己的主人。诗随时扑向诗人。

帕斯卡说："敢嘲笑哲学者，才是真哲学家。"我们同样可以说，敢嘲笑诗歌者，才是真诗人。

帕斯卡说："河流就是自动行走的道路，把我们带到想去的地方。"

这句话充满哲理，而且诗意盎然。哲学家一旦写起诗来，连河流都不得不表示钦佩。

帕斯卡劝告诗人："你是作为一个诗人在发言，而不是作为一个人。"

我经常劝告自己："你是作为一个人在发言，而不是作为一个诗人。"

诗人往往有个性，不通人情，这是个优点，但也是个缺点——更多的时候是缺点。

帕斯卡说："要做诗人，而不是诚恳的人。"

难道不能做一个诚恳的诗人吗？

木心诗曰："记得早先少年时/大家诚诚恳恳/说一句　是一句。"

木心的诗，就写得很诚恳。当然，木心为人更诚恳。

但帕斯卡说的也对，诚恳的人很多，但诗人很少。只有诚恳，没有悟性和语言天赋，是成不了大诗人的。

帕斯卡说："词语排列方式不同，就会产生不同的句意，而意思排列方式不同就会产生不同的效果。"

帕斯卡这是在谈论诗。呼应了刘慈欣的科幻小说《诗云》。

我想起中学数学中的排列组合。在二十一世纪，兼具数学思维和直觉思维的人，才可能成为大诗人。

张爱玲评路易士①的诗："路易士的最好的句子是一样的洁净、凄清，用色吝惜，有如墨竹。眼界小，然而没有时间性、地方性，所以是世界的、永远的。"

张爱玲的诗论很是高明，然而路易士的诗实在称不上卓越（否则就会广为人知）。

这是菜单比菜还好吃的又一个例子。之前的例子是刘勰的《文心雕龙》。

刘勰《文心雕龙》曰："盖《文心》之作也，本乎道，师乎圣，体乎经，酌乎纬，变乎《骚》，文之枢纽，亦云极矣。"

体乎经，酌乎纬：讲的是诗学空间。

变乎《骚》：讲的是继承《离骚》。

文之枢纽：既然存在"历史的地理枢纽"②，就一定存在"文之枢纽""诗之枢纽"。

在贺拉斯看来，只有那些"有天生的才华，非凡的心灵，高尚的谈吐"的人，才无愧于诗人的称号。

艾略特说："诗歌在尚未被理解之时就会传达自身意味。"

这和中国古人说的"诗无达诂"是一个意思。

---

① 路易士（1913—2013），原名路逾，去台湾后改用笔名纪弦。在二十世纪三十年代与戴望舒等人合编《新诗》杂志。

② ［英］哈·麦金德：《历史的地理枢纽》，林尔蔚、陈江译，商务印书馆 1985 年版。

叔本华说，"韵律和韵脚既是镣铐，又是面纱""哪怕平平无奇的思想也可经由韵律和韵脚的作用而似乎获得某种深长的意味，就跟样貌平凡的女子穿戴上华丽服饰以后就会吸引住人们的眼睛一样。事实上，甚至肤浅和虚假的思想也可经由诗体化而获得真理的外表"。

诗之魅惑力，平凡女子的魅惑力，皆如此。

不过，这样的诗，这样的女子，是迷惑不了我的。我喜欢思想深刻的诗和天生丽质的女子。

斯特拉文斯基在其《音乐诗学》一书中写道："没有什么要求我们一定只在宁静中寻求满足。一百多年以来有越来越多的例子在表明一种风格，在这种风格中不谐和音获得了独立。它成为物自体。而这就使得，它既不具备某物，也不预示某物。不谐和音并未无序状态的承载者，正如谐和音也并非确定性的保障。"

这也完全适用于诗歌。

诗人、音乐家，内心不谐和是好事。太宁静、太幸福了，可能什么事都不想做，也做不成。

艺术家必须拥抱"满是皱纹的现实"。

按照米哈伊尔·巴赫金的说法，诗人的话语必须深入到生活"取之不尽的丰富内涵之中，深入到它的相互矛盾着的多样性之中，深入到它'处女'般的'未曾言传'过的本质之中。"

让·科克托评价波德莱尔："在他的种种怪相背后，他的目光缓缓地向我们游移而来，如同恒星之光。"

波德莱尔是让·科克托的恒星之光，博尔赫斯是我的恒星之光。

每一位诗人都应有自己的恒星之光，然后再努力变成恒星，变成其他诗人的恒星之光。

博尔赫斯在《诗艺》一书中说："我希望自己在六十七岁人生成熟的年纪达到真正的快乐。"

木心在《文学回忆录》的最后一讲中说："这是我六十七岁时讲的课。等你们六十七岁时，可以看看。像葡萄酒一样，阳光，雨露，慢慢成熟的。"

我希望自己能活到六十七岁（那将是 2046 年），好有资格说类似的大话。现在说，太早了。成熟的诗人，知道该说什么话，不该说什么话；知道什么时候该说，什么时候不该说。

阿根廷诗人卢贡内斯说，每一个字都是死去的隐喻。

决心把诗人赶出"理想国"的柏拉图曾经说："我希望化为夜晚，这样我才能用数千只眼睛看着你入睡。"

柏拉图难道不是诗人吗？难道不知道自己是诗人吗？

他当然知道。若不知道，也就不是柏拉图了。希望现在的学者也能写出如此温柔的诗句。

"时光在深夜中流逝"，是诗。"深夜在时光中流逝"，也是诗。

博尔赫斯说："我觉得大概除了两三个大师之外，所有的诗人在莎士比亚面前也都只能算是小诗人而已。"

博尔赫斯本人呢？是否有资格位居"两三个"之列？

这个答案不能由他本人回答，尽管他早就回答过了——用他的诗回答过了。

博尔赫斯说："我不觉得我自己可以尝试写史诗（虽然我写过短短的两三行史诗）。这是给年轻人做的事情。"

短短两三行，足以称得上史诗？

写史诗，是"给年轻人做的事情"？

博尔赫斯真堪谓运用矛盾修辞法的大师。

弗罗斯特说："我是与深夜邂逅的人。"而我是与"与深夜邂逅的人"邂逅的人。

博尔赫斯说："自由诗体要比格律工整的古诗远远来得难写。"

木心说："'自由诗'这名称是有问题的。如果有人问我：'你是写格律诗呢，还是自由诗？'我答：'我不写格律诗，也不写自由诗，我写诗。'"

这两位诗人表达的其实是同一个意思。

诗人写诗时，心中并无"格律诗""自由诗""古体诗""现代诗""十四行诗""二十四行诗"的分类。

"军人之泪涨成暴雨"，西班牙诗人克维多的这句诗，好像是献给参加上甘岭战役的中国士兵的。

卡尔·施米特评论多伯勒的《北极光》一诗：

> 月亮已然作古，是具死尸；而地球则不然，它收获了北极光——那轮崭新的明月，那道自然光。就这样，地球在一个宇宙伦理的布道坛前得救了。北极光是撒向宇宙空间的精子。

卡尔·施米特不仅是政治哲人，更是宇宙诗人。

卡尔·施米特欣赏毛泽东及其诗及其领导的革命，并非偶然。伟大的中国革命具有史诗意义。

章永乐评论郭绍敏《一路风景看不尽：阅读苏力》①一书：

> 在古典希腊语中，νόμος 既指向"习俗""法"的含义，又指向一种包括有伴奏的歌唱在内的较为复杂的音乐类型，这或许记录下了早期文明中的"法"往往是由护法者以韵文歌唱出来的经验。郭绍敏《一路风景看不尽：阅读苏力》将在二十一世纪的今天更新我们对νόμος 的体验。这本书是一个"法学院诗人"解读和阐释另一个"法学院诗人"的作品。前者已经习惯于摆脱学术论文格式的束缚，以诗歌语言来表达自己对于法律、秩序与文明的思考。而后者法学著作等身，只是在法学作品中偶尔展露诗人峥嵘，很少有人知道他在1980 年就在诗界"顶刊"《诗刊》上发表诗作《云海上》，我们也许可以将这一路径称为"以法学论文写诗"。然而不同的

---

① 郭绍敏：《一路风景看不尽：阅读苏力》，中国民主法制出版社 2023 年版。

取径绝不会妨碍我们对于大本大源问题的共同探究与思想会通：我们要守护的，究竟是什么样的"法"？在过去、现在和未来，郭绍敏式的探索都是很少见的，值得读者一探其中究竟。

苏力和郭绍敏不是从法学院逃逸的诗人，而是从未来法学院逃逸的诗人。

噢，我亲爱的朋友，恐怕只有失明诗人（特指荷马和博尔赫斯）才会谨慎地选择你做朋友。

爱因斯坦和博尔赫斯如果读到孟浩然的下述诗句，想来也会像我一样喜欢：

> 微云淡河汉，疏雨滴梧桐。（《句》）
> 水落鱼梁浅，天寒梦泽深。（《与诸子登岘山》）
> 八月湖水平，涵虚混太清。（《望洞庭湖赠张丞相》）

布瓦洛的《诗的艺术》一书，是诗论，也是诗。其中写道：

> 如果你性近土木，宁可做建筑工人，
> 一技而于人有益是一样受人赞扬，
> 你何必拼命要做平凡的诗人、文匠？
> 任何别的艺术里都分不同的几等，
> 你虽是二流角色也还能显点才能；
> 但是写诗和作文是最危险的一行，
> 一平庸就恶劣，分不出半斤八两；

> 所谓无味的作家就是可憎的作者。
> 一个疯子倒还能逗我们发笑消愁，
> 一个无味的作家除讨厌一无是处。

和亚历山大、成吉思汗、拿破仑四处征战一样，写诗、作文也是冒险行动。成不了一流、顶流的人，就什么都不是。

既然做了诗人，就没有权利像普通人那样生活了。

茨维塔耶娃说："阅读是创作过程的共谋。"博尔赫斯说："阅读任何一部作品都需要某种合作乃至于合谋。"布罗茨基说："如果没有创作过程中的共谋，就没有理解。"简·赫斯菲尔德说："阅读俳句就是成为它的合著者，将自己置于它的语言之中，直到它们让你千变万化的生命形态中的一种现出真身。"惠特曼说："必须有伟大的读者，才可能有伟大的诗歌。"读者与作者相互成就，就像男人与女人、矛与盾、乾与坤、大国与小国相互成就一样。

> 鱼戏莲叶东，鱼戏莲叶西，
> 鱼戏莲叶南，鱼戏莲叶北。

鱼，诗人也。莲叶，宇宙也。宇宙是椭圆形，也是莲叶状。
君不见，黄河之水回天来。君不见，高堂明镜白发悲。君不见，太阳一日狂奔一千九百万千米之形状。

后　记

这本小书写完后，我很想感谢一些人，却一时不知该感谢谁。

陶渊明、李白、杜甫、辛波斯卡、米沃什、博尔赫斯……这些我笔下的诗人，已经听不见我的致谢。他们也不屑于听。

那就感谢所有我爱的人吧！尤其是我的女儿。

只感谢人是不够的。我还应该感谢东篱、菊花、敬亭山、千金裘、窗前的明月光、春夜的喜雨、鸣翠柳的黄鹂、为秋风所破的茅屋，以及小区门口的鲜风超市——是它，在提供生活便利的同时，让我产生一种"大隐隐于市"的快感。

我知道自己不是大隐，就像我知道并非只有玫瑰才能盛开如玫瑰。

我很想成为一棵树，为岁月而生长。可以把枝条伸向无限的天空，窃听自然之音和中世纪外婆讲给现代外孙的故事。

可一个声音警告我：你连尘埃都不是。

看来我并不属于"生于尘土，归于尘土"（《圣经·创世纪》）

的人。这样也好，我可以自诩尘世超人了。

我知道，像我这样随意曲解警告和经典的人是可以被原谅的，因为一位诗人说过，"世事尽可原谅"。

2022 年 7 月 14 日初稿
2023 年 1 月 29 日修订